学校课程发展
精品丛书

丛书主编
舒小红　杨四耕

主编
邓国亮

项目学习的实践智慧

华东师范大学出版社
·上海·

图书在版编目(CIP)数据

项目学习的实践智慧/邓国亮主编.—上海:华东师范大学出版社,2021
(学校课程发展精品丛书)
ISBN 978-7-5760-1432-7

Ⅰ.①项… Ⅱ.①邓… Ⅲ.①小学教育-教学研究 Ⅳ.①G622.0

中国版本图书馆 CIP 数据核字(2021)第 059891 号

学校课程发展精品丛书
项目学习的实践智慧

丛书主编	舒小红　杨四耕
主　　编	邓国亮
责任编辑	刘　佳
项目编辑	林青荻
特约审读	欧阳枫琳
责任校对	邱红穗　时东明
装帧设计	风信子
出版发行	华东师范大学出版社
社　　址	上海市中山北路 3663 号 邮编 200062
网　　址	www.ecnupress.com.cn
电　　话	021-60821666 行政传真 021-62572105
客服电话	021-62865537 门市(邮购)电话 021-62869887
地　　址	上海市中山北路 3663 号华东师范大学校内先锋路口
网　　店	http://hdsdcbs.tmall.com/
印 刷 者	杭州名典古籍印务有限公司
开　　本	787×1092 16 开
印　　张	22
字　　数	344 千字
版　　次	2021 年 4 月第 1 版
印　　次	2023 年 2 月第 3 次
书　　号	ISBN 978-7-5760-1432-7
定　　价	65.00 元

出版人　王　焰

(如发现本版图书有印订质量问题,请寄回本社客服中心调换或电话 021-62865537 联系)

丛书编委会

主　　编：舒小红　杨四耕
副 主 编：周　林　汪智星
编　　委：(按姓氏笔画为序)
　　　　　万远芳　王玉燕　邓国亮　刘志慧　杨　舸　杨　琴
　　　　　杨四耕　肖　莹　吴红雨　邹　娟　汪智星　张　蕾
　　　　　陈　晔　罗先凤　周　林　胡乐红　胡华兵　胡金香
　　　　　秦文英　聂知亮　徐耀志　高友明　黄俊辉　黄涟微
　　　　　崔春华　章　明　舒小红

本书编委会

学术指导：崔春华
主　　编：邓国亮
编　　委：涂思慧　陶　娟　龚　明　熊　玫　秦文英　黄　政
　　　　　罗炉枝　刘统华　陈　瑶　谢　芳　朱　梅　万　莹
　　　　　刘文娟　徐玉兰　张伶俐

丛书总序

区域课程改革既受国家课程改革政策影响,又与学校课程变革主体意愿相关。无论是国家课程改革的落地,还是学校课程变革的统领,都和区域这个中间环节密不可分。就区域课程改革推进模式而言,主要有"自上而下"的空降模式、"自下而上"的草根模式和"平行主体"的分布模式等三种。从宏观角度看,自上而下的课程变革层级设计是最有效的;从微观角度看,自下而上的课程变革主体参与是最重要的;从文化角度看,平行主体的课程变革激励分享是最有意义的。面对各种课程变革模式,如何取长补短是区域课程改革的路径选择和实践智慧。

美国当代教育改革家约翰·I.古德莱德(John I. Goodlad)和克莱因(M. Frances Klein)、肯尼思·A.泰伊(Kenneth A. Tye)提出"课程层级论"思想,他们将课程分为五个层级:(1) 理想的课程,由研究机构、学术团体和课程专家倡导的、以纯粹形式呈现的课程形态。这类课程是否产生实际影响,主要看它是否为官方所采纳;(2) 正式的课程,是获得州和地方学校委员会同意,由学校和教师采用的课程,也就是列入学校课程表的课程;(3) 领悟的课程,指头脑中领悟的、理解的课程,被官方采纳的正式的课程会以学科形式呈现,经教师理解和领悟进入实施状态;(4) 实施的课程,教师根据具体的教育情境,对"领悟的课程"作出调整使之成为"实施的课程",进入课堂教学;(5) 体验的课程,这是学生实际体验到的课程,尽管经历了同样的课程与学习,但不同学生会获得不同的学习体验,该层次的课程是对整个课程组织流转的最终检验和落实。[①]

在古德莱德看来,上述五个课程层级,每个课程层级都必须进行三个方面的探究:一是实质性探究,包含对课程目标、学科内容以及教材等课程实体要素的本质和价值研究;二是社会性探究,包括对人类发展过程的研究,通过"政治—社会"研

---

① John I. Goodlad and Associates (eds.). Curriculum Inquiry: The Study of Curriculum Practice[M]. New York: McGraw Hill, 1979: 344 - 350.

究看到利益倾向及其因果关联;三是专业性探究,主要从"技术—专业"角度考察个体或群体对课程的设计、维护和评价,进而改进、推动或者更新课程。[1] 前两个方面主要探究课程的价值与原理,后一个方面主要探究课程的技术与实践。古德莱德认为每个层级的课程都必须对其本质与价值、政治与社会、技术与专业进行细节性地审视和实践化处理,才能真正促使课程一层一层地垂直落地。

古德莱德"课程层级论"揭示了课程从理论形态到实践形态的运动过程,使人们对课程概念的理解从静态角度转换到动态角度,真正把课程看成是层次化、系统化和生态化的复杂系统,使我们既看到课程的宏观系统,又看到课程的微观层面;既关注原理的探究,又关注实践的落实,对课程从哪里来,要到哪里去,从时间流上考察清楚了。

按照古德莱德"课程层级论"思想,课程改革从区域布局到学生学习整个自上而下的"课程链"有五个层级:(1) 区域层面,代表国家,推行"理想的课程";(2) 学校层面,基于本校,规划"正式的课程";(3) 科组层面,立足学科,设计"理解的课程";(4) 教师层面,深耕课堂,创生"实施的课程";(5) 学生层面,聚焦学习,获得"经验的课程"。每个课程层级内部有一个"势能储层"。按照《简明不列颠百科全书》的解释:势能是由系统各部分的相对位置所决定的储能,势能是系统的特性而不是单个物体或质点的性质。[2] 势能是个状态量,是相互作用的物体所共有的。我们用"势能储层"这个概念来表达在一个课程层级内的若干要素之间的相互作用情况,每个课程层级就是一个"势能储层",该层级内部各要素,如资源、环境、主体等相互作用,产生一定的"能量",进而推动着课程变革进一步落地,形成区域课程改革的瀑布模型(见图1)。

1. 区域层面:代表国家,推行"理想的课程"

区域层面如何以国家课程政策为依据,以学科课程标准为基础,整合性地推进"理想的课程"落地?课程是最重要的改革载体,区域课程改革必须立足实际,基于"五育并举"的要求,把对学校发展、教师发展以及学生发展产生影响的各种因素及

---

[1] (瑞典)胡森,(德)波斯尔斯韦特.教育大百科全书 第7卷[M].重庆:西南师范大学出版社,2006:109.
[2] 中美联合编审委员会编.简明不列颠百科全书 第7卷[M].北京:中国大百科全书出版社,1986:323.

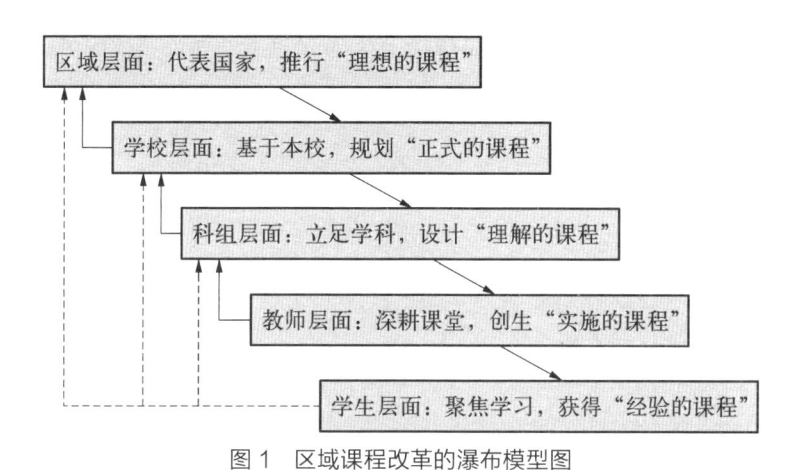

```
区域层面：代表国家，推行"理想的课程"
        ↓
    学校层面：基于本校，规划"正式的课程"
            ↓
        科组层面：立足学科，设计"理解的课程"
                ↓
            教师层面：深耕课堂，创生"实施的课程"
                    ↓
                学生层面：聚焦学习，获得"经验的课程"
```

图 1　区域课程改革的瀑布模型图

资源进行整合考虑，建构系统的区域课程变革框架。南昌市东湖区组织各层面专家学者以及校长头脑风暴，广泛听取意见，对区域课程改革进行了梳理和归纳，通过充分调查研究，出台了《南昌市东湖区教育科技体育局关于提升中小学课程品质的指导意见》。这是一份"理想的课程"如何落地的宣言书，该指导意见从意义、目标、重点工作和保障措施四个方面为区域课程改革提供操作性指导意见，其目标在于"实践导向、精细设计，以点带面、聚焦特色，整合力量、共同发展"，优化工作机制，整合教研、科研、培训、督导等方面的力量，培育一批有推广价值的课程改革经验，促进区域课程品质整体提升；重点工作聚焦在完善课程体系，加强课程建设，改进课程实施，促进课堂转型，构建多元评价体系等方面；本着"先行试点、积极探索、逐步推广、全面推进"的要求，积极稳妥地推进中小学课程改革，提升学校课程品质。应该说，通过区域课程改革政策设计，系统规划了区域课程改革，提高了区域课程改革的理解力和设计力。

2. 学校层面：基于本校，规划"正式的课程"

学校层面如何立足本校实际，推进课程深度变革呢？这一课程层级可以研制学校整体课程规划为抓手，规划"正式的课程"，进而提升学校课程领导力。南昌市东湖区每所学校均以校长为核心组建学校课程领导小组。学校课程领导小组牵头研制学校整体课程规划，建立与学校内涵发展相匹配的课程体系，提升学校课程品质。学校整体课程规划关注以下七个关键问题：(1) 分析学校课程情境，明确学校课程变革的家底;(2) 确定学校课程哲学,把握学校课程变革的价值取向;(3) 厘定学校课程目标,引领学校课程方向;(4) 设计学校课程框架,建构学校课程体系;(5) 布局学校课程实施,转变课程育人方式;(6) 改进学校课程评价,提升学校课程品质;(7) 探索学校课程管理,保障课程扎实落地。学校根据自身实际情况,以内涵发展为中心,通过整体课程规划,优化学校课程结构,设计适合学生发展的课程体系,有逻辑地推进学校课程变革。① 学校课程变革是一个不断研究、深化的过程,学校整体课程规划本质上是以校长为核心的领导团队关于课程的价值判断力、目标厘定力、框架建构力、实施推动力和管理保障力的探索过程,是课程领导团队通过研究系统规划"正式的课程"的过程。

3. 科组层面:立足学科,设计"理解的课程"

学校是有明确职能分工的科层组织,学科教研组是其中最重要的业务组织。学科教研组层面如何立足学科,设计"理解的课程",便是这一课程层级需要思考的问题。在南昌市东湖区,我们推进学校学科教研组研制学科课程群建设方案,促进教师理解课程的真谛,进入课程领域,发现课程的意义。立足学校与学科实际,学科课程群建设方案主要从以下六个维度进行设计:(1) 确定学科课程哲学,把握学科课程价值观;(2) 厘定学科课程目标,细化学科核心素养要求;(3) 设计学科课程框架,活化学科课程内容;(4) 布局学科课程实施,转变学科学习方式;(5) 改进学科课程评价,提升学科课程品质;(6) 探索学科课程管理,保障学科课程落实。实践证明,学科是中小学教师的专业家园,学科教研组组长是学科课程建设的带头人,是学科课程的主要决策者。通过学科课程群建设方案的设计,带领学科教师走进课程世界,在课程实践中不断建构分享型组织文化,是一所学校课程变革的一个重要维度。

4. 教师层面:深耕课堂,创生"实施的课程"

教师即课程,教师的课程理解决定着教师的教学行为。教师创生课程是专业自主权发挥的体现,是个性化教学生成的重要标志。有学者认为"教师即课程"有两个内涵:其一,教师是课程的内在要素,是课程的有机组成部分;其二,教师是课

---

① 杨四耕.学校课程变革的逻辑与深度[J].中小学教育(人大复印资料),2016(7):45-47.

程的创造者,创造课程是教师的责任。① 立足课堂教学,教师创生着最现实、最富有实践感的课程,也就是"实施的课程",其中包含师生关系在内的隐性课程、学科知识的经验再现课程以及拓展延伸的生成课程等表现形态。在南昌市东湖区,我们倡导教师从四个方面激活课程:一是培育课程敏感,让教师在课堂教学中,富有学科育人意识,有迅速捕捉课程资源的机智,充分发展课程的意义;二是提出教学主张,让教师把握学科本质,深化课程理解,对学科课程的理解,在一定意义上就是对学科本质的探寻;三是立足儿童成长,让课堂洋溢生命感,让课程成为给予儿童最重要的礼物,成为支持学生的创造和生长的资源;四是激活课程创生,在鲜活的教育情境中创生课程,践行"教师即课程"的美好追求。从静态知识观到生成课程观,从知识的预设到课程的创生,教师在课堂教学中充分发挥课程实施的主体创造性,实现对课程的情景性理解和把握,全面增值课程的育人价值,这就是"深耕课堂"的意涵,这就创生了"实施的课程"。

5. 学生层面:聚焦学习,获得"经验的课程"

"经验的课程"是学生实际体验到的课程,是儿童经验的改组和改造,是课程运行的最终归宿和效果落实。为了丰富学生的学习经历,促进儿童获得有价值的"经验的课程",在南昌市东湖区,我们强调以下四点。其一,准确把握学科知识的育人价值。学科知识是系统化的人类经验,有其特别的价值。我们倡导以生动的事实与学科知识有机结合的"课程微处理",让儿童从经验中学习,"行动就变成尝试,变成一次寻找世界真相的实验;而承受的结果就变成教训——发现事物之间的联结"。② 其二,实现学科知识和学生经验的全面联结。课程既包括静态的知识体系,也包括动态的学习过程,知识体系和经验世界共同构成了课程的风景,促进二者的融通是经验增值的途径。没有学生的经验活动过程,学科知识只是"死的符号",是没有意义的。其三,寻找课程内容与学生经验的最佳结合点。学科知识中的概念归纳、逻辑推理、事理演绎,都必须以学生的生活经验为基点,使学科知识贴近儿童的生活体验,让知识逻辑变为学生可感的经验表达,促使琐碎的经验事实不

---

① 陈丽华.教师即课程:蕴涵与形式[J].课程·教材·教法,2010(6):10.
② (美)约翰·杜威.民主主义与教育[M].王承绪,译.北京:人民教育出版社,1990:149.

断地向系统的知识逻辑发展。其四，引导学生进行真实的经验探索和评述。经验是具体的尝试过程，学生不能在被动静听中获得经验，只有在亲自"做"的过程中才能发展出真实的经验。教学要为学生提供经验探索的环境，引导学生主动尝试、积极求索，在发现问题和解决问题中获得经验，表述和评价经验的形成过程和成果。

综上所述，区域课程改革是镶嵌于上述五个"课程层级"中的若干不同主体、不同事件和活动构成的系统运作过程，由上至下构成了一个瀑布式课程推进模型。瀑布给人雄伟、壮观的印象，大家可以想象一下这样的画面：瀑布的上方有个储水池，溪流源源不断地往储水池注水，当池面水位达到一定高度，就会在水池边沿溢出，形成壮观的瀑布场景。溪水倾泻到瀑布底端后，又流进了一个储水池，当水面达到一定高度后又会溢出流入下一个水池，如此一层层往下流动，形成连续的瀑布场景。区域课程变革过程也像这样一个瀑布流，在每个"课程层级"都需要经历"储能"的过程，就像溪水流入每一个储水池，都需要时间积累和事件增值，当水位达到一定高度才发生溢出效应。

事实上，区域课程改革是通过设计一系列阶段性项目任务而展开的，从问题界定到需求分析，从项目确定到策略选择，从项目推进到评估反馈，每一个阶段的项目任务都有明确的内容，都会产生瀑布效应。课程改革项目进程从一个阶段"流动"到下一个阶段，逐步落实与推进，并溅起无数"浪花"，形成整体"水幕"的过程，我们可以称之为瀑布式课程改革过程。[①] 从深层次看，瀑布式课程改革是课程政策由外部向内部、由宏观向微观、由理念构建向实践创新转换的关键所在，整个过程包含界定问题、需求定位、项目聚焦、策略选择、触点变革、项目推广、评估反馈等阶段。通过瀑布式推进，区域课程改革氛围可以浓郁起来，课程改革项目可以落地有声。

杨四耕
2020 年 6 月 18 日于上海市教育科学研究院

[①] 杨四耕.区域课程改革的瀑布式推进[N].中国教师报,2017-8-16(13).

目 录

前　言 | **充满智慧与创想的项目学习**　　　　　　　　　　　　／001

第一章 | **项目学习：聚焦热点行动，彰显主体担当** 　　　　／001

　　　　项目学习中，学生的学习活动可以是探索一个有意义的主题，解决一个身边的现实问题，或挑战一种设计。我们聚焦社会热点话题确定项目学习主题，依托驱动问题引领学生深度探究，这样既可以培养学生的核心素养和21世纪技能，也可以促进学校教育和社会教育的深度融合。三个案例的实践与探索，有利于扩大学习的学科视野、彰显学生的主体担当，也有利于体现学生发展核心素养——责任担当，增强学生学习的社会责任感。

　　第一节　实践智慧1：校园垃圾分类 从我做起　　　　／003
　　第二节　实践智慧2：家乡的"绿色小卫士"　　　　　／025
　　第三节　实践智慧3：绿色植物对室内空气质量的影响　／048

第二章 | **项目学习：借助方法探究，挖掘活动价值** 　　　　／075

　　　　我们设计以探究学习为中心的项目活动，综合运用多学科知识，系统开展实践探究，引领学生在活动中自我反省、合作探讨和问题解决。让学生通过不断地提出问题并逐步给出自己的答案来完成对主题的探索，这有助于学生增强体验感悟，获得关于自我、社会、自然的真实体验，建立学习与生活的有机联系。三个案例在践行、落实核心素养"自主发展——学会学习"上做了一些有益的实践和探索，学生在"乐学善学、勤于反思、信息意识"等方面的表现得到了充分关注。

　　第一节　实践智慧1：舌尖上的南昌　　　　　　　　／077

第二节　实践智慧 2：非我莫属　　　　　　　　　　　　／ 100
第三节　实践智慧 3：留住鲜花的美　　　　　　　　　／ 122

第三章 ｜ 项目学习：透过现象揭秘，洞察生活奥妙　　／ 141

大千世界，包罗万象。现实生活中有太多的事件、现象值得学生去深度思考。引领学生把从生活中观察、发现的话题转化为项目学习的主题就是一种项目学习选题的策略。我们倡导让每个学生经历项目学习的全过程，在学习参与中体验主动和坚持、在群体活动中学会学习和合作、在实践探究中形成解决问题的能力。这样的项目学习有助于学生透过现象揭秘，洞察生活奥妙，也有助于培养学生的科学精神和审美情趣。

第一节　实践智慧 1：数字系统的探寻　　　　　　　　／ 143
第二节　实践智慧 2：神奇的窨井盖　　　　　　　　　／ 161
第三节　实践智慧 3：商品摆放的秘密　　　　　　　　／ 180

第四章 ｜ 项目学习：依托概念理解，播撒文化基因　　／ 205

依据泰勒的课程四要素理论，项目学习应包括学习目标、研究问题、实践支架和学习评价四部分内容。学习目标是项目学习设计的第一要素，我们在构建项目学习目标时，抓住了大观念或核心概念这一重要内容进行设计，以求概念的理解、素养的提升。我们把"理解六侧面（解释、阐明、应用、洞察、神入和自知）"渗透到项目学习活动设计中，因为这样可以帮助我们弄清所需的理解、必要的评估任务和最有可能促进学生理解的学习活动。

第一节　实践智慧 1：我眼中的滕王阁　　　　　　　　／ 207
第二节　实践智慧 2：家乡是片"红土地"　　　　　　　／ 225
第三节　实践智慧 3：念念不忘的"八一精神"　　　　　／ 245

第五章 | **项目学习：基于好奇思量，演绎真我创想** / 265

心理学家认为：好奇心是个体遇到新奇事物或处在新的外界条件下所产生的注意、操作、提问的心理倾向。好奇心是个体学习的内在动机，它具有认知性特征，能够引发个体的探索行为；也具有情感性特征，可以使个体从探索中获得愉快的体验。我们要重视孩子在学习过程中的那些可贵的思考，包括对问题与任务本身的好奇心，让他们基于好奇思量，立足项目实践，演绎真我创想。

第一节　实践智慧1：小学在等我　　　　　　　　　　　　　　/ 267
第二节　实践智慧2：未来房子　　　　　　　　　　　　　　　/ 292
第三节　实践智慧3："小眼镜"越来越多　　　　　　　　　　 / 311

后　记　　　　　　　　　　　　　　　　　　　　　　　　/ 329

前言

充满智慧与创想的项目学习

诗仙太白笔下的庐山,有享誉盛名的古代书院——白鹿洞书院。在这里,山林是书院延伸的课堂,学生时常走入山林,于山水环抱中学习。学生在学堂、社会和自然中穿行,一幅幅"知识互动、概念炼制、解构重构"的学习场景仿佛就在眼前。

当今的时代是一个信息爆炸、知识爆炸的时代。东湖少年的能力发展、素养提升需要我们教育人翻越惯性思维的藩篱,创建新路径,也需要他们在学习中主体担当,真我创想,自主发展。怎样培育学生这样的能力和素养呢?东湖教育引路人用心思量,于 2018 年引入上海教科院课程专家力量,在全区各校(园)整体推进品质课程建设活动,并以项目学习为抓手,引领师生开展实践与探索。

项目学习,由 Projcet-Based Learning 翻译而来,简称 PBL。它是一套系统的方法,是对复杂的、真实的问题的探究过程,也是精心设计项目作品,规划和实施项目任务的过程。在这个过程中,学生能够掌握所需的知识和技能,尤其是 21 世纪所需的 5C 技能。5C,即复杂问题的解决能力、独立思辨能力、团队合作能力、沟通协调能力与创新能力。

项目学习,作为一种新的学习和课程样态,已成为当前世界培育学生素养的重要选择之一,其渊源在学术界一般都会追溯到克伯屈(Kilpatrick)的设计教学法。1919 年,设计教学法传入中国,被称为民国时期最有影响和理论建构的教学法。20 世纪 80 年代以来,我国高等教育、职业教育领域有过零星尝试。21 世纪初期,随着国际范围内学生素养研究的兴起,我国的基础教育领域开始出现众多的项目学习的研究和实践。教育部引入的英特尔®未来教育培训项目,就曾留下项目学习课程的身影。

项目学习过程中,驱动问题的设计至关重要。驱动问题是项目学习开展的核心,始终伴随着学生对问题的深入探究、对学科知识的灵活应用与自我理解和建构。驱动问题可以是开放性问题,用简短的一句话体现并传达项目目标,以激发学生的兴趣,给学生带来挑战,例如"小学怎么样"也可以是聚焦于项目的问题,例如"如何留住鲜花的美"还可以是让学生进行角色扮演,解决现实世界中的问题,例如"如何从我做起,践行校园垃圾分类活动"等。

世界范围内对素养的关注,使教育界发生了从塑造"知识人"走向培育"智慧人"的变革。这一变革既给项目学习的东湖实践带来了挑战,也带来了机遇。两年来,东湖少年的项目学习如火如荼地开展。我们围绕"校园垃圾分类从我做起""念念不忘的八一精神""小学在等我"等主题开展项目学习实践,将学习转化为体验与探究的过程,让东湖少年置身于真实的学习情境,学习、解决真实世界的问题,在完成真实任务的过程中,习得知识,获得技能,丰盈体验,形成品质,提升素养。

我们立足项目学习实践,以项目学习案例中的"驱动问题"为切入点,从四十几个项目学习案例中进行遴选,确定了其中十五个,并从热点行动、方法探究、现象揭秘、概念理解和好奇思量五个维度对这些项目学习案例进行定位优化,集结成书。本书将从"聚焦热点行动 彰显主体担当""借助方法探究 挖掘活动价值""透过现象揭秘 洞察生活奥妙""依托概念理解 播撒文化基因"和"基于好奇思量 演绎真我创想"五个章节展现东湖少年项目学习的实践智慧。

也许我们的项目设计还不够精彩,也许我们的学生作品还不够精美,也许我们的项目实践还不够精细,但我们对项目学习的实践与探索足够用心。我们在实践中悄然发现:项目学习中,教师多了引领、示范,少了给予、填鸭,他们不再像传统教学那样做一个知识的灌输者,而是成为了学生学习的促进者,为学生的实践研究提供必要的资料、建议、量规等学习支架。项目学习中,学生多了自主和灵动,少了接受和盲从,他们有了更多的跨学科思考,他们的学习不再局限于校园中,场馆、社会、自然中都有他们的身影。我们在实践中悄然顿悟:项目学习不是甜点,是主菜。项目是课程的核心,也是教学的驱动。它不是老师让学生在课下做的一个"有意思的活动"或"应用学习",它应该是课程的线索、教学的手段。项目学习不是一系列以主题、概念、时间、文化、地理等因素为基础的活动,而是一套学习体验和任务,引导学生探究核心问题、解决问题和完成挑战。项目学习不是"动手学习"或

"举办一个活动",它侧重于在活动过程中发现新知的身影,并最终形成项目产品。项目学习必须设计智力挑战,并让学生对其进行研究,通过阅读、写作和口头表述等途径完成挑战,其最终指向的是对学生学习的关注。

在此,我想借用《航拍中国》的解说词与大家共勉。俯瞰这片朝夕相处的大地,再熟悉的景象也变了一副模样。从身边的世界到远方的家园,从自然、地理到人文、历史,跨学科的实践探究,前所未有的极致体验,从现在开始,欢迎您和我们一起项目遨游。

洪都豫章,首善东湖;古郡新园,魅力东湖。

爷爷说:"东湖,有我珍藏历史与情感的酸甜回忆。"

爸爸说:"东湖,有我孕育生机与希望的辛勤劳作。"

少年说:"东湖,有我充满智慧与创想的多彩学习。"

二〇二〇年六月

第一章

项目学习：
聚焦热点行动，
彰显主体担当

项目学习中，学生的学习活动可以是探索一个有意义的主题，解决一个身边的现实问题，或挑战一种设计。我们聚焦社会热点话题确定项目学习主题，依托驱动问题引领学生深度探究，这样既可以培养学生的核心素养和 21 世纪技能，也可以促进学校教育和社会教育的深度融合。三个案例的实践与探索，有利于扩大学习的学科视野、彰显学生的主体担当，也有利于体现学生发展核心素养——责任担当，增强学生学习的社会责任感。

项目学习中,学生的学习活动悄然变成了探索一个有意义的主题,或解决一个身边的现实问题,或挑战一种设计等。为此,学生需要通过不断地提出问题并逐步给出自己的答案来完成对主题的探索。由此可知,主题是学生开展项目学习的基石,更是学生设计驱动问题的重心。

本章节将介绍以"垃圾分类""绿色卫士"和"空气质量"为主题的三个项目学习案例,这些项目学习的驱动问题均不约而同地指向了社会热点,凸显了项目学习的时代性、主体性、探究性和价值性。聚焦学生身边的社会热点并以此来确定项目学习的主题是一种可行可靠的策略,因为这样的项目学习有助于学生进行深度探究,有助于学校教育和社会教育深度融合,并能让学生从中学到多学科知识和21世纪技能,如批判性思维、解决问题能力、协作能力和沟通能力。

当今时代,核心素养是世界各国课程改革的风向标、主基调。我国在2014年启动了学生发展核心素养项目,经过专家团队的努力,建构了"三个维度、六个素养、十八个基本要点"的中国学生发展核心素养。这三层论述,自上而下不断具体化,自下而上不断抽象化,构建了课程育人的完整框架,体现了课程育人的复杂性和专业性。核心素养的提出,标志着课程改革的华丽变身,即从对内容的关注转向对学习结果的关注,从对教材、标准的要素关注转向对"培养什么样的人""怎样培养人""为谁培养人"的功能的关注。

本章共三个项目学习案例:育新学校教育集团小学部的"校园垃圾分类从我做起"、滕洲小学的"家乡的'绿色小卫士'"以及北湖小学的"绿色植物对室内空气质量的影响"。这三个项目学习案例,扩大了学生学习的学科视野,彰显了学生的主体担当,体现了学生的责任担当,增强了学生的社会责任感。三个项目学习案例中,学生思考、学生调查、学生倡议、学生创作等活动,充分见证了东湖少年的主体意识、责任担当和家国情怀。

第一节　实践智慧1：校园垃圾分类 从我做起

一、项目简介

项目名称	校园垃圾分类 从我做起	适用年级	四年级
项目类型	跨学科项目学习	项目时长	10课时
主要学科	综合实践	涉及学科	语文、数学、音乐、美术
项目概述	垃圾分类是全社会大力倡导并推行的一项重要工作,是社会文明进步的一种表现。南昌的大街小巷,随处可见分类垃圾桶,垃圾分类正在改变我们的生活。当下,垃圾分类已经走入校园。作为校园小主人,我们应该怎么践行校园垃圾分类呢？教师及时抓住这一教育契机,从"教室里只有一个垃圾桶"的实际情况出发,以"在校园践行垃圾分类活动中,如何从我做起"为驱动问题,和学生一起深入思考、展开讨论、确定举措,用自己的热情与智慧引领学生进行校园垃圾分类的项目学习。项目学习过程中,学生自主开展丰富多彩的垃圾分类活动,个体的动手实践、独立思维、沟通协作等能力得到较大提升,环保意识和主人翁意识也得到增强。		
驱动问题	在校园践行垃圾分类活动中,如何从我做起?		
项目目标	学科知识与技能	综合实践学科：1. 能做事有计划,合理安排阶段任务。 　　　　　　　2. 了解问卷的基本格式,学会搜集、处理信息。 语文学科：1. 能有条理地表达自己的观点,提高沟通交际能力。 　　　　　2. 能写倡议书,运用应用文体解决实际问题,提高书面表达能力。 数学学科：1. 能整理归纳数据,认识数学与生活的联系。 　　　　　2. 能初步运用统计图表直观表现数据,借助数据合理推进学习。 美术学科：1. 能设计制作符合主题的精美手抄报。 　　　　　2. 能动手动脑制作创意手工作品,提升学生动手实践能力。 音乐学科：1. 能简单地创编歌谣,表现生活。 　　　　　2. 积极参与音乐实践活动,丰富情感体验。	
	21世纪技能	团队合作能力、沟通协调能力	
	价值观念	培养学生形成求真务实的科学态度,增强环保意识和校园主人翁意识,树立人与自然和谐、可持续发展的环保理念,激发其热爱祖国的强烈情感。	

续 表

项目成果	产品形式	调查问卷、统计图、倡议书、手抄报、歌谣、主题小品、分类垃圾桶等
	展示方式	综合实践课堂交流、项目成果展示会
学习评价	过程评价	《项目学习团队协作能力评价量表》
	结果评价	《项目成果分享会活动表现评价量表》《项目学习学生参与评价量表》
项目资源		硬件资源：手机、打印机、计算机　　软件资源：图表软件 宣传资源：学校宣传栏、广播站、校内电子屏幕 印刷材料：垃圾分类相关书籍、玩具卡片、调查问卷、倡议书 其他物品：卡纸、彩笔、家中废弃物等

中国社会科学院公布的一项报告表明：中国环境污染的规模居世界前列。其中固体废弃物污染尤为严重。中国生活垃圾每年以9%的速度递增，年产垃圾1.5亿吨。由于生活垃圾综合利用率和无害化处理率低，全国六百多个城市，有近三分之二的城市处在垃圾包围之中。垃圾不仅影响城市美观，更污染了大气、水和土壤，对居民的健康构成极大威胁。如何合理处理垃圾已成为城市发展中棘手的环境问题之一。2016年12月，中共中央总书记、国家主席、中央军委主席习近平主持召开中央财经领导小组会议研究普遍推行垃圾分类制度，强调要加快建立分类投放、分类收集、分类运输、分类处理的垃圾处理系统。随后三年多来，我国加速推行垃圾分类制度，全国垃圾分类工作由点到面，逐步启动，逐渐推广，垃圾分类取得积极进展。当下，垃圾分类走进了社区，也走进了校园。于是，我们结合学生生活，聚焦社会热点，引领校园小主人开展了以校园垃圾分类为主题的项目学习。

二、项目启动

(一) 驱动问题的提出

随着全国垃圾分类工作的深入推进，南昌市垃圾分类工作也全面启动，大街小巷一改过去只摆放单一垃圾桶的现象，而是摆出了四个不同的分类垃圾桶，号召市民进行垃圾分类。与此同时，南昌市《垃圾分类》课程也全面进入校园。学期初的一堂综合实践课上，在老师向同学们传授、交流垃圾分类的相关常识与注意事项时,一位学生发现教室里的垃圾并没有进行合理分类,且如过去一样只有一个垃圾桶(见图1-1-1)。这一现象,随即触发了教师和学生的再次思考与交流。

图1-1-1 社区里的垃圾桶和教室里的垃圾桶

课堂上,学生提议校园里是不是也应该践行垃圾分类。提议一出,同学们议论纷纷。教师进一步引导学生思考:在校园里践行垃圾分类,到底该由谁来践行呢?经过思考、交流后,师生形成统一意见:应该是从自我做起,自觉践行校园垃圾分类。教师按照大家的意见,围绕"在校园践行垃圾分类中,如何从自我做起"这一驱动问题,开展了校园垃圾分类项目学习。

随着垃圾分类知识的普及,学生对于垃圾分类有了一定的认知和了解。然而,学生的认知是浅层次的,仅仅将其作为生活常识进行识记,并未真正认识到垃圾分类的重要性和必要性,及其将对整个社会的和谐发展产生的深远影响和重大意义。基于此背景,"在校园践行垃圾分类中,如何从我做起"这一驱动问题的提出,必将会激发学生主动而深入地思考到底应该用怎样的方式践行校园垃圾分类。同时,促使其构建出一种有效的助推方式——小组合作。在学习过程中,教师可以引导学生去积极创建有效的沟通渠道和合作路径。让学生解决这一驱动问题,不仅帮助学生"知"——知道如何践行校园垃圾分类,而且让其体验"行"——用自己的行动践行校园垃圾分类。在校园垃圾分类项目学习过程中,学生可以逐步增强自我的环保意识。"践行校园垃圾分类"将从学生的一般关注层面,过渡到学生的主动思考层面,再到学生的自主自觉的行动层面。学生通过项目学习将深知开展并践行的垃圾分类工作是"利人利己,利国利民"的好事、大事,学生的环保意识和社会责任感也可以得到进一步加强——环保从我做起,是责任亦是义务。

在解决驱动问题的实践过程中,学生将充分应用综合实践、语文、数学、美术、音乐等学科知识,这可以进一步助其提升搜集信息、分析和利用信息的能力,增强交际沟通能力和书面表达能力,强化用数学思维分析看待周围事物并解决实际问题的能力,提升艺术表现与创意实践的能力。让学生解决驱动问题将有效促进学生从多角度思考,学生的知识技能、学习方式、思维习惯、创新能力也将得以融汇提升。同时,真实的问题情境必将进一步加深学生的环保意识和社会责任感,拓宽学生的学科视野,激发学生热爱祖国、建设祖国,为国家做贡献的爱国情怀。

(二) 学生分组与项目管理

1. 确定任务,科学分组

在提出"在校园践行垃圾分类中,如何从我做起"问题后,学生们开动脑筋,纷纷献言献策。有的提出践行垃圾分类得先知道校园里有哪些垃圾,有的提出得弄清楚校园垃圾怎么分类,还有的提出可以通过画手抄报等方式来宣传垃圾分类……为使项目学习能够有序推进,教师对学生提出的想法或建议进行及时引导、梳理、归类,鼓励学生按照驱动问题进行科学策划,合理安排项目学习每个阶段的工作。最终,学生确定了项目学习的三个阶段及任务:调查统计校园里有哪些垃圾,确定校园垃圾科学分类举措,全校全面践行校园垃圾分类。第一阶段的主要任务在于对校园日常生活中产生的垃圾进行调查与统计;第二阶段的主要任务在于根据垃圾分类的具体要求和注意事项,确立校园垃圾科学分类的具体举措;第三阶段的主要任务在于采取多种多样的方式宣传垃圾分类,全校全面践行校园垃圾分类,使其真正发挥美化校园环境的关键作用。

当教师和学生共同确立校园垃圾分类项目学习的三个阶段,明确各阶段任务后,学生提出问题:这几个阶段的任务每个人都要做吗? 同时,也有学生建议大家分组进行。从学生的发言中,教师明显感受到学生强烈的合作学习的愿望,这些为项目学习的推进创造了良好的学习氛围。确定分组学习后,学生根据个人的特长、爱好组成了不同小组。每小组的人数不等,多的十几个,少的就两个,甚至有学生没有自己的学习小组。遵循学生个人意愿后,教师根据阶段任务提示学生:分组除了考虑个人意愿外,也要考虑具体阶段的任务。如,第一阶段就需要大家观察记录和发放调查问卷,组织同学填写。这项任务需要大家工作细心,同时需要胆大外向、口语表达能力强的同学在校园内发放调查问卷。经过老师提示,学生结合个人意愿和任务目标,再次进行科学分组,小组成员实现了有效组合(见表 1-1-1)。

表 1-1-1 小组成员名单

组别/组名	小 组 成 员				
第一小组:快乐小组	徐锦民	孙晨艺	刘 静	熊秋涵	杨凯茗
第二小组:阳光小组	刘诗恬	王皓铭	胡雅菲	兰逸波	方歆琰
第三小组:胜利小组	李柳毅	程 程	叶征雨	吕奕晗	陈紫鑫
第四小组:给力小组	袁晟尧	刘炫君	胡博超	邓锦程	胡雪颖
第五小组:可爱小组	郝 妙	雷浩嘉	汪宜轩	聂志婷	宋诗韵
第六小组:团结小组	宋诗涵	王 艺	徐菁婕	周子煜	黄 瑞
第七小组:超人小组	周世康	黄嘉懿	吴泽炎	童 羿	尹泽衷国
第八小组:精灵小组	刘嘉奕	林奕宏	蒋丰翼	李宁泽	程素芸

各小组根据阶段任务、目标及所需时间达成共识,形成决定:快乐小组负责第一阶段的任务完成,阳光小组负责第二阶段的任务完成,其他小组负责第三阶段的任务完成,最后进行项目学习成果展示。

2. 制定评价量表,及时评价激励

校园垃圾分类项目学习过程中学生处于主体地位,教师在旁适时引导。为了使校园垃圾分类项目学习扎实有效地推进,教师引导学生制定了相关评价量表,每周根据评价量表的得分情况,及时肯定表现好的学生,从而激发其他学生学习的内驱力,有效促进学生知、情、行和谐统一。

(1) 项目团队契约

一份团队契约,就是一种团队凝聚力。每个小组在明确了目标任务和合作规则后,自主制定了团队契约(见图1-1-2),每位成员都在契约中郑重地写上了自己的名字。

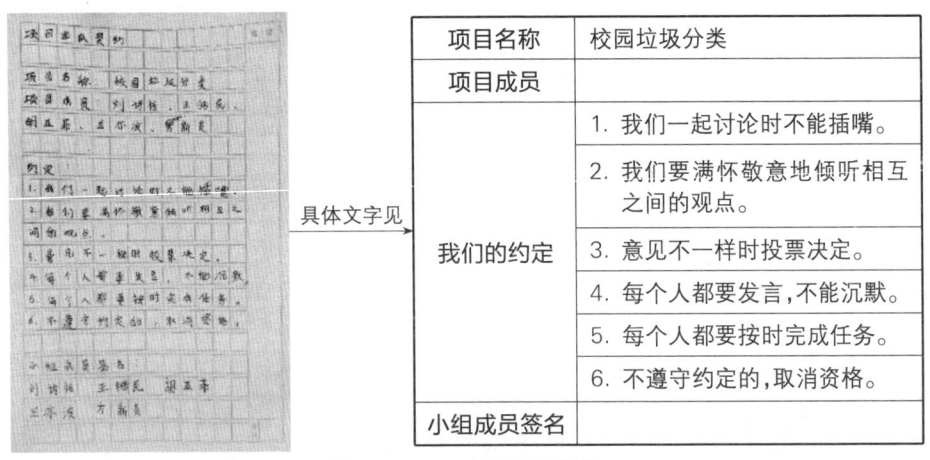

具体文字见

项目名称	校园垃圾分类
项目成员	
我们的约定	1. 我们一起讨论时不能插嘴。 2. 我们要满怀敬意地倾听相互之间的观点。 3. 意见不一样时投票决定。 4. 每个人都要发言,不能沉默。 5. 每个人都要按时完成任务。 6. 不遵守约定的,取消资格。
小组成员签名	

图1-1-2 项目团队契约

(2) 项目学习团队协作能力评价量表

项目学习团队协作能力的评价量表(见表1-1-2)从贡献、合作、解决问题三个维度评价小组成员的协作能力。为了确保评价客观,每位成员的协作能力除了自评,还将由小组内其他两位成员进行综合评价。每周进行一次评价,综合实践课上每次留出十分钟的时间组织学生进行自评和互评。如果成员对他人的评价有异议,则将结合小组内未参与评价同学的意见和老师的观察,重新评价。学生填写完评价表后交由老师统一保管。

表1-1-2 项目学习团队协作能力评价量表

评价指标	评分等级及分值			得分		
	优秀(3分)	表现不错(2分)	有待提高(1分)	自评	生1评	生2评
贡献	积极参与讨论,为小组做贡献。完成所有要求完成的任务。带领小组实现活动目标	有时需要鼓励才能完成分配的任务。在确立目标和实现目标的过程中需要他人帮助	被动参与讨论。没有完成分配的任务。有时阻挠任务完成,使小组远离要实现的目标			

续 表

评价指标	评分等级及分值			得 分		
	优秀(3分)	表现不错(2分)	有待提高(1分)	自评	生1评	生2评
合作	分享了很多自己的观点,并且鼓励其他成员分享他们的观点	受到鼓励会分享观点,愿意与大多数的小组成员一起分享观点	不愿意分享自己的观点,在其他人分享观点的时候,常常打断他们			
解决问题	灵活运用已有知识并通过行动解决问题,乐于和小组成员一起解决问题	有时会通过行动解决问题,有时会提供解决问题的建议	很少参与问题解决,有时给小组带来麻烦,阻挠小组成员解决问题			
小计						

三、项目实施

在"在校园践行垃圾分类中,如何从我做起"问题的驱动下,学生们确定了项目学习主题,借助项目团队契约和项目学习协作能力评价量表,小组合作学习得以有效进行。为使整个项目学习过程有条不紊地进行,在教师的指导下,学生对后续的学习任务和项目实践开展深入讨论,绘制出项目学习地图,制定出项目日程表。

(一) 绘制项目地图

为了使校园垃圾分类项目学习活动过程更为直观、清晰,我们根据任务梳理出项目学习的研究方向,预设项目学习内容;绘制出项目学习地图(见图1-1-3)。

(二) 制定项目日程表

为了明确项目进程,使项目科学有效地开展,提高项目实施的执行力,我们制定了整个项目的具体开展内容与时间安排表(见表1-1-3)。

```
                    驱动问题：
              在校园践行垃圾分类中，如何从我做起

                         项目实践

   第一阶段：            第二阶段：            第三阶段：
调查校园里有哪些垃圾    确定校园垃圾分类举措    践行校园垃圾分类

   观察记录：            查阅资料：            创意宣传：
校园内有哪些垃圾      给校园垃圾分类        校园垃圾分类

   问卷调查：            绘制统计图：          环保小卫士：
校园垃圾丢放情况    分析各类垃圾的比例    督导实施校园垃圾分类

                       项目成果展示

阶段任务中产生的作品   创意设计分类垃圾桶   校园垃圾"变废为宝"DIY

                       项目活动评价

                       项目反思与改进
```

图 1-1-3 项目学习地图

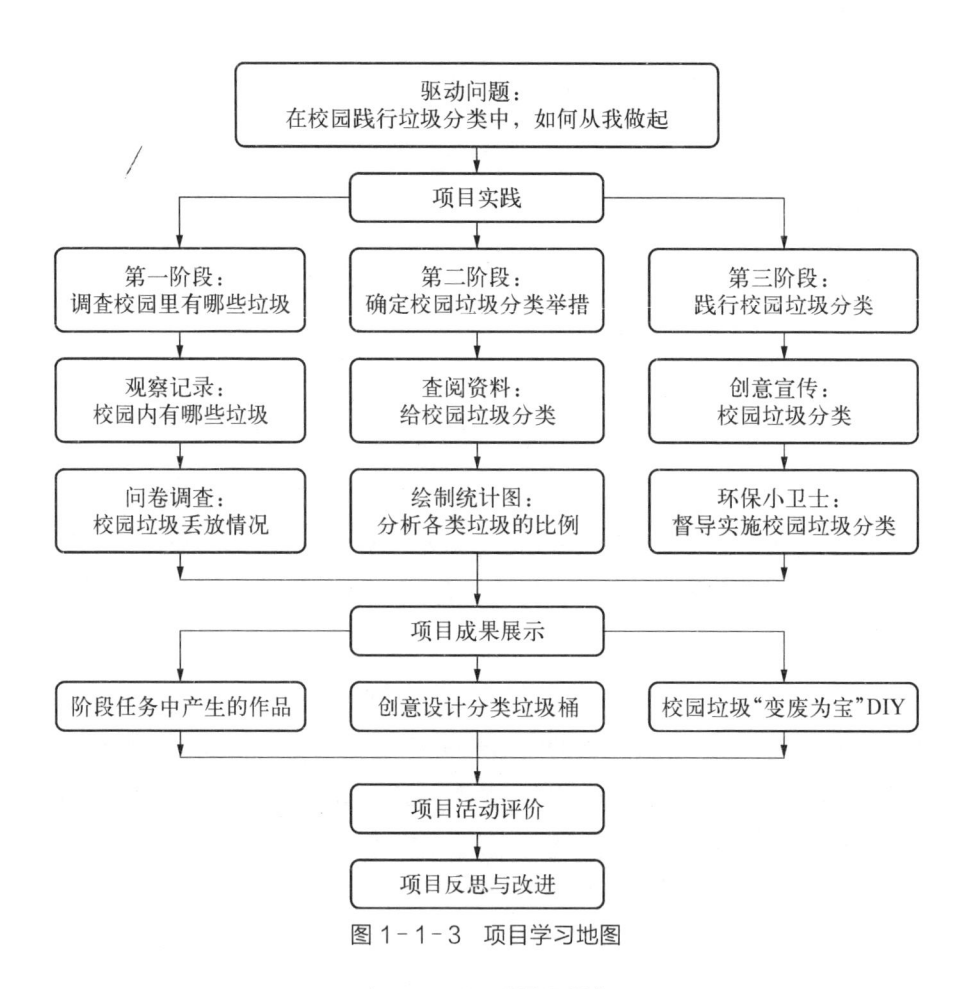

表 1-1-3 项目日程表

环 节	具 体 内 容	时间安排
项目准备	1. 师生共同确立校园垃圾分类项目学习阶段及任务。 2. 学生根据阶段任务科学分组。	1课时
项目实践	第一阶段的任务：调查统计校园内有哪些垃圾 1. 学生课间观察记录校园内操场、紫藤长廊、办公楼、教学楼、教室和垃圾桶附近的垃圾丢放情况。 2. 学生通过发放调查问卷了解课堂垃圾丢放情况，并在班上汇报交流。	2课时

续 表

环 节	具 体 内 容	时间安排
项目实践	第二阶段的任务：确定校园垃圾科学分类举措 1. 学生根据第一阶段收集的校园垃圾丢放情况资料,结合垃圾分类相关书籍梳理校园垃圾分类情况,制作成表格。 2. 学生利用统计图直观展示校园各类垃圾占比情况,确定科学分类举措。	1课时
	第三阶段的任务：全面践行校园垃圾分类 1. 学生通过写倡议书、绘制手抄报、开展知识讲座等多种方式宣传校园垃圾分类。 2. 学生课间在各个教室督促其他学生分类丢放垃圾,引导其他班级学生树立环保意识。	4课时
项目成果展示	1. 学生们创意设计分类垃圾桶,在项目成果分享会上展示交流。 2. 校园开展"变废为宝"DIY,借此呼吁更多同学节约资源,减少浪费。	2课时

(三) 项目实践

在设计校园垃圾分类项目学习的学习任务后,各小组成员按照项目学习的三个阶段展开实践,快乐小组负责调查统计校园里有哪些垃圾,阳光小组负责确定校园垃圾科学分类举措,其他六组的成员负责大力宣传校园垃圾分类。最后,各组成员一起督导其他学生实施校园垃圾分类举措。

1. 第一阶段：调查统计校园内有哪些垃圾

(1) 观察记录

快乐小组：明确阶段任务后,展开讨论,制定计划。

片段一：讨论校园垃圾的产生

师：同学们,知道校园里有哪些垃圾吗？

生：我知道有餐巾纸、废纸、笔、塑料袋、塑料瓶、灰尘等。

师：还有吗？

生：还有我们上美术课时用过的粘土,还有铅笔屑、碎玻璃等。

生：还有中午吃饭时的剩饭剩菜。

生：树上掉落的树叶和花瓣。

生：校园垃圾这么多，我们怎样才能知道校园到底有哪些垃圾呢？

当学生讨论遇到阻碍时，教师适时点拨，让学生清楚地意识到仅靠个人感知和生活经验得到的结果不具体，需要在校园内进一步进行观察记录，全面了解校园垃圾的产生情况，才能弄清校园里到底有哪些垃圾。各小组利用课间时间在校园操场、紫藤长廊、办公楼、教学楼、教室和垃圾桶附近观察，用纸笔记录垃圾的种类及丢放情况(见图1-1-4)。

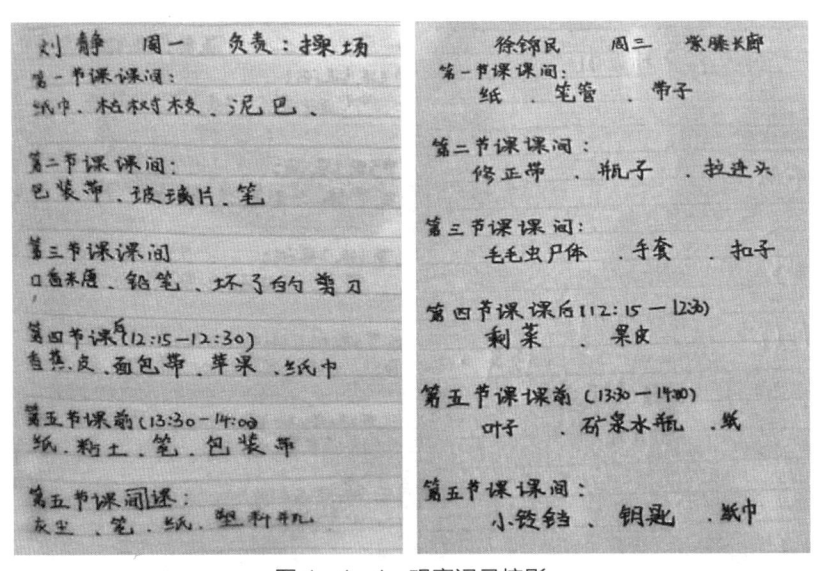

图1-1-4 观察记录掠影

(2) 问卷调查

在结束了为期一周的课间观察后，学生在综合实践课堂上分享取得的阶段成果。阶段成果分享中，教师发现学生只关注记录了课间垃圾丢放的具体情况，而忽略了课堂上垃圾丢放情况，尤其是活动课，如美术课、体育课、科学课等。这些课堂上也很容易产生学具垃圾。有了教师的提醒，学生恍然，不过也陷入了一种迷茫：课堂垃圾丢放情况怎么记录？有学生又联想到综合实践课上老师教过的"发放调查问卷"，提出可以通过调查问卷收集到准确而全面的数据。事实上，设计调查问卷对于四年级学生而言有一定难度。于是，教师指导大家掌握设计问卷的基本原则,思考关键问题:想收集哪些方面的信息,重点解决哪些问题。最后,把有价值的问题进行搜集、整理,形成调查问卷(见图1-1-5)。再借助计算机和打印机将调查问卷印刷后随机发放给各年级学生。

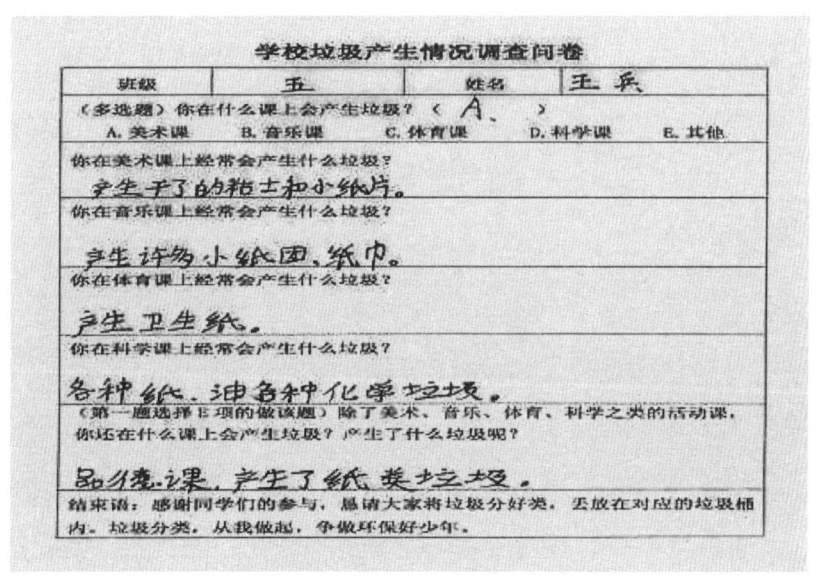

图1-1-5 调查问卷

片段二:发放多少调查问卷

生:老师,我们学校有多少学生啊?

师:一个班大概45人,一个年级大概8个班,六个年级加起来大概2 160人。

生:天啊,2 000多人,我们要发那么多份调查问卷吗?

师:不需要发那么多份调查问卷哦,统计学上有一个概念叫"抽样调查",我们可以从这2 000人当中抽取一部分进行调查,根据调查结果对全部调查对象的结果进行预估和判断。

生:那我们就调查100个人吧。要不就在我们四年级中发100份调查问卷写。

师:如果光调查四年级,得不到其他年级的数据,统计结果可能会有偏差哦!

生:那就每个年级调查20人左右。

2. 第二阶段：确定校园垃圾分类科学举措

(1) 查阅资料

阳光小组面对项目学习第二阶段任务——确立校园垃圾科学分类举措。首先想到查找资料，从而获得问题答案。学期初，南昌市教育局下发了《南昌市垃圾分类与减量知识读本》，学生借助具体资料(见图1-1-6)，很快掌握了答案。

图1-1-6 垃圾分类资料图

学生们对校园垃圾分类知识有了清楚的了解，加上快乐小组提供的统计资料，阳光小组很快梳理出校园垃圾分类的主要情况。

表1-1-4 校园垃圾分类主要情况

纸类垃圾	废弃的纸张、书本	包装纸
塑料垃圾	塑料瓶	塑料盒
金属类垃圾	易拉罐	食品罐盒
厨余垃圾	剩饭	剩菜
其他垃圾	尘土、粘土、圆珠笔等	沾上污渍的塑料袋等
有害垃圾	电池	笔芯、药品

(2) 绘制统计图

为便于直观比较，阳光小组同学利用上学期学过的数学统计知识，以快乐小组收集到的具体资料为依据，借助计算机的图表软件绘制了相关统计图(见

图1-1-7):

片段三：分析数据得出结论

生：原来我们校园里主要是可回收物和其他垃圾啊！

生：校园里厨余垃圾和有害垃圾也是有的，不能忽视。

生：不过教室里好像没有厨余垃圾，我们每次吃完饭都是把剩饭剩菜放进餐盒里，阿姨中午整理饭盒时都是把垃圾倒进一楼加饭点旁的垃圾桶里。

生：是的，教室里有害垃圾也很少，偶尔才有。

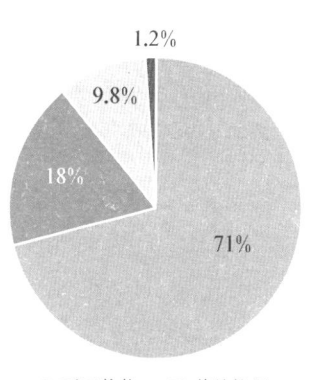

生：那我们校园垃圾分类是不是可以这样分类：教室里主要是可回收物和其他垃圾，校园里是四类垃圾都有。这样一来，教室里只要放可回收物垃圾桶和其他垃圾桶就可以，这比每个教室都放四个垃圾桶要节约资源。

生：可是教室里的有害垃圾丢哪里呢？虽然少，还是有啊！

生：可以让他们下课后丢在校园内的有害垃圾桶内。

小组成员经过一番讨论后，得出结论：根据场地不同，分类垃圾桶的数量也可以不同。教室里只需要放置可回收物垃圾桶和其他垃圾桶，每栋教学楼一楼加饭点放置一个厨余垃圾桶，校园公共区域里放置可回收物垃圾桶、其他垃圾桶、厨余垃圾桶、有害垃圾桶。根据实际需求配置分类垃圾桶，这实现了资源的有效节约。

3. 第三阶段：全面践行校园垃圾分类

"垃圾只是放错了地方的宝贝"，"垃圾分类，利国利民"。怎样号召大家进行校园垃圾分类，使校园垃圾分类这项举措落实到位呢？其他几个小组的成员绞尽脑汁，在校园内采取不同的宣传方式，大力开展第三阶段的项目学习。

(1) 大力宣传校园垃圾分类

① 张贴倡议书

胜利小组：结合语文学科中学写的倡议书，起草了一份《校园垃圾分类倡议书》，张贴在学校宣传公告栏中。

图1-1-7 校园垃圾产生情况统计图

校园垃圾分类倡议书

地球是我们共同的家园,与我们的生存息息相关,我们每一个人都不离开它。可如今环境污染越来越严重,而如何处理生活垃圾是当今世界十大环境问题之一。这些垃圾埋不胜埋,烧不胜烧,对环境造成了一系列严重危害。要解决垃圾处理和污染问题,可以通过减少垃圾的排放,改善生产、生活方式等方式。此外,我们还可以通过垃圾分类,解决垃圾处理问题。为了保护我们的家园环境,我们倡议:

一、全校师生要树立"环境保护从我做起,从身边做起"的理念,强化节能减排意识,养成良好的卫生行为习惯。

二、班级和校园内设置多个贴上各类垃圾标签的垃圾桶或垃圾箱,实行垃圾分类投放。

三、学生自备垃圾袋,把自己一天中产生的各种垃圾先装好,下午放学后再把垃圾拿到班上或校园里的垃圾桶旁分类投放好,养成不随手扔垃圾和垃圾分类投放的习惯。

四、少使用或不用一次性用品和塑料袋,少制造垃圾,特别是不易分解和有毒有害的垃圾,能循环再用的用品必须做到循环再用。

五、每周进行一次可回收物义卖活动。学校少先队大队部成立一个"志愿站",由五、六年级各班派出一名志愿者组成,专门负责此项工作。把义卖得来的钱用于公益活动,用于奖励垃圾分类做得好的班级以及个人。

② 张贴手抄报

给力小组:创作校园垃圾分类手抄报(见图1-1-8),同样张贴在学校宣传栏处。

图1-1-8 垃圾分类手抄报

③ 创编垃圾分类歌

可爱小组：成员中有一名同学是学校广播站成员，在小组成员将校歌的歌词进行有趣创编(见图1-1-9)后，借助广播站这一宣传阵地，利用生动有趣的形式，在学校中、高年级进行宣传。

图1-1-9 创编垃圾分类歌

④ 做游戏巧宣传

团结小组：主要负责低年级的宣传，成员在网上购买了垃圾分类卡片玩具，利用班会课，在各班班主任的配合下进行校园垃圾分类宣传(见图1-1-10)。

图1-1-10 利用垃圾分类玩具卡片宣传

⑤ 知识宣讲

超人小组：成员们既走出去，在校外开展宣传垃圾分类活动(见图1-1-11)；同时请进来，将自己的爷爷奶奶、爸爸妈妈等请进学校，共同参与知识宣讲活动(见

图 1-1-12)。

图 1-1-11 校外宣传垃圾分类　　图 1-1-12 校内垃圾分类知识宣讲

⑥ 小品表演

精灵小组：成员们集聚团队合作的力量和智慧，自主编排主题小品《趣说"垃圾分类"》，用手机拍摄成视频，借助学校电子屏幕进行播放，以风趣、幽默、轻松的方式在全校教师、学生中宣传垃圾分类(见图 1-1-13、图 1-1-14)。

图 1-1-13　小品剧本片段

图 1-1-14　表演场景图片

(2) 督导实施校园垃圾分类

大力宣传校园垃圾分类后,各小组成员为了能使全校全面践行校园垃圾分类,以写建议书的方式向学校建议实施校园垃圾分类。学校层面同意后,安排文明值日生和各小组成员课间在各个教室督促同学们分类丢放垃圾,使其自觉树立环保意识。

(3) 践行校园垃圾分类

开展垃圾分类项目学习以来,同学们从自身做起,不仅在班级积极开展分类投放垃圾,还争当环保小卫士,主动与学校文明值日生一起值日,督促师生全面践行校园垃圾分类。每当同学们丢放垃圾时,环保小卫士都会在旁微笑提醒分类丢放。遇到不会分类丢放垃圾的同学,环保小卫士生动讲解垃圾分类的知识。看到同学们正确分类丢放垃圾时,环保小卫士还会竖起大拇指为他们点赞。

四、项目成果制作与展示

(一) 阶段任务中呈现的作品

在校园垃圾分类项目学习的不同阶段,每个小组都积累了不同的项目成果。快乐小组:观察记录材料和调查问卷。阳光小组:校园垃圾分类表和校园垃圾丢放统计图。胜利小组:环保倡议书。给力小组:手抄报。可爱小组:创编的校园垃圾分类歌谣。团结小组:垃圾分类卡片宣传。超人小组:知识宣传讲座。精灵小组：趣味小品。丰富的阶段性成果体现了项目学习多样化的活动形式，改变了学生的学习方式。

(二) 项目成果分享会

1. 创意设计分类垃圾桶

围绕"践行校园垃圾分类"的主题，各小组成员充分发挥自己的动手能力，设计并制作出形式多样的垃圾桶(见图1-1-15)，在项目成果分享会上进行展示。经过全班学生投票，大家发现其中一个垃圾桶的设计充分彰显了校园特色，外形像一个"育"字，头部是投放可回收物处，下面是投放其他垃圾处(见图1-1-16)。这一设计创意正好契合第一小组经调查统计后得出的结论：教室里放置两种不同种类的垃圾桶即可。

图1-1-15 形式多样的分类垃圾桶

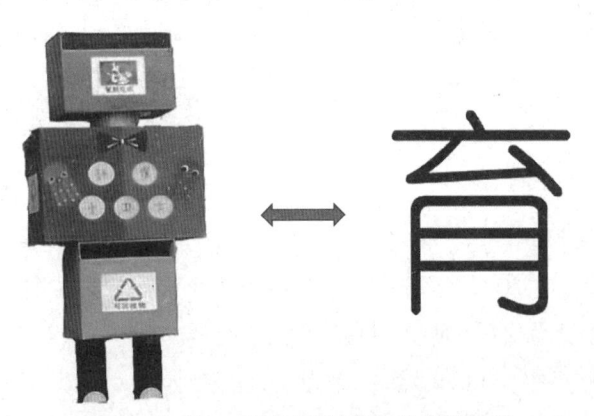

图1-1-16 彰显校园特色的分类垃圾桶

2. 校园垃圾"变废为宝"DIY

通过校园垃圾分类项目学习,学生对"世界上没有垃圾,只有放错地方的宝藏"这句话的体悟更加深刻。面对国家环境资源日益减少,环保问题日益严峻的现状,作为新时代的小学生,如何为国家贡献自己的力量呢?这是小学生必须认真且共同思考的问题。学生们用一双双巧手"变废为宝",富有创意的手工作品(见图1-1-17)不仅在项目成果分享会上进行了展示,还摆放在了校园里。在呼吁全体同学在践行好校园垃圾分类工作的同时,变废为宝,减少资源浪费。

图1-1-17 变废为宝DIY

为了提升项目成果分享会中学生的参与度,教师引入项目成果分享会活动表现评价量表(见表1-1-5),对学生活动表现、成果质量进行管理引导,有效提高学生活动积极性。

项目学习,解决的不仅仅是问题。精美的手工作品更折射出学生动手动脑,敢于实践,勇于创新的能力。科学分类垃圾,保护生态环境,我们在行动。

表 1-1-5　项目成果分享会活动表现评价量表

评价指标	评分等级及分值			得分		
	优秀(3分)	表现不错(2分)	有待提高(1分)	自我评价	小组成员评价	教师评价
准备阶段	积极搜集手工材料用于成果制作,在制作过程中常有新想法并乐于尝试,有丰富的动手实践体验	乐于搜集手工材料用于成果制作,在制作过程中偶有新想法,部分时候有动手实践的体验	在他人的提醒下才愿意搜集手工材料用于成果制作,但制作过程中喜欢模仿,被动参与动手实践,体验较少			
作品质量	制作精美,符合活动主题,非常受同学们的喜爱	制作一般,符合活动主题,受同学喜爱	制作比较简单,符合活动主题,少部分同学喜欢			
小计						

五、项目评价

(一) 学生的评价

　　项目学习的过程性评价通过项目团队契约(见图 1-1-2)、项目学习团队协作能力的评价量表(见表 1-1-2),评价学生的沟通合作能力、实践能力及问题解决能力,对活动过程做出及时评价激励。

(二) 教师的评价

表 1-1-6　项目学习学生参与评价量表(教师用表)

评价指标	评分等级及分值			第( )小组
	优秀(3分)	良好(2分)	有待提高(1分)	得分
任务完成度	按时完成任务,小组成员积极合作,解决了任务中的各项难题	按时完成任务,小组成员解决了任务中的大部分难题,少数难题需要老师给予帮助	未按时完成任务,任务中的大部分难题需要老师的参与才能解决	
小组凝聚力	小组合作气氛好,每位成员都能按时完成自己的任务	小组合作气氛有时好,个别成员不能按时完成自己的任务	小组没有合作气氛,大多数成员不能按时完成自己的任务	

续 表

评价指标	评分等级及分值			第( )小组得分
	优秀(3分)	良好(2分)	有待提高(1分)	
取得成果	成果丰富多样,有新颖,受到同学们的喜爱	有成果,但形式比较单一,受到大部分同学喜爱	成果处于未完成状态,少数同学喜欢	

项目学习学生参与评价量表用于终结性评价,从任务完成度、小组凝聚力、取得成果三个方面进行综合评价。其中小组凝聚力这一维度的评价参考项目学习团队能力评价量表中小组成员加起来的得分,任务完成度参考项目阶段任务进行综合评价,取得成果则是依据项目学习中呈现出来的结果表现形式、受喜爱度综合评价。

(三) 师生共同的评价

为了使评价量表更为客观,在项目成果分享会活动表现评价量表(见表1-1-5)中,评价对象由单一的学生或者教师变为师生共同评价,这既有效提高了学生活动参与热情,又成功助推项目有序进行。

六、项目反思与改进

(一) 项目反思

校园垃圾分类项目学习从开展到基本完成历时两个半月,时间虽短,成果颇丰。课间总有环保小卫士温馨提醒学生进行垃圾分类,简单有趣的垃圾分类歌被越来越多的人传唱,课间也总有许多学生在宣传栏旁驻足观看倡议书和手抄报……践行校园垃圾分类蔚然成风,环保意识深入学生内心。

项目学习活动中,不管是教师还是学生,都收获了成长与经验。

对于教师而言,开展项目学习是挑战也是机遇。传统的课堂教学中,教师是知识的传授者,而在项目学习中,他们转变为学生学习的引导者、帮助者、鼓励者。角色的转变起初带来心理上的不适应,但随着项目学习的推进,教师渐渐适应了这种变化,由起初的畏手畏脚,担心学生不能完成阶段任务,到后来放心把课堂交给学生,让他们自主探究学习。项目学习,让教师转变了课堂角色,积累了学习经验,同时为创建一个能学、会学、善学的班级提供了设想可能。

对于学生而言,参加项目学习是一次有趣的体验。项目活动中,各小组成员积极动手、主动思考,遇到问题商量着办,碰到难点共同克服,这有效地培养了学生合作、沟通、思考和共享的能力与意识,学生学习的热情高涨。同时,设计分类垃圾桶也培养了学生的创新意识、创造能力。除上述以外,学生的环保意识也进一步增强,学生能自主、自觉地在校园内践行垃圾分类。"垃圾分类"不再是口号,也不再是书本中的知识,而是成为学生在日常生活中要做且必做的事。学生学习校园垃圾分类,不仅仅学会了垃圾分类,他们节约资源、变废为宝的行动也体现在具体生活中。

全面践行校园垃圾分类,对整个社会的和谐发展有着深远影响和重大意义,它是一种可持续的经济发展和生态保护模式。学生通过聚焦社会热点,开展校园垃圾分类项目学习,深刻了解垃圾分类对于环境保护的积极意义,培养了社会责任感,增强了国家主人翁意识,这有利于其逐步成长为勇于创新创造、勇于担当的社会主义接班人!

项目学习活动中的驱动性问题依托生活中的真实情境,学生的学习活动积极性很高,自主能动性很强。活动过程中,学生有效地开展分组活动,教师起到提示、点拨、引导、归结的角色,这很好地培养了学生发现问题、思考问题、解决问题能力与习惯。但是,在校园垃圾分类项目学习具体实施过程中,依然存在着学生合作氛围不融洽,成员行动力不强的情况。如何提高小组的凝聚力,如何提高学生的行动力,这些都将作为教师日后指导学生开展项目学习需要进一步思考和解决的问题。

(二) 项目改进

1. 进一步完善评价量表。项目式学习过程中,评价标准和评估工具的科学性有待提高。过程性评价若仅从学生的评价量表进行评价,准确性不够。部分学生由于性格原因,参与交流、讨论、思考、分享的热情不高,但是对项目学习活动仍是较为感兴趣,乐意参与其中。同样,结果性评价仅从学生展示的作品数量和质量来判定其参与程度也不够全面,仍需设计出一份更全面、更客观、更科学的评价量表。

2. 进一步加强过程调控。学习方式的转变非一朝一夕之功。从个体单一的学习转变为群体合作的学习,从只关注自我到学会合作、学会交流、学会共享、学会欣赏,形成学习小组,需要一定时间。学习小组间的默契合作,也需进一步提高。这种学习样态既需要教师在日常教学中针对性地进行学习方法指导和学习习惯的养成,更需要教师在具体的一次次项目学习实践过程科学指导,智慧调控。

3. 进一步加深情感认同。项目式学习有别于传统学习,学生成为学习活动的主体,老师适当提供学习活动的抓手,但不参与其中。大部分学生乐于接受学习方式的改变,并在活动实践中感受到学习能力的提升,对于项目式学习的热情与激情稳步高涨。但仍有部分学生一时难以适应学习方式的改变,对于参与项目式学习热情不高,情感上的认同感较低。在日后的项目式学习中,还需注重加强学生对于项目学习的认识,设计安排符合学生心理过渡期的阶段任务,进一步加强学生的情感认同。

(南昌市东湖区育新学校教育集团小学部　涂思慧)

第二节　实践智慧2:家乡的"绿色小卫士"

一、项目简介

项目名称	家乡的"绿色小卫士"	适用年级	四年级
项目类型	跨学科项目学习	项目时长	8课时
主要学科	语文	涉及学科	美术、综合实践
项目概述	\multicolumn{3}{l	}{《我们与环境》是部编版语文四年级上册第一单元口语交际的主题。在落实语言表达目标任务的过程中,学生们围绕周边环境存在的问题展开了讨论,对简单易行的保护环境的做法进行了思考。这时,老师抓住孩子们的兴趣点,紧跟热点,引导孩子们提出了"如何做好家乡的'绿色小卫士'"这一驱动问题,开展了"家乡的'绿色小卫士'"项目学习研究。该项目学习以实地调查、网络搜索、建言献策三个阶段逐步进行,提高了孩子自主探究学习的能力,培养了孩子团结合作、勇于创新的精神,增强了孩子的环保意识和社会责任感。}

续　表

驱动问题		如何做好家乡的"绿色小卫士"？
项目目标	学科知识与技能	语文： 1. 观察周边生活环境，主动与人沟通，锻炼口语表达能力。 2. 了解倡议书的含义、特点，掌握倡议书的格式，会写倡议书。 综合实践： 1. 利用"关键字"搜索的方法浏览信息，培养学生的信息收集能力。 2. 设计、制作环保吉祥物，培养学生的实践能力和创新意识。 美术： 了解手抄报的一般结构，制作手抄报，培养学生的审美情趣。
	21世纪技能	1. 能倾听他人的想法，并积极沟通交流； 2. 在活动中培养团队合作意识，提高团队协作能力； 3. 在实践创作中发展创新思维。
	价值观念	1. 增强环保意识和主人翁责任意识； 2. 树立创造美好生活的目标，增强对大自然和人类社会的热爱及责任感。
项目成果	产品形式	手抄报、宣传单、倡议书、环保吉祥物
	展示方式	班级展示、社区宣传、学校宣讲
学习评价	过程评价	关注学生个人在活动中知、行、意方面的表现和小组内协调合作能力，以学生自评、组内互评和师评的方式进行。
	结果评价	项目成果展示内容是否准确，主题是否突出，表达是否清楚，以学生自评、组内互评和师评的方式进行。
项目资源		互联网、实地调查、照片，以及制作环保吉祥物的纸盒、铁丝、胶带等材料。

环境污染与保护已经成为当今社会的重大问题，受到越来越多人的关注。环境遭到破坏，这已对人类的生存和发展构成现实威胁，保护环境刻不容缓。为了增强人们对环境保护的认识，我们要从小学生开始抓起，帮助小学生从小树立环保意识，培养主人翁的责任意识，引导小学生在未来成长过程中积极参与环境保护，为构建美丽、和谐的家乡环境贡献出自己的力量，做一个有责任、有担当的人。

二、项目启动

(一) 驱动问题的提出

在《我们与环境》一课中，老师先出示一些我国正面临的环境问题的相关图片，图片让人触目惊心。随后老师让学生说说都看到了什么，有什么感受。学生纷纷发表自己的想法。紧接着，老师又相继出示一些扬子洲美丽的田园风光图，湛蓝的天空、清澈见底的河流……让孩子们把视线收回到自己的周边，思考现在的家乡还能看到这些画面吗？它存在着哪些环境问题？学生畅所欲言，但起初说的内容比较宽泛，没有结合自己的所见。这时，一位同学说到田间堆积的废农药瓶，很多同学都接连点头，表示家里人经常会这样做。这些发言慢慢勾起学生对自己生活环境的思考，大家都说起了自己生活中看到的一些破坏环境的行为，如厨房剩菜被倒进小河，小河水面的油渍毒死一池鱼等。一位同学做出总结发言，他认为，太多我们习以为常的行为背后隐藏着环境危机，我们可以先去调查一下家乡存在的环境问题，再想想如何保护我们家乡的环境。由此，提出驱动问题——"如何做好家乡的'绿色小卫士'？"

四年级学生既有童年的天真，又时常表现出内心的成熟，内心世界非常丰富，他们能够在注意事物的形式之外，形成客观分析和主观体会。并且他们获取信息的途径逐渐广泛，学习效率和合作能力都在逐步提高。另外，四年级学生对社会热点问题也保持着一定的关注度，对生活的环境也是非常的关心和热爱，通过三年多的学习，他们已经具备了一定的观察周边环境的能力和独立的思维方法。这些都为项目的开展打下了良好的基础。该项目参与班级学生整体比较活跃，擅于表达自己的观点，但他们的合作探究能力参差不齐，需要通过合理的分组充分发挥每个学生的潜力。此项目的实施需要学生通过生活经验累积，去了解一些周边环境污染问题，并且提出自己的解决办法，继而在过程中挖掘出更多的项目价值。老师在活动中需要注意引导学生以解决问题为出发点，让学习自然而然地发生。

(二) 学生分组

在项目准备阶段初期，我们将班上54人大致分成8组，大体6人为一组(见图1-2-1)。这个分组安排是由老师基于对学生不同优势与能力的了解以及项目所涉及到的任务要求进行的。项目学习过程中，既有分工又有合作，老师要让团队的每一位成员都明确自己在各自团队中充当的角色与肩负的职责，这可以使整个团队的运作更加协调顺畅，每一位成员都更加积极主动。

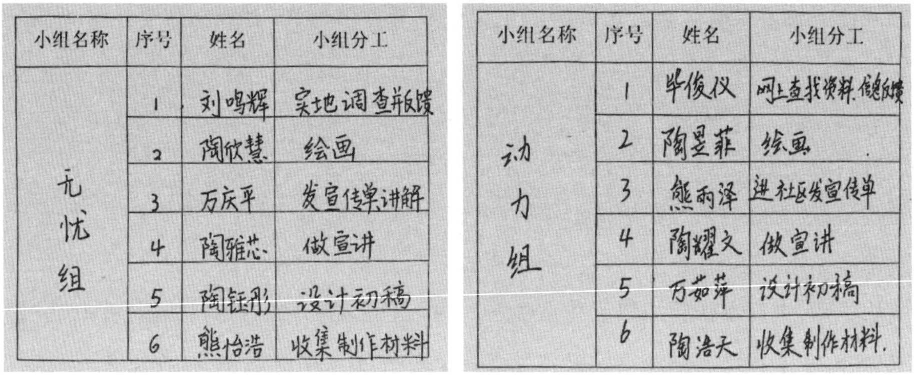

小组名称	序号	姓名	小组分工
无忧组	1	刘鸣辉	实地调查瓶馈
	2	陶欣慧	绘画
	3	万庆平	发宣传单讲解
	4	陶雅芯	做宣讲
	5	陶钰彤	设计初稿
	6	熊怡浩	收集制作材料

小组名称	序号	姓名	小组分工
动力组	1	毕俊仪	网上查找资料、信息反馈
	2	陶昱菲	绘画
	3	熊雨泽	进社区发宣传单
	4	陶耀文	做宣讲
	5	万茹萍	设计初稿
	6	陶浩天	收集制作材料

图 1-2-1 小组分工情况

完成项目分组之后，我们还设计了《家乡的“绿色小卫士”项目小组互动与合作能力评价表》(见表 1-2-1)，对各小组活动表现进行评价，有效指导与监督各小组的运作。

表 1-2-1 家乡的“绿色小卫士”项目小组互动与合作能力评价表

小组名称	评 价 内 容	有待提高	合格	良好	优秀
	小组成员互相鼓励，彼此帮助				
	所有的小组成员都能参与到项目工作中去				
	项目工作分解给各项目成员，并最终得以完成				
	小组与其他小组的合作很好				
	小组能够有效地利用各个成员的优势				
	小组成员能够有效地解决冲突				

(三) 项目管理

项目学习立足于真实生活情境，以解决问题为导向，我们不仅关注学习结果，同时也要非常关注学生的学习过程。在学习活动中，及时了解孩子的参与情况，适时给予帮助是非常重要的。因此我们运用了评价时间线进行适时管理(见图 1-2-2)，通过不同的评价工具，采用自评、他评、师评的方式对学生的过程表现以及学习成果进行评定，评价活动贯穿整个项目。

```
┌─────────┐      ┌─────────┐      ┌─────────┐
│项目开始前│      │项目实践中│      │项目结束后│
└─────────┘      └─────────┘      └─────────┘
━━━━━━━━━━━━━━━━━━━━━━━━━━━━━━━━━━━━━━━━━━▶
```

- 创设活动情境
- 学生情况分析
- 学生分组

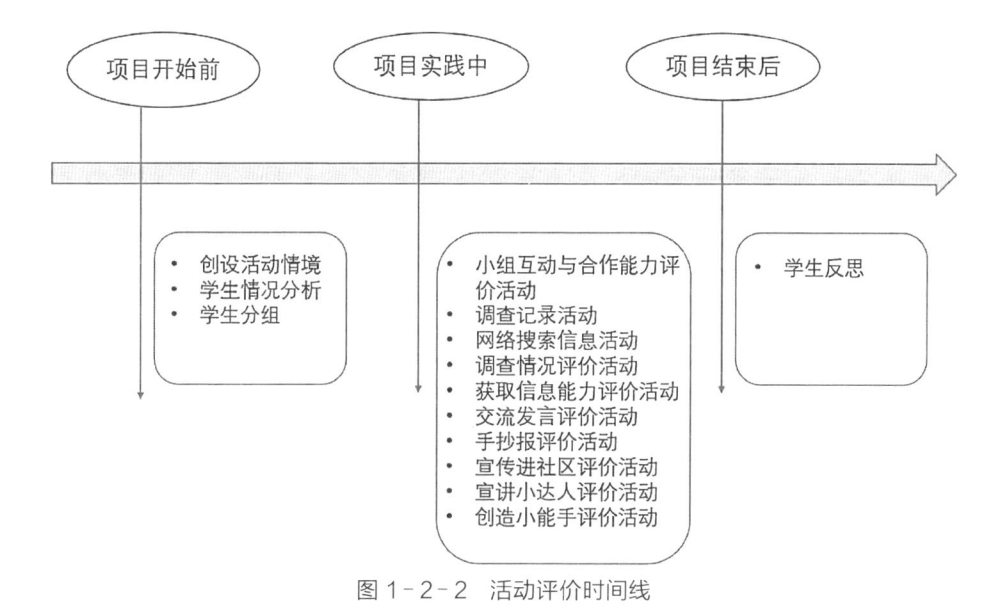

- 小组互动与合作能力评价活动
- 调查记录活动
- 网络搜索信息活动
- 调查情况评价活动
- 获取信息能力评价活动
- 交流发言评价活动
- 手抄报评价活动
- 宣传进社区评价活动
- 宣讲小达人评价活动
- 创造小能手评价活动

- 学生反思

图 1-2-2　活动评价时间线

三、项目实施

该项目以"保护家乡环境"为核心，基于四年级学生的认知探究水平，借助美术、综合实践等其他学科力量，围绕"如何做好家乡的'绿色小卫士'"这一驱动问题，让学生通过一系列活动进行自主探究学习。在项目实施过程中，老师的角色从"知识专家"转换为学习活动的组织者、支持者和促进者，让学生在亲身体验中主动发现问题，积极寻求方法，从而树立环保意识。

(一) 项目方案设计

在问题驱动之下，围绕如何做好家乡的"绿色小卫士"这个目标，学生产生了一系列问题：

1. 我们现在周边的环境污染主要有哪些?
2. 环境污染的现状如何?
3. 我们能为保护环境采取哪些宣传方式?
(1) 做手抄报 (2) 制宣传单 (3) 写倡议书 (4) 创吉祥物

为有序推进项目研究,使项目更为科学有效地开展,老师和学生一起制定了详细的实施计划、活动安排,并付诸行动。首先,老师组织学生实地调查家乡周边的环境问题,为孩子们的后续学习提供了真实依据。随后,老师安排学生从网上收集环境污染的背景资料,了解环境污染的危害。之后,学生整理调查搜集的信息并进行组内交流、班级交流,明确此次项目学习开展的重要性。在此基础上,学生们通过画手抄报、写倡议书、设计环保吉祥物等活动为保护家乡环境担责出力。具体安排如下(见表1-2-2):

表1-2-2 项目实施流程

项目阶段	课时安排	具 体 活 动
项目准备	第1课时	1. 调查周边环境的污染情况,并拍下视频、照片,作为材料。 2. 完成分组,制定分工。
	第2课时	从项目目标出发,利用搜索引擎收集相关材料。
项目实施	第3课时	结合实地调查、网络搜索的资料,各小组代表在班级交流分享,思考如何做好家乡的"绿色小卫士"?
	第4—7课时	监管各组是否按照项目计划开展家乡环境保护方法宣传设计——做手抄报、制宣传单、写倡议书、创吉祥物。
成果展示	第8课时	1. 展示手抄报。 2. 宣读倡议书。 3. 派发宣传单。 4. 分享吉祥物。 5. 完成评价量表。

除此之外,我们根据方案梳理出项目学习的研究方向,绘制出项目学习地图(见图1-2-3)。

(二) 项目实践

在项目方案和研究地图的清晰指导下,我们跟随孩子们的兴趣,围绕"如何做好家乡的'绿色小卫士'"这个驱动问题,步步推进我们的项目研究,开始了我们的实践。

第一阶段:实地调查

"小记者行动"——四组学生负责调查周边环境问题。四组学生拿上纸笔、手机等工具去实地考察。(见图1-2-4)为防止学生分散后像无头苍蝇般乱转,无关

```
                    如何做好家乡的"绿色小卫士"
           ┌─────────────────┼─────────────────┐
       实地调查          查找资料           建言献策
           │                 │            ┌────┼────┐
     观察周边环境       搜索环境信息          做手抄报
     记录典型问题       了解污染现状          制宣传单
           │                 │                写倡议书
     班级汇报调查结果   班级分享所获信息        创吉祥物
           └─────────────────┼─────────────────┘
                          成果展示
           ┌─────────┬────────┴────────┬─────────┐
       展示手抄报  派发宣传单      宣读倡议书   分享吉祥物
```

图 1-2-3　项目学习地图

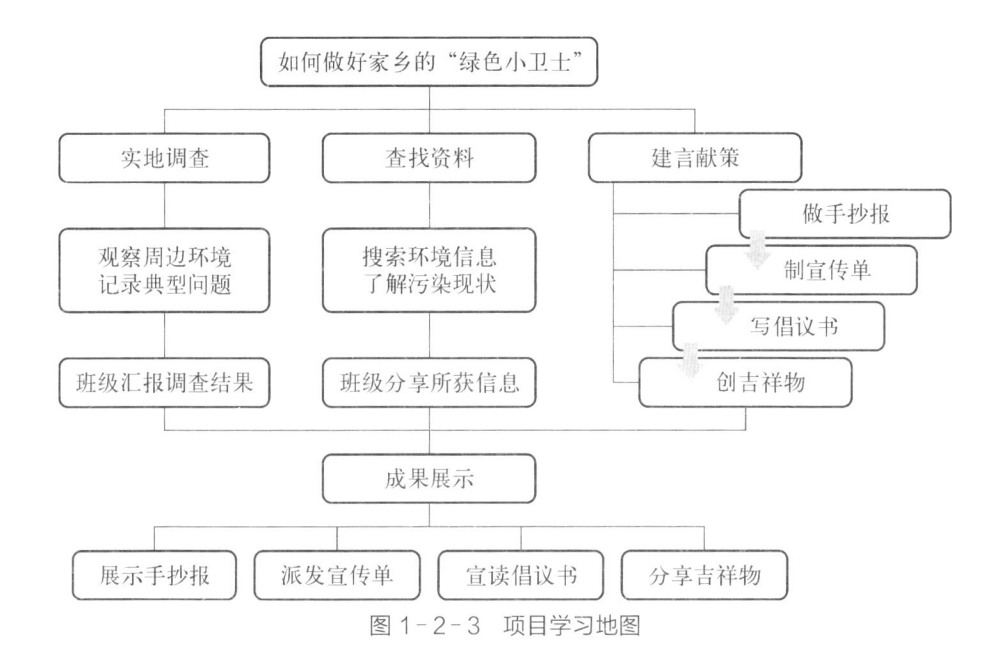

组别：　　　　记录员：　　　　时间：
调查地点：
调查方面：
调查现象：
感受：

图 1-2-4　实地考察情况

键所获,无作为等情况出现,在开始调查前,教师一定要让学生明确此次行动的目标——实事求是地观察记录周边环境,可从土壤污染程度、水源情况、空气、植被覆盖率等方面进行调查。再者,考虑到四年级学生独立完成任务的能力有限,所以在集体分散调查前还要找一组表现优秀的小组给其他小组做示范引领,让优秀小组带领后进小组,优秀组成员带动其他成员,以点带面扩散发展,同学之间合理分工,相互协作,在调查中培养学生的交流能力和生活观察能力。

在这一阶段,我们设计一张《学生实地调查活动评价表》(见表1-2-3),来评价学生在调查活动中的表现。

表1-2-3 学生实地调查活动评价表

组别:_____	姓名:_____	时间:_____

评 价 内 容	自 评	他 评	师 评
1. 是否专注参与调查活动	☆☆☆☆☆	☆☆☆☆☆	☆☆☆☆☆
2. 是否遵守组内纪律,文明调查	☆☆☆☆☆	☆☆☆☆☆	☆☆☆☆☆
3. 能否积极发现问题,记录问题	☆☆☆☆☆	☆☆☆☆☆	☆☆☆☆☆
4. 能否与组员有效沟通	☆☆☆☆☆	☆☆☆☆☆	☆☆☆☆☆

评分说明:努力(涂黑1—2颗星);合格(涂黑3—4颗星);优秀(涂黑5颗星)

第二阶段:查找资料

"资料队行动"——另四组网上收集环境污染背景资料。四个小组完成实地考察当地环境问题后,再组织另外四组学生在机房运用网络搜索了解目前人类所面临的环境污染问题及其危害。通过阅读文字、浏览图片、观看视频等方式,学生获取信息并做好记录(见图1-2-5)。教师在这一过程中需引导学生把从生活中其他途径了解到的相关信息进行有效整合,联系旧知,从而培养他们搜索信息以及归纳总结信息的能力。

在利用搜索引擎获取信息的过程中,会有大量的资讯铺天盖地涌入我们的视

组别:_____ 搜索员:_____ 时间:_____
搜索方面:
信息来源:
关键信息:
感受:

图1-2-5 上网搜集资料

线里,这时我们要学会甄别信息,将真实可靠的信息记录下来是我们这一环节的关键。为此,我们设计了一张《学生获取信息能力的评价表》(见表1-2-4),来评定学生该阶段的表现。

表1-2-4 学生获取信息能力的评价表

组别:＿＿＿ 姓名:＿＿＿ 时间:＿＿＿			
评价内容	自评	他评	师评
1. 能按关键字搜索,浏览信息	☆☆☆☆☆	☆☆☆☆☆	☆☆☆☆☆
2. 会从多个角度搜索信息	☆☆☆☆☆	☆☆☆☆☆	☆☆☆☆☆
3. 能熟练使用搜索引擎	☆☆☆☆☆	☆☆☆☆☆	☆☆☆☆☆
4. 会查询不同的信息源	☆☆☆☆☆	☆☆☆☆☆	☆☆☆☆☆
5. 能较好地甄别信息的准确性	☆☆☆☆☆	☆☆☆☆☆	☆☆☆☆☆
评分说明:努力(涂黑1—2颗星);合格(涂黑3—4颗星);优秀(涂黑5颗星)			

两项工作参与人员由本组组长根据组员情况各抽调两人参加,其余人员可协助提供"调查线索",不承担任务的同学根据各自特长参与下阶段任务。学生以小组为单位将调查所得的信息反馈给全班同学(见图1-2-6),在班级进行交流讨论,锻炼他们的口语表达能力。

图1-2-6 信息反馈交流

这两个小小的前期活动不仅培养了学生的综合能力,还能让他们在教师适当"放手"时学会自主学习。

第三阶段：建言献策

在前面两个阶段的学习中，学生们发现了家乡环境存在的污染问题，了解了污染源及危害。这时，我们顺势进入第三阶段——为家乡环境保护建言献策，以做手抄报、制宣传单、写倡议书、创环保吉祥物这四个活动形式展开本阶段学习。

活动一　做手抄报 强项目体验

通过前期活动，同学们已调查了解家乡的环境症结所在，基于此，老师寻问：我们现在所处的环境是你心目中想象的样子吗？你们希望家乡是什么样子的？老师让学生们不要着急表达，全班先闭上眼睛1分钟，静静地想象优美的家乡，强化项目体验，由此让学生在脑海中初步构建理想的家乡图，想好后在小组内互相分享。但在学生的实际表现中，我们发现同一组的学生所说的画面都比较零散，没有具体的主题，主题杂乱不利于版面的构图设计，缺乏美感。所以教师要引导学生，让同一小组统一主题，围绕一个主题进行手抄报版面设计，从而培养学生的审美意识和审美能力。

具体引导学生统一主题的片段如下：

在结束想象活动之后发现学生的关注点各有不同。

生1：青青的草，绿绿的树，漂亮的云，自由自在的小鸟。

生2：随处所见的不是垃圾，而是鲜花。

生3：我希望家乡空气是清新的，我们可以在这里自由呼吸。

师：那么我们一起来动手画出自己心目中的家乡的样子吧！在动手之前，我们先来给心中的家乡统一一个希望的主题。

生：老师，我们这组商量的是家乡要一直有草、树，以及蔬菜。

师：你发现了吗？你们在家乡希望看到的这些事物都有一个共同特点。

生：绿色！

师：那么你们这组的手抄报主题是从植物覆盖率来考量的，不如以绿色为主基调。

生：好，我们手抄报主题就叫"绿色的家乡"！

与此同时，另外几组的孩子面对白纸一筹莫展，该定什么主题呢？

生：老师，我们能想到的都是一些具体的事物，比较乱，主题还不能确定。

师：你们这组之前调查环境问题时，发现的是什么？

生：水污染严重，河流被垃圾堆满，油渍布满水面……

师：那么你们希望家乡有这样的景象吗？

生：当然不，我们希望看到河水清清，欢畅地流动，鱼儿自由自在地在水里游，鸭子们在水中愉快地嬉戏。

师：都是与水有关，现在你们这组手抄报主题可以确定是什么了吗？

生：嗯，就是欢畅的流水。

师：其他组也可以依据本组之前调查的环境问题反向确定主题。在生活中，我们每个人都喜欢追求美的事物，无论是一篇优美的文章，还是一张图画，内容都要有主有次，有侧重点，统一的主题会让画面更有美感，同学们学到了吗？

在这个活动开展过程中，学生刚开始面对白纸，脑海里浮现的东西很多很杂，思绪纷乱，不知如何下笔。这时需要老师引导学生着眼于我们之前调查的家乡环境问题，让学生在小组内确定本组最关心的一方面，定下本组的手抄报主题，画下与环境有关的主题图，在此基础上展开设计，这一过程大大培养了学生的想象力与美感。(见图1-2-7)

图1-2-7 设计手抄报

活动二 制宣传单 为家乡建言

小组手抄报活动之后，我们已构思出梦想中的家乡——山清水秀、环境优美，然而现实中的环境问题却有很多。于是，我们紧接着开展为家乡环境建言献策，制作宣传单的活动。

此次活动的中心问题：想要实现梦想中的美丽家乡，我们能做些什么？

此次活动的主要过程：小组围绕问题进行热烈讨论，说一说自己的建议，由组长记录(见图1-2-8)。组与组之间传阅，每一个组员都勾选出你认为好的建议，根据上榜率，由高到低依次排列十条，"出镜率"不高的建议由该组代表做个简短发言，上榜率高的，全班围绕可操作性及受众面，结合实际，探讨这些方法实施的可行性，对此各抒己见，集体探讨(见图1-2-9)。

图1-2-8 小组讨论记录

图1-2-9 班级交流分享

在表达建议的过程中，学生众说纷纭，提出的方法指向性不太明确，针对性不强，而且语言不够简练，这时老师便要站出来，引导孩子要针对问题提出相应的解决方法，不可泛泛而谈，方法要简单易行，然后老师提炼优化学生的发言，使表达更准确，并对其归纳总结。如下：

师：同学们,想让你画中的家乡变为现实吗？如果要实现你画中的想象,我们能为环境做些什么？小组内讨论讨论,把可行的易行的方法记录下来。

生：多种树,减少土地荒漠化。

生：我查了资料,我们要少用石油,多用新能源,例如太阳能、天然气等。

生：我们尽量使用手帕,减少使用面纸。

师：可见你们几个前期通过网络查找环境问题的资料这项工作做得非常认真,相信那些资料也给你们留下了深刻印象。但是你们提出的这几个建议并不是针对我们家乡的环境问题。我们把视线放到家乡,切实地去想办法解决存在的问题。小组成员再在一起讨论讨论。

生：我们这组提出的是减少使用塑料袋,尽量使用环保袋。

师：其他组也提到了这方面内容的举手看看。

有四五组举起手

师：请你说说你们组为什么也会提出这个建议。

生：因为我们之前现场调查到我们村的沟渠里、道路旁的垃圾多为塑料袋,这个很难处理掉。

师：非常好,其他没想到的小组赞同吗？好,那老师把它记录在我们班的宣传单第一条。

生：老师,我们这组在还发现了家乡环境中存在比较明显的问题就是农民伯伯喜欢在庄稼地里焚烧,这导致天空灰蒙蒙的,空气也特别难闻。

生：我们也写到了,之前在班上分享过,还有的人家喜欢在外面吃烧烤。

师：那么你们提出的建议是什么呢？

生：不要在外面焚烧,不要烧烤。

师：老师觉得既然是建议,我们要注意语气,礼貌用语,语言要精炼但更要准确。谁再来说说？

生：不露天焚烧秸秆等,少进行露天烧烤。

通过教师的指引,学生纷纷针对家乡环境现状提出可操作的解决办法,在教师一步步地引领下,学生懂得了要有针对性地思考问题,要紧紧围绕话题发表自己看法。这不仅锻炼了他们的语言表达能力,也让他们在一次次交流中提高了沟通协商的能力。在这里,我们也用上了《学生交流发言评价表》(见表1-2-5),对学生的交流表达进行评价。

表1-2-5 学生交流发言评价表

组别:_____	姓名:_____		时间:_____
评 价 内 容	自 评	他 评	师 评
1. 能发现问题,大胆提出问题	☆☆☆☆☆	☆☆☆☆☆	☆☆☆☆☆
2. 能清楚表达自己的观点	☆☆☆☆☆	☆☆☆☆☆	☆☆☆☆☆
3. 遇到分歧时,能有效与他人沟通	☆☆☆☆☆	☆☆☆☆☆	☆☆☆☆☆
4. 会耐心倾听他人的发言	☆☆☆☆☆	☆☆☆☆☆	☆☆☆☆☆
5. 严格遵守组内纪律	☆☆☆☆☆	☆☆☆☆☆	☆☆☆☆☆
评分说明:努力(涂黑1—2颗星);合格(涂黑3—4颗星);优秀(涂黑5颗星)			

活动三 写倡议书 为家乡代言

通过上面两次活动,同学们在潜移默化中形成了一定的环境保护意识和主人翁意识。但常言道:保护环境,人人有责。为了让更多的人认识到保护家乡环境的重要性,我们要把自己的想法让更多人知道,让更多人感受到我们绿色小卫士的号召,在提出保护环境的一些好的举措后,我们阶梯式地往上提升一步,学写环境保护倡议书。

生:老师,我们提出了可行的建议,但是这里的村民不理睬,怎么办?

师:这个问题提得好,保护家乡环境要靠大家的行动,提高村民的环境保护意识是关键。为了提高大家的行动力,有一位同学给村民写了一封信。一起来看看。

师:看完之后,大家有什么感受?小组内交流交流。

生:读了之后我感觉到保护环境的重要性。

生:我感受到我们的环境正遭到严重破坏,我们必须要采取行动保护它。

生:我感受到这个写信人内心的呼喊,他在替家乡环境发言。

生:我觉得他提出的一些做法是比较容易做的,我们要从生活的点滴去改变自己的行为。

师：像这种就一件事向社会提出建议或提议大家共同去做某事的书面文章，我们称之为倡议书！大家想不想也像这位同学一样向我们的家乡人写一篇环境保护的倡议书？我们再看到这篇文章，来试着学写倡议书。想想在写倡议书的时候，我们要注意哪些问题？小组内交流讨论，提出看法。

此时，老师通过一篇例文让孩子们了解倡议书的写作格式，明白倡议书表达内容一定要清楚明确。这个主题的倡议书要先说明家乡环境现状，再提出建议，最后表达愿景，诚挚呼吁。全文语言诚恳，感情真挚。倡议书要以情动人，以理服人，用事实说话，为热爱发声。

最后让学生在课堂上完成初稿，老师进行适时点拨，及时批阅，让倡议书能更清楚地反映出学生对保护环境的重视，让更多人加入保护家乡环境的行动中来。（见图1-2-10）

图1-2-10 以说促写

活动四 创吉祥物 做绿色小卫士

在项目学习的推进过程中，一学生突然说道："老师，国际上有大型活动都设有代表性的吉祥物，像我国的北京奥运福娃、上海世博会的海宝，我们也来造势，设计个环保吉祥物如何？"老师一听，为之一动，立马组织小组成员一起讨论，先确定环保吉祥物。可是要来设计环保吉祥物，很多学生一时不知如何下手，吉祥物离我们太遥远了，总觉得太难了。这时，老师要做的是把学生们的畏难情绪赶跑，列举吉祥物与我们生活的关联。

生：老师，我们的环保吉祥物该怎么确定啊？他会是什么样子的呢？

师：这个环保吉祥物代表着我们家乡环境的一种特征、标志。想想看，我们之前设计的手抄报主题是一种期望，也是家乡环境的特征、标志。

生：明白了，那我们可以根据我们各组之前定下的主题分别设计属于我们本组的独具特色的环保吉祥物。

师：那么小组商量怎么设计你们的吉祥物的样子吧！别忘了，给你们的吉祥物取个有特点的名字哦！

小组内开始讨论，创设自己的吉祥物设计稿。一个组之前手抄报的主题是"欢腾的流水"，该小组根据这个主题很快就确定了吉祥物的形象为"水滴"，他们大胆想象，瞧，可爱的大眼睛，挥舞着的"双手"，全身涂满蓝色，活脱脱一个"水滴人"的可爱模样。他们想了想给他取名为"水娃"，寓意着家乡环境的一个特征——所有的河流皆为活水，清澈干净！

之后，老师根据学生特长帮助组长对小组成员进行分工，商量确定吉祥物的样子后，两名学生完成初稿。由学生代表上台展示吉祥物设计稿，并汇报设计思路（见图1-2-11）。

图1-2-11 环保吉祥物设计分享

各小组确定吉祥物的样子后，便开始讨论确定制作吉祥物的材料，小组内安排两名学生收集准备制作材质，动手操作由另两名学生为主力，其他协作配合完成（见图1-2-12）。

图 1-2-12　环保吉祥物制作过程

在准备制作吉祥物的活动中，一个组的吉祥物为"绿儿"，形象是一棵树，这个组商量确定了制作的材料为废弃的纸箱、剪刀、胶水、水彩笔。班级交流分享后，有一个组的学员向他们提出看法，认为绿色用水彩笔画出来，太没特色了，不够凸显环保主题，不如捡些树上飘落的绿叶粘上去，突出绿的特点。大家听了拍手叫绝，为这个创意点赞。果然集思广益，才能推陈出新！

在这个过程，部分学生对本组环保吉祥物的概念起初是有疑惑的。因此，老师先是带他们去了解一些活动中环保吉祥物的作用，知道环保吉祥物是在特定情境中确定出来的，从而引导他们根据本组之前确定的手抄报主题，去设计自己相应的环保吉祥物。

四、成果展示

在整个项目中，学生用绘画、语言表达、创意制作等多种方式表现了对家乡环境保护的重视。在开展每一次活动时，老师都会通过拍照、摄像等方式记录孩子的学习成果，并且以班级、学校、社区等主要场所进行成果展示。

成果一：主题手抄报

小组合作完成手抄报，在班上进行展示，讲明自己的绘画意图，在班级进行汇报交流，其他学生在倾听的过程中要关注该手抄报主题是否与家乡环境紧密贴合（见图 1-2-13）。在学习设计手抄报排版时，孩子们增强和提高了自己的审美意识和审美能力。在构思主题图过程中，学生会联系生活实际，与家乡周边环境问题相结合，不断发挥自己的想象力，同时也增强了对大自然和人类社会的热爱及责任感。画出希望中的家乡这一主题设计，其实也在发展孩子们创造美好生活的愿望和能力。在手抄报展示环节，我们利用《主题手抄报评价量表》(见表 1-2-6)，来对各小组的手抄报进行评价。

图 1-2-13 手抄板展示

表 1－2－6　主题手抄报评价量表

评　价　内　容	小组评价	老师评价
手抄报设计主题鲜明，图文并茂，制作美观，书写工整正确	☆☆☆☆☆	☆☆☆☆☆
手抄报设计主题鲜明，图文并茂，但书写不工整，有个别错误	☆☆☆☆☆	☆☆☆☆☆
手抄报设计偏离主题，内容不完整，字迹潦草	☆☆☆☆☆	☆☆☆☆☆
评分说明：有待努力（涂黑 1—2 颗星）；合格（涂黑 3—4 颗星）；优秀（涂黑 5 颗星）		

成果二：编制“十条建议”宣传单

我们将讨论得出的十条建议汇总制作成本班的环境宣传单（见图 1－2－14），将其张贴在学校告示处。之后老师带领学生走街串巷，给村民们派发宣传单，对大人们做一个本次活动的简单说明（见图 1－2－15、图 1－2－16）。这一做法的目的是让更多人知道保护环境其实很简单，就在于我们每个人的日常行为，从小事做起，人人都可以成为家乡的“绿色小卫士”。这个活动锻炼了学生在实际人与人的交往中的沟通表达能力，培养了学生语文实践能力。在制作宣传单时，孩子们积极思考，为家乡环境保护提出了许多办法，提高了解决问题的能力。并且在讨论筛选“十条建议”时，他们也学会了遇到分歧时，应正确与他人沟通，大胆发表自己的看法。活动当中也大大提高了他们归纳总结信息的能力。在派发宣传单时，学生是直接与社区里的大人面对面地沟通交流，为此，我们设计了一张《宣传进社区活动评价表》（见表 1－2－7），对学生的表现进行评定。

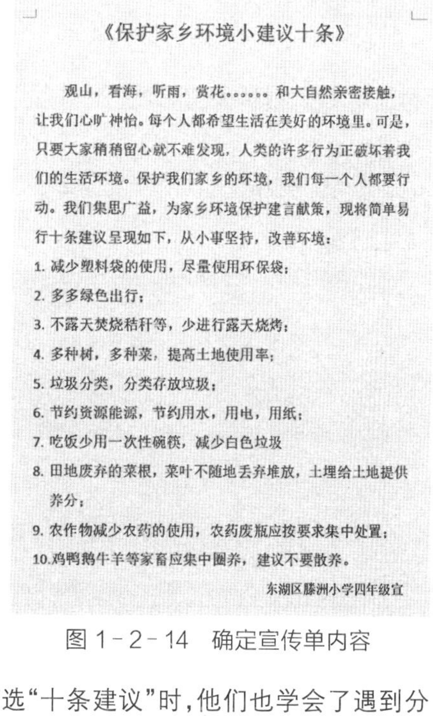

《保护家乡环境小建议十条》

观山，看海，听雨，赏花……和大自然亲密接触，让我们心旷神怡。每个人都希望生活在美好的环境里。可是，只要大家稍稍留心就不难发现，人类的许多行为正破坏着我们的生活环境。保护我们家乡的环境，我们每一个人都要行动。我们集思广益，为家乡环境保护建言献策，现将简单易行十条建议呈现如下，从小事坚持，改善环境：

1. 减少塑料袋的使用，尽量使用环保袋；
2. 多多绿色出行；
3. 不露天焚烧秸秆等，少进行露天烧烤；
4. 多种树，多种菜，提高土地使用率；
5. 垃圾分类，分类存放垃圾；
6. 节约资源能源，节约用水，用电，用纸；
7. 吃饭少用一次性碗筷，减少白色垃圾
8. 田地废弃的菜根，菜叶不随地丢弃堆放，土埋给土地提供养分；
9. 农作物减少农药的使用，农药废瓶应按要求集中处置；
10. 鸡鸭鹅牛羊等家畜应集中圈养，建议不要散养。

东湖区滕洲小学四年级宣

图 1－2－14　确定宣传单内容

图 1-2-15 宣传进社区

图 1-2-16 派发宣传单

表 1-2-7 宣传进社区活动评价表

组别：___	姓名：___		时间：___
评 价 内 容	自 评	他 评	师 评
1. 做到文明用语，礼貌待人	☆☆☆☆☆	☆☆☆☆☆	☆☆☆☆☆
2. 能清楚讲述活动目的	☆☆☆☆☆	☆☆☆☆☆	☆☆☆☆☆
3. 专心参与到活动中	☆☆☆☆☆	☆☆☆☆☆	☆☆☆☆☆
4. 耐心讲解宣传单里的内容	☆☆☆☆☆	☆☆☆☆☆	☆☆☆☆☆
5. 严格遵守活动纪律	☆☆☆☆☆	☆☆☆☆☆	☆☆☆☆☆
评分说明：有待努力(涂黑 1—2 颗星)；合格(涂黑 3—4 颗星)；优秀(涂黑 5 颗星)			

成果三：小小演说家

学生在本班宣读倡议书，评选出宣讲小达人。之后由他们在其他班进行宣讲，让更多学生加入到保护家乡环境的行动中来，培养全体学生作为家乡主人翁的责任意识和环保意识(见图1-2-17)。此活动让学生在不同的人面前敢于表达自己，锻炼了他们的胆量。

图1-2-17　宣读环境保护倡议书

成果四：环保吉祥物

每个小组在班级轮流展示本组设计的环保吉祥物，用简短的一段话介绍创作意图及寓意，环保吉祥物制作材料皆为环保材料，如废纸、废铁丝、落叶等(见图1-2-18)。在制作的过程中，大家干得热火朝天，每一个人都积极参与其中，动手操作能力有了提高，分工协作，让大家都有了团队合作意识。最后，按照事先制定的环保吉祥物创造小能手的评价标准(见表1-2-8)对学生进行评价。

图1-2-18 环保吉祥物设计展示

表1-2-8 创造小能手评价量表

评价内容	小组评价	老师评价
吉祥物具有代表性,与家乡环境主题关系密切,外形美观,制作精美,值得推广	☆☆☆☆☆	☆☆☆☆☆
吉祥物具有代表性,与家乡环境主题关系密切,外形较美观,制作不够精细,一般推广	☆☆☆☆☆	☆☆☆☆☆
吉祥物不具代表性,脱离主题,外形简陋,制作粗糙,不值得推广	☆☆☆☆☆	☆☆☆☆☆
评分说明:有待努力(涂黑1—2颗星);合格(涂黑3—4颗星);优秀(涂黑5颗星)		

五、项目反思

本次的项目学习看似已结束,但它的影响却很深远。很多孩子在结束后,通过日记、作文等方式记录下自己这次难忘的学习经历，并且他们行动上也慢慢发生着改变，他们更加注重培养日常环境保护的行为举止，更加重视学校以及社会正在普及推广的垃圾分类的学习。不光是孩子，老师在这次项目中也是受益匪浅，项目学习使学习变成一张网，扎实全面而且生动有趣。

(一) 项目经验

　　1. 老师在学习任务的设计上，充分尊重学生的主体地位，发挥学生的学习主动性，抓住学生的兴趣点，开展有意义的学习活动，大大提高了学生学习的积极性以及学习本身的趣味性。

　　2. 老师以这个项目为契机，融合语文、综合实践、美术等学科，以驱动问题为引领，通过挖掘教学资源，创设多样化探究活动，强调问题真实和过程亲历，有力培养了学生的问题意识、实践意识和创新意识。

　　3. 通过项目学习，学生们纷纷表示在过程当中体验到了"主人翁"意识，自己的意见得到了尊重和肯定，自己参与设计、建言献策，提出质疑，寻求解决办法，这些经历让他们有了满满的成就感，深刻认识到了自己是家乡的小主人，意识到了保护环境的重要性。

(二) 问题与改进

　　1. 老师在整个项目学习过程中，评价内容不够丰富，评价方式单一，不能够全面评估学生的学习过程。

　　2. 家乡环境保护这项目学习还可以再深入到垃圾分类这一热门话题上，结合时事，关注社会发展，顺应环境需求，响应时代号召，积极采取环境保护的行动，让学生学会垃圾分类是关键。

　　3. 组员之间配合得还不够紧密，组长还不是很会调动组员的能动性，老师在这一方面一直在帮助协调，给予指导意见，组长协调组织作用没能好好体现。

(南昌市东湖区滕洲小学　陶　娟)

第三节　实践智慧3：绿色植物对室内空气质量的影响

一、项目简介

项目名称	绿色植物对室内空气质量的影响	适用年级	六年级
项目类型	跨学科项目学习	项目时长	15课时
主要学科	科学	涉及学科	数学、信息技术
项目概述	北湖小学地处南昌市中心城区,这里交通繁忙、车流量大,尾气污染严重;学校一墙之隔又是地铁3号线的施工点,空气质量低、污染大。基于这种实际情况,我们结合"教育科学版"小学科学六年级下册《环境问题和我们的行动》相关内容,带领学生开展项目学习,旨在通过开展专家讲座、参观植物园、实验实践、手抄报创作等活动,引导学生了解人类活动对自然环境的影响,关注身边的空气质量,增强学生环境保护的认知能力,进而强化学生保护环境的责任担当。		
驱动问题	绿色植物改善室内空气质量的效果如何?		
项目目标	学科知识与技能	科学: 1. 科学知识:知道空气质量指数的含义,了解人类活动对空气质量的影响。 2. 科学探究:能用对比实验的方法探究问题,学会用科学实验的方法来验证"驱动问题"。 数学: 1. 知识技能:掌握条形统计图的特点及其绘制方法。 2. 数学思考与问题解决:收集、整理、描述和分析数据;对比数据分析,能合理推断、解决简单的数学问题。 信息技术: 1. 会使用搜索引擎检索信息,培养学生的信息筛选及甄别能力。 2. 会制作Excel数据图表,体验信息技术辅助项目学习的优越性。		
	21世纪技能	独立思辨能力、复杂问题解决能力、团队合作能力		
	价值观念	培养学生严谨治学的精神,提升学生的主人翁意识和环保意识,通过在项目学习中应用数据统计,感受科学的魅力。		
项目成果	产品形式	科普简报、植物习性记录表、口袋书、实验报告		
	展示方式	话题讨论辩论会、实验报告分享会		

续　表

学习评价	过程评价	《科普简报评价量规》《参观学习活动评价量规》
	结果评价	《汇报文稿制作过程评价量规》《小组汇报评价量规》
项目资源		绿色植物、互联网、相关书籍、植物园、学科专家、空气质量监测仪器

现在社会生活中空气污染越来越多,人们通过在街道、社区、公园等区域栽种绿色植物来净化空气,减少污染。那么室内的空气污染是否也可以通过栽种绿色植物进行有效净化呢？因此,我们决定以"人类与环境"为聚焦核心,以学生的兴趣和探索为推动力,基于学生的认知经验和建构水平,整合校内外资源让学生进行本项目的学习与实践。引导学生了解人类活动对自然环境、生活条件及社会变迁的影响,促进学生自觉关注身边的空气质量,提升学生的认知能力、实践水平、环保意识和主人翁意识,培养学生的社会担当能力。

二、项目启动

(一) 提出问题

北湖小学地处南昌市中心城区,校外交通繁忙、车流量大,空气中汽车尾气污染严重;学校一墙之隔又是地铁3号线的施工点,空气污染指数极高。面对这种实际情况,师生共同提出了这样一个问题:能否利用绿色植物来改善室内空气质量？

为此,我们决定以学生的兴趣和探索为推动力,基于学生的认知经验和建构水平,整合校内外资源让学生开展本项目学习。围绕"绿色植物改善室内空气质量的效果如何"这一驱动问题,引导学生了解空气治理的途径和措施。学生通过参观植物园、听取专家讲座、动手实验操作、创作手抄报、环保宣传等方式获取答案。因此,我们通过指导学生开展项目学习,一方面能帮助学生认识身边的植物,知道植物和人类生活的影响;另一方面也能发展学生沟通协作的能力、信息处理及应用的能力、思辨及问题解决的能力。

(二) 分组合作

为使学生在活动开展中,能够有效地发挥自身优势,提高团队意识,也为确保在活动中人人实际参与,使学生学习能力及水平在快乐的活动氛围中不断地完善与提升,特拟定小组分工(见表1-3-1)。

表1-3-1 项目学习小组成员分工责任表

角色	职责
组长	组织、协调组员合理开展活动,统筹、确定本组研究主题与研究方法。
资料员	根据研究主题借助书籍、网络收集相关材料,并做好相应记录、汇总。
记录员	对收集的数据进行整理、对比、分析,总结出一定的结论。
汇报员	能运用流程图、思维导图、手抄报等制作小组汇报材料,并参与项目答辩。

脑洞大开小组

角色	小组成员
组长	张美希
资料员	饶美达、熊李丞轩
记录员	苏力涵、张润坤
汇报员	陶梓晴

所向无敌小组

角色	小组成员
组长	谌铭勋
资料员	邓钰轩、李慧妍
记录员	万民欣、魏艺轩
汇报员	章行健

最强大脑小组

角色	小组成员
组长	付伊可
资料员	熊翊瑄、叶易鑫
记录员	臧馆婠、王国米
汇报员	肖婕

(三) 有效管理

为了明确项目进程,使项目有序、有效地开展,提高项目实施的实际效果,我们制定了项目学习推进表(见表1-3-2)。

表1-3-2 "绿色植物对室内空气质量的影响"项目学习推进表

项目进程	具体内容	完成时间
项目准备	1. 根据"室内种植绿色植物是否能改善空气质量"活动主题,制定相关的活动计划。 2. 制定活动时间推进表,通过头脑风暴确定研究细节,进行人员分工安排。 3. 联系相关专家及家长,安排讲座时间及外出考察地点、时间。 4. 准备调查研究的器材设备。	第一至二课时
项目启动	1. 开展网络查询,了解绿色植物对空气质量的影响、植物如何吸收有害气体,PM2.5的相关知识。	第三至十课时

续　表

项目进程	具　体　内　容	完成时间
项目启动	2. 举办"绿色植物对空气质量的影响"知识讲座。 3. 前往江西农业大学植物园开展现场教学。 4. 按照不同的分工安排,开展调查和进行对比实验。	第三至十课时
项目展示	1. 根据空气质量检测仪得到的对比数据,制作不同类型统计图进行数据分析。 2. 撰写调查研究报告。 3. 制作汇报幻灯片、手抄报、宣传海报等展示材料。	第十一至十三课时
项目资料汇编	1. 制作两份科普简报。 2. 调查报告汇编成册。 3. 手抄报、展板等对外公开展示。	第十四至十五课时

三、项目实施

基于项目研究地图,我们依托学生的探究兴趣,通过实地参观、对比实验、作品创作等多元化活动方式引领学生进行小组探究,学生针对"绿色植物对空气质量的影响"的实践探究就此展开。

(一) 方案设计——制定研究任务,预设项目成果

北湖小学是一所城区学校,也是一所科普教育示范校,学生的科技意识新,动手实践能力强。参与本项目学习的学生均来自六(2)班,有科技小达人、数学小能手、信息小能手,大家相对熟悉,便于开展本项目学习。

探索"绿色植物改善室内空气质量的效果",一方面能帮助学生认识生活周边的植物,知道植物对人类生活的影响;另一方面也能发展学生沟通协作的能力、信息处理及应用的能力、思辨及问题解决的能力。同时,借助学生的学习体验,还能引导学生感悟环境保护的重要性,培养学生的责任感。特制定研究任务如下:

1. 空气质量知多少;
2. 实验材料初准备;
3. 对比实验有结论;
4. 项目成果制作:① 主题科普简报;② "口袋书"——"家用空气质量检测仪

使用方法与说明"的笔记;③"样本教室要密闭"实验小报告;④绿色植物与室内空气污染的影响调查报告。

我们还依据任务项目梳理出了项目学习的研究方向,预设项目学习内容,并在此基础上绘制了项目学习地图(见图1-3-1)。

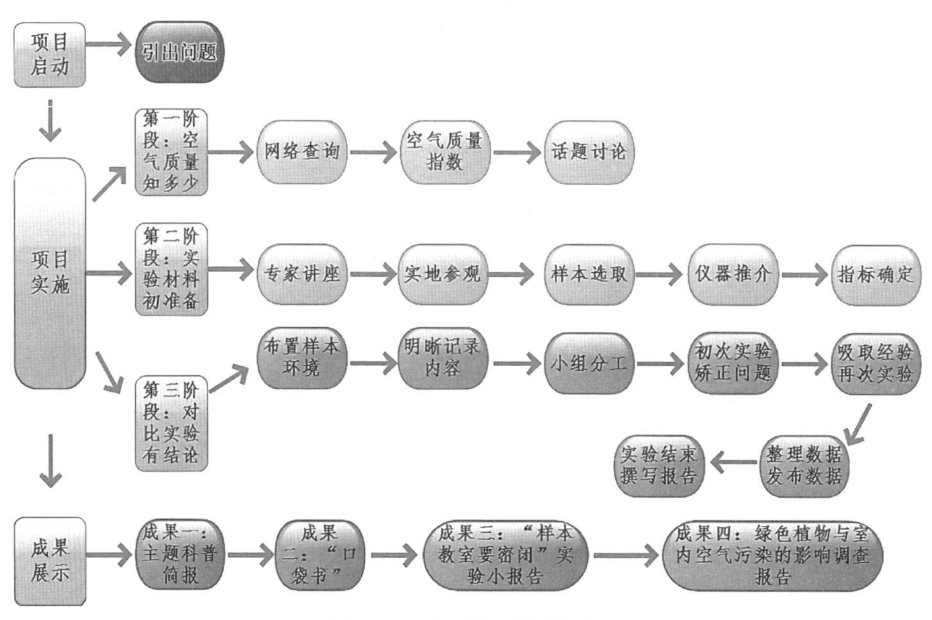

图1-3-1 项目学习地图

(二)活动实践——有序推进项目,助推学生探索

第一阶段:空气质量知多少

(1)网络查询:汽车尾气里有什么、PM2.5到底是啥?

为深入了解校园周边空气污染的情况,学生们课间就前往学校图书馆查找资料,向科学老师请教空气污染的知识。回到家后又利用互联网查阅资料,部分同学还通过家长向环保局的叔叔阿姨寻求帮助,各小组很快做好了前期知识储备工作,为后续的研究活动打好了基础(见图1-3-2)。

(2)教师科普:空气质量指数

在了解汽车尾气和PM2.5的知识后,学生们纷纷向教师汇报自己的收获,教师

图 1-3-2　校园周边污染源

继续提出一个问题：同学们，我们国家是用"空气质量指数"来表示空气质量情况的，那么什么是空气质量指数呢？老师向大家推荐一种新的学习工具——360百科（见图1-3-3），它提供百科知识的搜索、分享服务，在这里你不但可以搜索、查阅百科知识，而且还可以参与百科词条的编辑，分享你的智慧呢！我们还可以登录相关的官方网站，如：中国环境监测总网（http://www.cnemc.cn/）。希望同学们多途径收集信息，收集权威信息，要注意信息的筛选和甄别哦！

图 1-3-3　百科知识搜索

(3) 话题讨论：有什么提高空气质量的办法吗？

学生独立查找资料后，教师利用一节课的时间组织全体参与同学对"如何提高室内的空气质量"这个问题进行一次探讨交流（见图1-3-4）。学生们在一次次的头脑风暴中明白了绿色植物在治理室内空气污染方面的优势，知道了种植绿色植物可能是最有效的提高室内空气质量的方法。这为后续项目学习实践做好了有效铺垫。(附片段课堂实录)

图1-3-4 学生热烈讨论

开窗通风

正方：我们认为这是最简单、最有效、最不需要花钱就能办到的方法。

反方：我们学校旁边就是三号线地铁建设工地，每天关着窗户都吵死人了，如果还开着窗，上课完全听不清。

使用空气净化器

正方：空气净化器是空气清洁器、空气清新机，它不仅可以分解或转化各种空气中的有害物质，还能挥发称为"空气维他命"的负离子，是改善空气质量的第一能手。(全班笑)

反方：你说得是很不错，但是你想过没想过，空气净化器很贵的，我们教室又大，学校又有这么多教室。

正方：大家每位同学捐一点儿不就行了吗？

反方：捐可以，但是低年级的小弟弟小妹妹不懂事，如果乱动乱碰，就很容易坏，成本就越来越高。

正方：这的确是个问题，我们学校的好多科普设备就是被这些弟弟妹妹搞坏的，我们也不能天天守着。

放活性炭

正方：我家里装修房子，我妈就买了很多活性炭，活性炭能吸附有害气体。

反方：我也查了资料，活性炭又不是永久的，过段时间就不能吸，而且放久了反而还会排放有毒气体。

种植绿植

正方：植树造林（又是全班大笑），不要笑，我们都知道植树造林是最能改变空气质量的，当然在教室里也不能植树造林，但是我们可以养绿植呀，这不也和植树造林的意义一样吗？

反方：养绿植是不错，可是我们又不会养，而且也不是什么绿植都能净化空气的，万一我们养的绿植有害呢？那大家不更倒霉。

正方：不会养可以学，不知道哪些绿植能净化空气，找360百科、请专家啊！（连连点头）

正方：绿色植物，特别是观赏性绿色植物，除了给人美的感受外，它还有净化空气和改善室内空气质量的功能。植物对空气的净化作用主要是因为植物体内蕴藏着一种名为多酚的物质，这种物质广泛存在于植物的根、叶、皮、壳和果肉中，这种物质具有环境净化的多重功能，能杀菌、除臭、净化空气中的甲醛等有害污染物。

正方：我通过查找资料还知道了在24小时光照条件下，芦荟能吸收1立方米空气中所含甲醛的90%，常青藤能吸收90%的苯，龙舌兰能吸收70%的苯、50%的甲醛和20%的三氯乙烯，垂挂兰能吸收96%的一氧化碳和86%的甲醛。德国的一名科学家研究发现吊兰能在新陈代谢中将甲醛转化为像糖或者氨基酸那样的天然无害物质。

正方：而且有些绿色植物，比如多肉还不用花太多的时间去照顾，简单省事！

齐：太棒了！那我们就选择绿色植物来进行研究。

第二阶段：实验材料初准备

(1) 专家讲座

学生的学习不局限在学校，还可以在场馆、在社会等环境下进行。学校充分利用校外资源，邀请江西农业大学徐维杰教授为学生们举办了一场以"绿色植物能减少空气污染"为主题的专题讲座（见图1-3-5）。这样不仅可以让学生们了解了植物的特点和生长习性，还让学生知道，不是所有的绿色植物都适合栽种在室内，只有一些夜晚能进行逆呼吸作用的植物才真正起到能净化室内空气的作用。这样就为学生开展项目学习提供了必要的知识储备,也为项目学习提供了实践方向。

图1-3-5 专家讲座引领

(2) 实地参观

"纸上得来终觉浅,绝知此事要躬行。"当根据学生们收集到的资料、知识无法得出可以让人信服的判断时,有孩子提出：能否前往植物园参观？于是师生集体前往江西农业大学植物园实地认识、观察植物(见图1-3-6)。教师指导学生小组分工合作,运用表格工具(见表1-3-3)记录植物的一般习性和生存环境,并引入活动评价量规(见表1-3-4),引导学生文明参观、高效记录。大家在植物园里一边观察一边阅读,找到了适合室内种植的绿萝、芦荟、文竹、常春藤、君子兰、白掌等植物品种。

图1-3-6 现场参观学习

表 1-3-3 植物习性我知道

植物图片	植物名称	一般习性

表 1-3-4 参观学习活动评价量规

	优 秀	良 好	加 油	学生自评	组内互评	教师评价
参观纪律	参观有秩序,讲文明,有情况能主动及时汇报。	无追逐打闹情况、有情况能及时汇报。	有追逐、打闹现象,喧哗吵闹,随意脱离队伍。			

续 表

	优　秀	良　好	加　油	学生自评	组内互评	教师评价
小组合作学习	有小组分工,知道学习目的,了解各自分工并互相交流收集的信息内容。	有小组分工,会收集资料但不能互相交流补充。	无小组合作,对参观学习的目的也不清楚。			
学习笔记	主动收集资料,遇到疑问会向引导者提问,有记录笔记。	能收集相关资料,记录有方法。	能收集相关资料,但记录简单无序。			

(3) 样本选取

在完成前期调查研究的基础上,学生将进入本项目学习的下一阶段——实验论证阶段。

为验证"绿色植物改善室内空气质量的效果如何",我们应该选取哪些样本教室呢?教师引导学生结合科学课、数学课中学到的"变量和自变量"的概念进行自主思考,反馈交流后统一学生的认知:样本选取要讲究科学性、规范性,我们要养成严谨、规范的治学精神。(附片段教学实录)

教师:同学们,要检测"绿色植物改善室内空气质量的效果如何",应该选取哪些教室作为样本呢?可不可以随便选?

学生:不行!

教师:为什么呢?

学生:因为那样实验就不够科学规范,数据也不能说明问题。

教师:那我们要考虑哪些因素呢?

学生:我觉得要选择大小一样的。

学生:我觉得还要考虑位置一致的,这样就不会受其他因素干扰。

学生:我觉得最好室内的布置、物件也尽可能一样。

教师:同学们说得太好了,实验要讲究科学性、规范性,我们一定要确定好自变量。

(4) 仪器推介

"工欲善其事,必先利其器。"为使学生科学规范地开展实验,学校购买了一台家用空气质量检测仪,学生通过这台仪器可以对样本教室进行一周的空气质量检测。我们邀请技术人员对仪器的使用进行了现场指导,还指导学生查看仪器使用说明书,推荐学生观看"仪器使用步骤和注意事项"的视频。为了使学生准确掌握仪器的使用方法,教师还引入"口袋书"工具(见图1-3-7),引导学生学习记录仪器的使用步骤、方法和注意事项(见图1-3-8)。

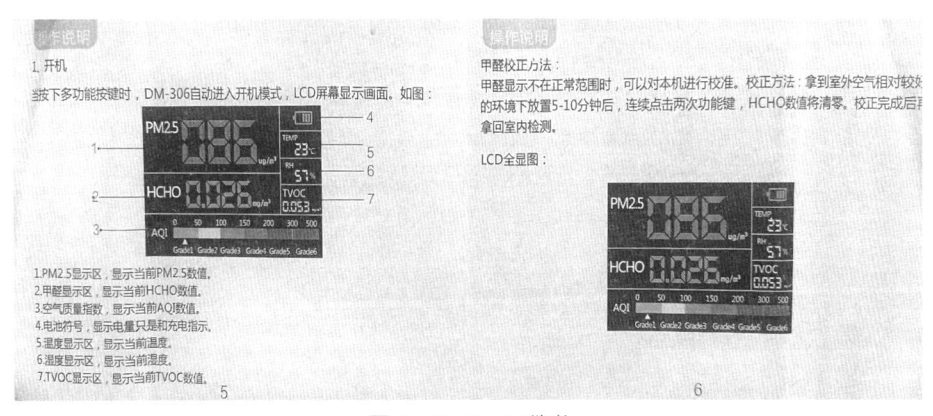

图 1-3-7　口袋书

(5) 指标确定

因空气质量检测仪中有很多测量指标,为减少无关因素对学生的干扰,指导教师紧扣"驱动问题",引导学生从"绿色植物对室内空气质量的影响"的视角来考虑实验指标的选取,最终选择了 PM2.5、甲醛和 TVOC 这样三个指标进行检测记录,并依托前期的知识储备,借助科学网、360 百科进行了深入学习,了解其危害(见图1-3-9)。

图 1-3-8　学生学习仪器使用方法

① PM2.5(作为空气中灰尘悬浮物的代表)

② 甲醛(作为有毒有害气体的代表)

③ TVOC 室内有机气态物质(作为空气中异常气味主要成分的代表)

2、什么是PM10、PM2.5？

PM是英文Particulate Matter（颗粒物）的首字母缩写，PM10和PM2.5分别指的是空气动力学直径小于等于10微米和2.5微米的颗粒物（人类纤细头发的直径大约是50—70微米）。PM10又称为可吸入颗粒物，PM2.5又称为可入肺颗粒物，或细颗粒物，是表征环境空气质量的两个主要污染物指标。

【公众防护PM2.5科普宣传册】

	甲醛浓度	人体反应	质量标准	危害等级	建议
安全	0.08ppm	几乎无味，健康影响	欧美、日	健康环境 ★★	宜居
	0.10ppm	几乎无味，健康影响	国际、日	★	宜居
致病	0.1-0.25ppm	幼童长期吸入易引发皮肤过敏免疫力下降	危险环境	★	不建议孕妇小孩长期居住
	0.25-0.30ppm	引发气喘，胸闷，头晕，过敏睡眠不良等症状	危险环境	★★	孕妇、小孩、女性、老人身体不适者不宜长期居住
不可逆毒害	0.30ppm（以上）	小孩智力低下，内分泌失调，经期紊乱	危险环境	★★★	不适合居住
	0.50ppm（以上）	免疫功能异常，致癌危机	病住宅	★★★★	不适合居住
	0.70ppm（以上）	染色体异常，影响生育，易致癌	病住宅	★★★★★	不适合居住
	5.0ppm（以上）	致癌、促癌、慢性呼吸道疾病引起的鼻咽癌，直肠癌，脑瘤等	病住宅	★★★★★	不适合居住

TVOC超标的危害有哪些

[我来答] ☆分享 ⊙举报

5个回答　　　　　　　　　　#活动# 《你是我的命中注定》女主莱洁，邀你来答题！

威海博说化机1 [Lv.3]
2019-04-12　　　　　　　　　　　　　　　　关注

影响皮肤和黏膜，出现头晕、头痛、胸闷等症状。

TVOC是影响室内空气品质三种污染中影响较为严重的一种。TVOC在常温下可以蒸发的形式存在于空气中，它的毒性、刺激性、致癌性和特殊的气味性，会影响皮肤和黏膜，对人体产生急性损害，出现头晕、头痛、胸闷等自觉症状等。

一般认为，正常的、非工业性的室内环境TVOC浓度水平还不至于导致人体的肿瘤和癌症。当TVOC浓度为3.0-25 mg/m3时，会产生刺激和不适，与其他因素联合作用时，可能出现头痛；当TVOC浓度大于25 mg/m3时，除头痛外，可能出现其他的神经毒性作用。

图 1-3-9　测试指标的危害

第三阶段：对比实验有结论

(1) 布置样本环境

基于前期精心准备，我们综合学校实际，依托科学规范的对比实验来寻求"驱动问题"的答案。师生一致决定，选用两个同楼层靠中间的教室作为样本（见图1-3-10），从控制成本的因素考虑选择绿萝一种植物为实验物种。具体安排是"样本教室一"里面不放绿萝，保持原状，"样本教室二"放入20盆绿萝，为不影响同学平时学习，绿萝将均匀分布摆放在教室两侧的窗台和后面的矮柜上。

图1-3-10　布置样本教室

(2) 明晰记录内容

为了做好实验，应收集、记录哪些方面的实验数据呢？

教师利用这一问题，指导学生交流、反馈，达成共识：我们不仅要收集、记录PM2.5、甲醛和TVOC这样三个重要性指标，还要收集、记录检测时间、样本教室、监测位置等说明性指标。由此顺势引入学习工具——实验记录单（见表1-3-5），了解实验记录单的用法。通过实验记录单，学生们把实验过程中的所有数据均记录在案，并教导学生记录实验数据中时要准确可靠，必须是仪器测量所得，为制作空气质量数据图表做准备工作。（附片段教学实录）

生1：老师，我们应该收集汽车尾气，汽车尾气对我们的伤害最大。

生2：我知道，汽车尾气里面有很多东西的，他是很混杂的，而且汽车在马路上跑，你怎么记录啊？

生3：我看过一些新闻报道，上面就有说有些学校新建了教室、跑道，然后就有小朋友生病中毒了的。我们可不可以测量下教室里面是否有有毒的东西啊？

师：同学们说得都很好，现在老师来跟大家做一下说明：汽车尾气里面混有很多东西，有二氧化碳、有水蒸气还有很多化合物，汽车尾气带来的最常见污染就是增加了空气中的PM2.5。学校里的小朋友中毒是因为学校中新建的跑道、教室使用了不合格的劣质材料，这些劣质材料就会在空气中挥发产生甲醛、TVOC（有机气态污染物）等有毒物质。

表1-3-5　实验记录单

学　校		班　级		日　期	
实验名称		小组成员			
实验目的					
实验器材					
测试教室	普通教室（　） 绿色教室（　）	测试地点		A（　） B（　） C（　）	
试验数据	测量时间				
	PM2.5				
	甲醛				
	TVOC				

(3) 小组分工

为了保证活动有序，数据收集科学，方便后续分析，参与的同学分为了3个分队，每个分队对应一个监测位置。各分队都是检测固定位置的数据，这便于后续数据处理分析。为了提升学生的参与广度和深度，教师还将每个分队分成两个小组，先后进行检测数据的采集，让每个学生都参与体验，这样有助于减少数据采集过程中人为因素的影响。基于让学生发挥个人所长、集体协作互助的考量，挑选组织能力强的学生作为小组组长，心思细腻认真的学生作为记录员。实验检测位置分布图(见图1-3-11)如下：

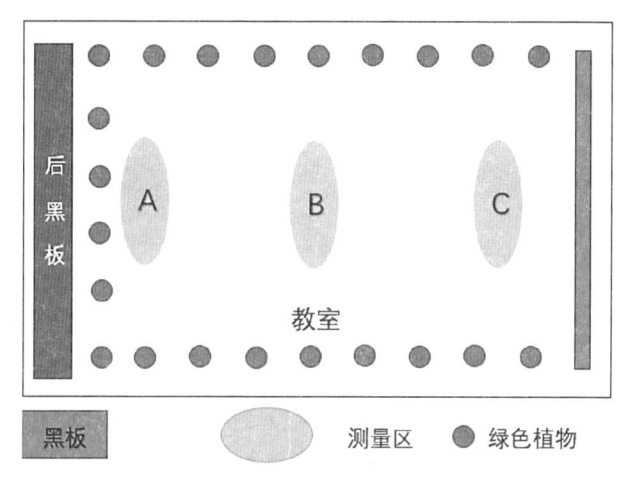

A：一队检测位置　B：二队检测位置　C：三队检测位置

图1-3-11　实验检测布置图

(4) 初次实验,矫正问题

在初次实验一周后,小组成员在汇集、分析数据(实验小报告)时发现,两个样本教室的测量数据几乎没有差异,难道绿色植物不能改善空气质量吗？这个结论有背于科学规律呀！于是有的学生去咨询家长,有的学生去查阅资料,有的学生去教室观察等,集体思量后他们找到问题根源：样本教室与室外联通,不密闭,存在前期未考虑到的变量因素。本次数据无效,实验失败。

在实验失败后,师生一起寻找交流讨论失败原因。通过交流和现场实验,老师提出了问题的解决策略——定时关窗关门关灯密闭室内环境,第二天上学时收集数据,并引导学生再次认识控制自变量(室内物件、样本面积、样本位置和样本环境)的重要性(见图1-3-12)。

(5) 吸取经验,再次实验

第二次实验,我们吸取了第一次实验失败的教训,所以第二次实验为减少人员干扰,空气质量检测规定时间为一周内的周一至周五,中午12:30,提前关闭30分钟窗户和门,减少空气流通,以保证测量的是室内气体。数据测量3次,每次间隔5分钟,将测量数据的平均值填入实验记录表中。教室中的3个测量点我们放弃B、

图 1-3-12 学生实验报告

C两个测量点,统一都在A点进行测量。通过减少人员因素干扰、空气流通因素干扰、测量点距离绿植距离远近因素干扰,只保留了绿植对空气污染的净化作用这一主要测量数据,第二次试验成功。

在开始测量第二轮试验数据前,各小组小组长先行清理试验测试场地,整理测试场地条件,安排其他组员关闭门窗,通知场地内多余人员暂时离开,做好辅助工作,确保第二轮试验顺利进行(见图1-3-13)。

图 1-3-13 现场收集数据

(6) 整理数据,发布数据

经过连续一个星期的测量,各小组都收集了第一手的数据资料。各小组在组长的带领下,积极整理自己小组收集的数据,小组成员齐努力,有的学生做数据传报,有的学生做数据录入,有的学生做数据监察,各小组借助信息技术工具 Excel 电子表格软件制作形成了小组数据汇总表(见图 1-3-14),并进行了数据共享。

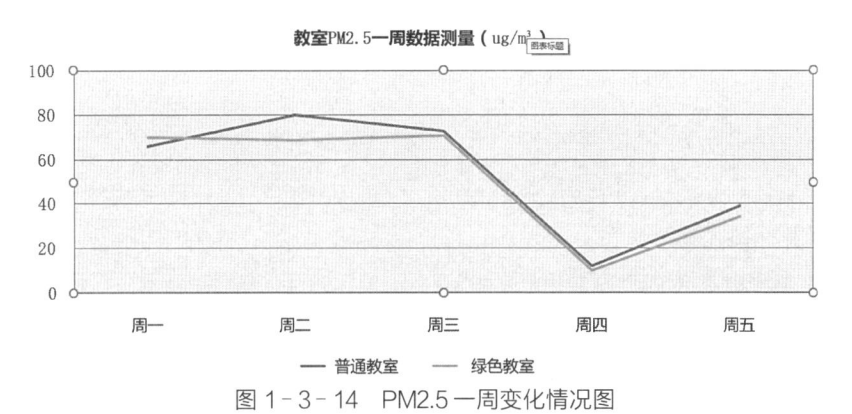

图 1-3-14 PM2.5 一周变化情况图

(7) 撰写实验报告

在实验结束后,各小组就纷纷开始撰写实验报告(见图 1-3-15)。为了能够制作符合要求的实验报告,以小组为单位开始了小组内讨论,首先在草稿纸初步分析本小组的数据,当数据出现疑问时向指导教师寻求帮助,并对数据进行修正,当数据无问题时开展组内讨论,以思维风暴形式引导组员提出自己的观点,并进行组内演讲,演讲结束后根据评价量规(见表 1-3-6)进行评价,投票确定本组实验结论。有了实验报告后开始制作 PPT,以展示小组研究成果。

图 1-3-15 学生撰写报告,制作汇报文稿

表 1-3-6　学生汇报文稿制作评价量规

	优　秀	良　好	加　油	学生自评	组内互评	教师评价
教室纪律	安静有序,小声交谈,能提醒组员注意纪律。	安静有序,遵守课堂纪律。	喧哗吵闹,有违反课堂纪律现象。			
小组合作	有小组分工,知道学习目的,了解各自分工并互相交流收集的信息内容。	有小组分工,会收集资料但不能互相交流完善。	无小组合作,对参观学习的目的也不清楚。			
文稿制作	制作时有明确目标,有文稿规划。	制作时有目标。	制作时无目标,也不知道要做什么。			
	幻灯片内容贴合主题,数据齐全。	幻灯片内容基本贴合主题,有足够佐证材料。	幻灯片内容偏题,无佐证材料。			
	作品完成后有修改、完善。	按时完成作品。	不能按时完成作品。			

四、成果展示

整个项目,学生们通过实验监测、数据分析、板报制作等多种方式来记录绿色植物对室内空气质量的影响。每一次活动,教师都能利用拍照、摄像、录音等多种方式记录学生的学习表现及学习成果。教师带领学生在整个实验的不同阶段做出了不同的阶段性实验成果。

(1) 成果一:主题科普简报

在项目实施第一阶段,为了进一步扩大"话题讨论"活动的效果,促进学生的思维显性化,教师有意安排了一个成果物化活动。绿色植物可以减少空气污染,提升空气质量,学生们用什么学习方式来展示自己的学习成果呢?动员学生们动起手来,制作一份科普简报(见图1-3-16)。

为评价优秀的科普简报,教师引入学习量规(见表1-3-7),对学生活动表现、成果质量进行管理引导,既要考量学生们在制作过程中的表现,还要考量学生们的简报质量。教师带领学生要对照量规自主修改、完善简报,教师同时还引导学生进行自我评价、小组评价,并作为指导者进行教师评价,多维展示学生们的成果表现。

图 1-3-16 科普简报

表 1-3-7 "科普简报"评价量规

	加 油 (7分以下)	达 标 (7—8分)	优 秀 (9—10分)	学生 自评	组内 互评	教师 评价
准备 阶段	基本未使用前期学过的知识	基本使用所学的内容	充分利用所学习的内容			
	资料来源单一	资料来源多元	资料来源广泛,充分利用资料			
	选题含糊不能明确表达含义	选题基本清楚	选题清晰、明确,定位精准			

续表

	加 油 (7分以下)	达 标 (7—8分)	优 秀 (9—10分)	学生自评	组内互评	教师评价
制作阶段	无制作计划,制作时间被浪费,延迟得出作品	有制作计划,基本可以在指定时间内完成作品	有合理制作计划,所有组员都依计划完工			
	无过程性学习资料	有过程性学习资料	过程性学习资料丰富生动			
成果展示	结论不清楚,展板无佐证材料	结论清楚,展板有佐证材料	结论清楚,展板内有多角度佐证材料			
	展示板不完整,无说服力	展示板完整,有说服力	展示板完整,有说服力,有图片,有图表			
	对提问者的问题不能回答,或答非所问,错误回答	基本可以提问者的问题,但答案不清晰,容易让人产生疑惑	对提问者的问题的回答清晰、明确,并可以将答案与自己的实验过程互相呼应			
小组协作	无分工安排表	有分工安排表,但不能根据组员兴趣爱好进行分配任务	有分工安排表,能够按照各自的能力、兴趣爱好有针对性地分配工作			
	没能充分发挥组员优势	能发挥出组员优势	在发挥组员各自能力的基础上搭配组员,使之发挥出1+1>2的作用			
	前期准备不充分,资料收集不够	前期准备充分,资料基本够简报制作使用	前期准备非常充分,资料简报制作使用,并且组员可以通过互联网技术手段收集最新资料			

参与活动的小组结合收集整理到的资料都制作了一份以"绿色植物可以减少空气污染"为主题的科普简报,并在校内进行展示,并在老师、同学的建议下,再一

次将所学的知识和内容进行了梳理,反复修改、充实简报,最后的作品充分体现了科学性、趣味性。一些优秀的作品还展示在学校的宣传栏中,向全校师生宣传如何正确选择绿色植物,以减少室内空气污染。

(2) 成果二:"口袋书"——"家用空气质量检测仪使用方法与说明"的笔记

在项目实施第二阶段中,通过第一阶段的项目学习和实施,学生们已经了解植物对空气的净化作用,同时还掌握了空气质量的一部分相关知识,知道了什么是 PM2.5,雾霾指的是什么,在空气污染严重时该如何处理,并学会了如何利用空气质量检测仪器设备获得空气质量情况,懂得了在空气污染严重时的应对方法。学校购买的空气质量测量仪一下变成了"校园明星",但如何正确使用、读取有效数据却成了大问题。在全体学生的建议下,六(2)班同学总结自己的使用经验,边摸索边实践,不断听取师生的反馈意见。几易其稿,最终成功制作了一本家用空气质量检测仪使用方法与说明的"口袋书"(见图 1-3-17),并在学校推广。为宣传绿色植物对空气污染的净化作用起到了良好的助攻效果。

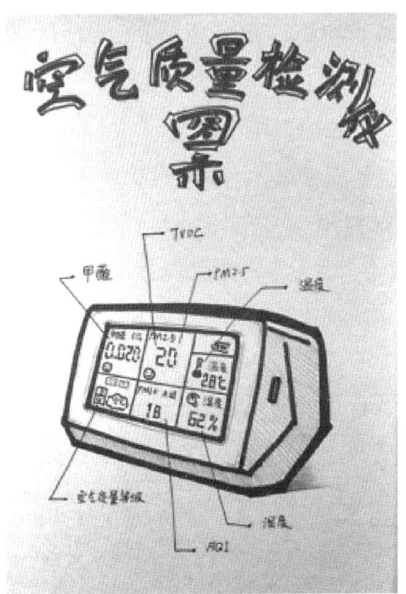

图 1-3-17 口袋书

(3) 成果三:"样本教室要密闭"实验小报告

俗话说失败乃成功之母,有时候一场失败比成功更有教育意义。学生们在学习和了解新知识并要将之应用到现实生活中时,他们是兴奋的、激情的、充满胜利欲望的,但是他们同时也是考虑不周、计划充满漏洞、马虎大意的。

学生们在项目学习过程中巩固了实验报告的填写(见图1-3-18),知道如何从复杂的现实中提炼出它们的规律。这为后续开展活动的同学指明了方向。

图1-3-18 实验小报告

在项目实施过程中,学生们第一次设计自己的实验,希望获得一个巨大的成功。他们把各种各样的东西都放入到了实验中去,但结果却是失败的。实验结束后,教师带领学生们反思实验失败的原因,相互评价实验中存在的问题,修改实验采用的方法。并在教师的指导中学会排除偶然性因素、减少意外因素,正确的选择实验所需的测量数值。通过分析失败的原因寻找到正确的实验方法,学生学会了发现自我不足,自我完善,寻找成功的方法和道路,这些使同学们终生受益。

(4) 成果四:绿色植物与室内空气污染的影响调查报告

在实验结束后,教师指导学生将各小组整理实验的所有数据,利用图表汇总,得出总体结论。形成了基于全部监测数据的研究报告(见图1-3-19),证实了绿色植物对室内空气的确具有净化空气的作用。在制作完成研究报告后,以小组为单位参加汇报演说,通过演讲比赛的形式,他们将在本项目学习中的学习过程、学

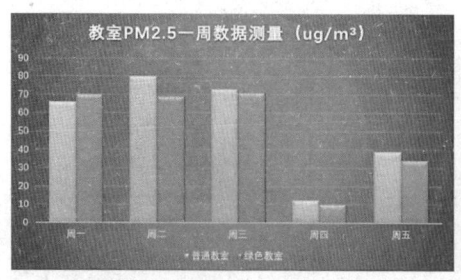

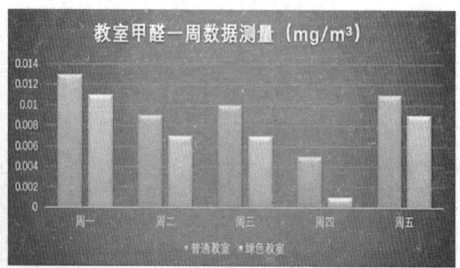

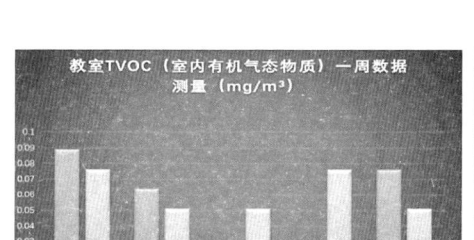

图 1-3-19 室内一周空气质量测试数据表及调查报告

习经历、得到的科学结论一一展示出来。依靠评价量表,对学生所学、所得进行评分,总结(见表1-3-8)。

表 1-3-8 小组汇报评价量规

	加 油 (7分以下)	达 标 (7—8分)	优 秀 (9—10分)	学生自评	组内互评	教师评价
准备阶段	基本未使用前期学过的知识	基本使用所学的内容	充分利用所学习的内容			
	资料来源单一	资料来源多元	资料来源广泛,充分利用资料			
	选题含糊不能明确表达含义	选题基本清楚	选题清晰、明确,定位精准			
制作阶段	无制作计划,制作时间被浪费,延迟得出作品	有制作计划,基本可以在指定时间内完成作品	有详细制作计划,所有组员都依计划完工			
	无过程性学习资料	有过程性学习资料	过程性学习资料丰富生动			
汇报阶段	演讲主题结论不清楚,无佐证材料	演讲主题结论清楚,从一个角度提供佐证材料	演讲主题结论清楚,多角度佐证材料			
	幻灯片不能配合演讲,展示图文和演讲词无联系	幻灯片能配合演讲,展示图文和演讲词联系有些生硬	幻灯片完美配合演讲,整个过程步步紧凑,严丝合缝			
	对现场观众提问回答口音模糊,知识点出现错误	对现场观众提问回答口音普通,知识点无错误	对现场观众提问回答口音清晰、明亮,知识点无错误			

通过此次项目学习,学生们学会了借助信息技术手段收集材料、学习新知识,学习了将科学与数学结合起来,通过将实验数据记录制成图片,把抽象的数字转化为了形象可观的图表,明白了如何通过形象对比判断分析数据并得出结论。对"绿色植物可以减少空气污染"这一驱动性问题有了清醒的认识,得出了具体的调查报告,并在相互学习、相互评价中使自己的各项关键能力得到了有效提升。学生将绿色植物和空气质量有着密切关系这一环保理念向家庭、社区、民众进行宣传。

五、项目反思及启示

在整个项目学习中,教师从"绿色植物改善室内空气质量的效果如何"这一驱动性问题出发,引领学生借助实地参观、对比试验、实践创作、资料查询等多种方式进行项目推进。在推进过程中,学生能有序开展项目学习活动,教师能倾听、观察和记录学生的过程表现和实践成果,这促进了师生共同成长,一同收获了项目学习的成功和喜悦。

(一) 项目经验

1. 拓宽了教学活动设计的视野

在项目教学模式下的"以项目为驱动、教师为主导、学生为主体的"良性互动过程中,学生成为了课堂和教学的中心。项目学习活动中,教师的教学活动呈现出学科融合、资源整合、场域结合的大改变,教学活动设计凸显了开放性、整体性、综合性。在进行项目学习时,教师的视野不拘泥于课堂,更不拘泥于卷面,他们不单单追求项目成果的正确性,而是去考察学生在整个项目实施进程中的积极性、主动性、思维的活跃性、合作的效率性,运用所学知识解决问题的能力和所掌握学习的方法。采取多种形式的评价标准,将学生自评、互评与教师评价结合起来,再联系到实践过程中,让每一个学生都能认识到自己的进步和不足。

2. 打开了学生学习思维的闸门

项目学习由于大多要分小组完成,实施项目的过程多为布置任务,如小组自学和讨论、项目实施、实验结果汇报、讨论总结发言等。要顺利地完成这些小任务,学生必须打开自己的思维,主动和伙伴交流沟通。打开思维的闸门,有助于个体智慧和群体智慧的共享,更有助于任务的高效完成,同时也能提高学生的合作能力,强化学生的团队意识。在项目实施过程中,学生也会遇到实际的问题、困难等,这就更要学生进行头脑风暴、思维碰撞,这样学生才能在项目实践过程中增强学习体验,体验创造的乐趣。

(二) 问题与改进

通过本次项目学习,我们也发现了一些不足之处:本项目学习开展的范围比较小,只是通过个别班级进行学习尝试,其他班级尚未开发,开展范围不够。加之本项目学习开展时间跨度比较长,指导教师的精力有时跟不上。

在下一阶段项目学习中,我们将从以下方向进行努力:

1. 强化学生协作能力

联合国教科文组织在面向21世纪国际教育委员会的报告中提出,未来教育的四大支柱是学会学习、学会做事、学会共处和学会共存。项目学习通过小组合作的方式进行,小组成员一起接受任务,分享资源和技能方法,不断完善计划直至达成任务。在此过程中,学生交流协作能力得到锻炼,团队合作意识得到加强。

2. 开发学生多元智能

项目学习可以实现学生多元智能的综合运用,开发学生的各方面潜能,使得每个人都有机会成为舞台上的主角。给学生提供一个展现自我的平台,可以增强学生学习的自信心和学习热情,进而增强学生学习的成功性体验。

3. 综合维度进行评价

"儿童是有能力的学习者",教师应多关注学生的学习过程,从知识技能、过程体验、方法引领和情感表现等多维度对学生进行指导和帮助。学生是有个体差异的,教师也可为学生建立项目学习档案,统整学生学习过程。从横向分析整个项目进程中小组成员的整体水平和接受能力,比较小组成员之间的差异;从纵向分析学生个体发展水平,因材施教,进行必要的个别化指导。

(南昌市东湖区北湖小学　汪　欢　龚　明)

第二章
项目学习：借助方法探究，挖掘活动价值

我们设计以探究学习为中心的项目活动，综合运用多学科知识，系统开展实践探究，引领学生在活动中自我反省、合作探讨和问题解决。让学生通过不断地提出问题并逐步给出自己的答案来完成对主题的探索，这有助于学生增强体验感悟，获得关于自我、社会、自然的真实体验，建立学习与生活的有机联系。三个案例在践行、落实核心素养"自主发展——学会学习"上做了一些有益的实践和探索，学生在"乐学善学、勤于反思、信息意识"等方面的表现得到了充分关注。

研究学生发展核心素养是落实立德树人根本任务的一项重要举措,也是适应世界教育改革发展趋势,提升我国教育国际竞争力的迫切需要。走进核心素养,深入学生学习,东湖教师有自己的思考和实践。

近两年来,我们以项目学习为抓手,借助方法探究做了一些实践与思考。我们秉持以探究学习为中心的开放性学习理念,从学生生活中发现问题,设计以探究学习为中心的项目活动,综合运用多学科知识,对解决某些问题的方法进行探究,引领学生在活动中自我反省、合作探讨和问题解决。这样的项目学习,有助于学生通过不断地提出问题并逐步给出自己的答案来完成对主题的探索,也有助于学生增强体验感悟,获得关于自我、社会、自然的真实体验,建立学习与生活的有机联系。

本章节介绍以"舌尖上的南昌""非我莫属"和"留住鲜花的美"为主题的三个项目学习案例,这些案例都能借助方法探究开展项目学习,凸显了项目学习的探究性、主体性和方法性,在践行、落实核心素养"自主发展——学会学习"上做了一些有益的实践和探索,学生在"乐学善学、勤于反思、信息意识"等方面的表现在项目学习中得到了充分关注。

本章共三个项目学习案例:豫章小学教育集团紫金校区的"舌尖上的南昌"、城北学校的"非我莫属"以及扬子洲学校的"留住鲜花的美"。三个案例都能通过有意义、有层次的学习活动,践行、落实学生的核心素养。"舌尖上的南昌"和"留住鲜花的美"的项目学习,倡导学生的体验、实践、参与、交流与合作,让学生借助工具学习,让学生浸泡在"任务池"里,在现实生活中学习。"非我莫属"的项目学习,教师借助方法探究引领学生开展生涯教育,增强学生对现实社会的了解,学生在活动中学习,在学习中反思,在反思中提高。

第一节 实践智慧 1：舌尖上的南昌

一、项目简介

项目名称	舌尖上的南昌	适用年级	四年级
项目类型	跨学科项目学习	项目时长	6 课时
主要学科	英语	涉及学科	数学、美术、信息技术
项目概述	colspan"舌尖上的南昌"项目学习，以"怎样向外国友人介绍南昌美食"为核心问题组织学生开展多种活动。引导学生自主探究，了解南昌的饮食文化，学习用餐礼仪，积累美食词汇和句型，在不同场域用英语积极主动表达，唤起学生对家乡南昌的认同感和自豪感，激发其对家乡的热爱之情。		
驱动问题	怎样向外国友人介绍南昌美食？		
项目目标	学科知识与技能	1. 了解家乡的特色饮食，能理解"garlic""salt""pot"等词汇的含义并会运用，在语言实践中借助工具学习，拓展词汇量。 2. 能理解并使用"put ... into""boil ... for""mix ... up"等祈使句型介绍南昌美食的制作过程，能够用英语较准确地表达，提升语言表达能力。 3. 结合问题情境，经历收集、整理和分析数据的过程，会根据数据分析的结果做出判断和预测，并深层次理解统计的意义。 4. 能够借助网络获取信息，并能初步筛选、鉴别、整理信息，提高信息素养。	
^	21 世纪技能	独立思辨能力、沟通协调能力	
^	价值观念	1. 在制作美食的过程中，感受烹饪的乐趣。 2. 在介绍南昌美食的过程中，体会南昌的饮食文化，激发学生对家乡的热爱之情。	
项目成果	产品形式	海报、名片、手抄报、绘本、菜单等	
^	展示方式	美食汇、模拟点餐、学生活动展板等	
学习评价	过程评价	《词汇小达人评价表》《获取信息能力评价表》	
^	结果评价	《讲述小明星评价量规》	
项目资源	硬件资源：数码相机(或可拍照手机)、录音笔、计算机、网络、一体机等。 软件资源：图像处理软件、网页浏览器、绘图软件、文字处理软件。 印刷材料：评价量规、学生支持材料。 其他物品：卡纸、彩笔等。		

语言环境是英语学习之魂,"下水浸泡"是掌握英语的关键。在以往的英语学习中,学生的学习方式停留在听讲—背诵—练习—再现,学生头脑中的知识面窄,词汇量匮乏,学生不爱开口说。为此,我们引入项目学习,创设真实的生活情境,倡导体验、实践、参与、交流与合作的学习方式,把学生放到"水里"浸泡,拉近现实生活与英语语言的距离,在有意义的交际活动中培养学生的综合语言运用能力。在此次项目学习过程中,学生们需要借助行动研究,获取有效信息,挖掘活动价值。例如:通过访谈调查,获得真实的第一手材料;借助词典、翻译软件等,学习书本上没有的词汇;运用统计图,整理、分析数据;通过上网查资料,学习美食制作过程;通过思维导图和写作支架等,有效地组织信息。学生在活动中学习运用语言,他们处理信息以及借助工具学习的能力也得到了锻炼。

二、项目启动

(一) 驱动性问题的提出

英语作为一门交际性语言,学习的最终目的就是使学习者能够用英语自由地交流、表达。"民以食为天",孩子们说起食物来总是滔滔不绝。我们通过项目学习,创设向外国友人介绍南昌美食的真实情境,让学生处于熟悉的生活场景中,感觉自己有话可说,产生强烈的表达欲望。

向外国友人介绍南昌美食的时候,会使用到食物、厨具、餐具、食材、调料等物品的名称。人教版PEP小学英语教材中,三年级上册"Unit 5 Let's eat!"、四年级上册"Unit 5 Dinner's ready"、五年级上册"Unit 3 What would you like?"涵盖了食物和餐具等餐饮类内容。课本中仅呈现了"cake""fish""rice"等简单的词汇,这些词汇量对于向外国友人介绍美食是远远不够的。因此,孩子们需要积累更多与美食相关的词汇和句型,才能满足其在不同场域用英语积极主动表达的需求。从饮食这一最基础的生活层面来了解南昌的风俗习惯,提高学生对中华传统美食的了解与热爱,养成合理的跨文化交往心态,形成运用英语向外国人介绍中华美食的能力,从而发展学生跨文化交往的意识和能力。

项目实施过程中,孩子们以"餐厅服务员""小厨师""美食家"等不同的身份参与到各项活动中，与同学们一起合作，制作英文手抄报、菜单、绘本、PPT、明信片等，用不同形式介绍南昌美食。孩子们不仅对南昌美食文化有了进一步了解，而且在用英语展示的过程中提升了语言知识与技能，使英语的工具性与人文性得以统一。

(二) 学生分组

在实施项目学习中，为了保证不让一个孩子掉队，我们按照“组间同质、组内异质”的原则，给孩子们准备好《活动预备卡》(见图 2－1－1)，引导学生充分考虑知识水平、学习能力、组织能力、表达能力上的差异，依据预备卡自由分组，每组 6—8 人。这样既能照顾到组间的均衡，又能考虑到学生的兴趣。避免能力强的学生多做，能力弱的学生少做或不做的现象。

活动预备卡

成员姓名	个人兴趣、特长	成员分工
黄辰钰	绘画	画插画
李可欣	使用电脑查找资料	在网上搜索信息
毛佳慧	厨艺	学做美食
熊梦晨	英语，有领导力	用英语表述南昌炒粉的制作过程(组长)
我们共同的研究主题	南昌美食DIY之南昌拌米分	
我们的约定	我们约定认真做好自己的事情，听从组长安排	

图 2－1－1　活动预备卡

活动预备卡中“我们的约定”看似简单却非常重要。小组约定是孩子们共同遵守的规则，是孩子们的自主约定，这有助于项目学习活动有序、高效地开展。

(三) 项目管理

项目学习的过程，我们运用评价时间线(见图 2－1－2)进行全程管理。用评价来检验最终成果是否回答了驱动问题，学生是否对核心知识有了深度理解，评价量规贯穿项目学习活动的始终。

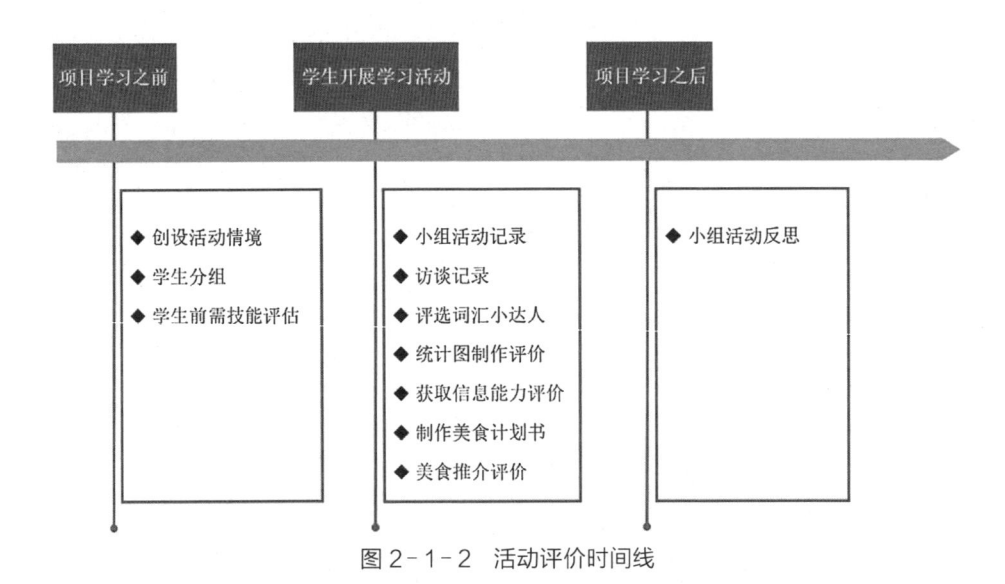

```
项目学习之前          学生开展学习活动          项目学习之后
```

- ◆ 创设活动情境
- ◆ 学生分组
- ◆ 学生前需技能评估

- ◆ 小组活动记录
- ◆ 访谈记录
- ◆ 评选词汇小达人
- ◆ 统计图制作评价
- ◆ 获取信息能力评价
- ◆ 制作美食计划书
- ◆ 美食推介评价

- ◆ 小组活动反思

图 2-1-2 活动评价时间线

三、项目实施

在"怎样向外国友人介绍南昌美食"的问题驱动下,师生一起制定了项目学习实施安排表和项目学习地图。我们按照寻访南昌美食、评选人气美食、学做一份美食以及推介南昌美食四个环节逐一推进活动。

(一) 项目方案设计

《舌尖上的南昌》项目,我们分三大环节四个阶段分步实施。实施安排表(见表2-1-1):

表 2-1-1 《舌尖上的南昌》项目学习实施安排表

项目环节	具 体 内 容	时间安排
项目准备	1. 填写《活动预备卡》 2. 分组	1课时
项目实施	第一阶段:寻访南昌美食 1. 头脑风暴 2. 访谈调查	1课时

续　表

项目环节	具　体　内　容	时间安排
项目实施	3. 借助工具学习词汇 4. 制作词卡并汇报 5. 评选词汇小达人	1课时
	第二阶段：人气美食评选 1. 汇总信息 2. 统计数据 3. 制作统计图 4. 呈现结论	1课时
	第三阶段：学做一份美食 1. 了解制作的方法 2. 学习动词短语 3. 美食制作计划表 4. 展示自制美食	1课时
	第四阶段：南昌美食推介 1. 写：写一篇介绍南昌美食的小短文，可以介绍某一种最喜欢的食物，也可以是几种食物。 2. 说：用英语向外国友人介绍一种美食。 3. 演：模拟场景，用英语交流南昌美食。	1课时
项目展示	(1) 美食词卡 (2) 英语小短文 (3) 菜单 (4) 绘本 (5) 南昌美食汇 ……	1课时

为了使项目活动更为直观、清晰，我们设计了《舌尖上的南昌》项目学习地图（见图2-1-3）。

(二) 项目实践过程

项目学习正式拉开帷幕。孩子们在老师的指导下按照实施计划开展学习实践。

第一阶段：寻访南昌美食(1课时)

2017年7月，豫章小学教育集团师生代表赴新加坡新民小学友好交流。今年，

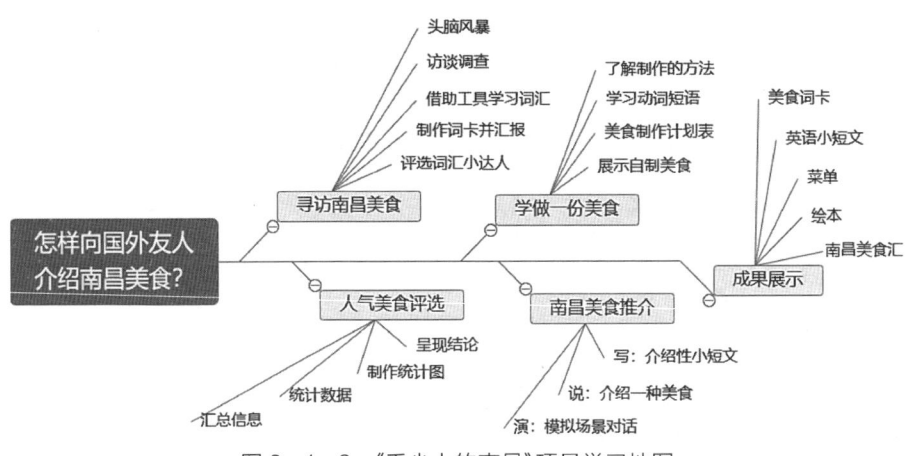

图 2-1-3 《舌尖上的南昌》项目学习地图

他们将到我们学校回访。孩子们知道后炸开了锅,你一言我一语地商量着怎样向客人介绍家乡南昌。家乡的范围非常广,于是,教师引导学生聚焦到向客人介绍南昌的美食上,同时要考虑到客人使用的语言。

1. 头脑风暴

南昌的美食种类繁多,同学们了解哪些美食呢?同学们尝试着用英语表达食物的名称并用思维导图(见图2-1-4)对初步了解到的美食类型进行梳理。在交流过程中,我们发现了两个问题:

一是同学们只能随意地说出常见的粉、面、汤等,不清楚更多南昌特色美食有哪些。

二是英语词汇量储备不够。在表达时,中英混杂的现象很普遍。

2. 访谈调查

为了解决上述问题,同学们提出了采用访谈调查的方法了解南昌的美食种类,了解南昌人对本地特色美食的看法,获得真实的第一手材料。教师指导学生设计了访问记录表(见图2-1-5),确定访问的对象及问题,以小组为单位开始访谈调查。

3. 小组借助工具学习词汇

中西方饮食文化存在差异,四年级的学生从课本上学到的食物名称并不多。

图2-1-4 "南昌美食"思维导图

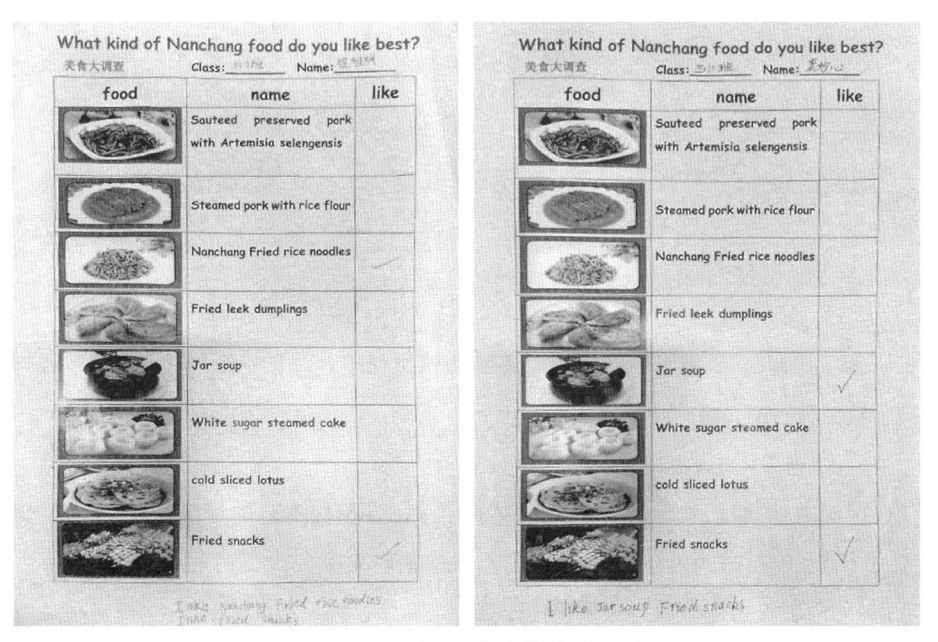

图2-1-5 "南昌美食"访问记录表

因此，教师及时给予学生翻译方法的指导，建议同学们到网上查一查，借助"有道词典""百度翻译"等工具了解多种美食的英文名称，做到会认、会读。此外，教师还邀请家长志愿者向学生讲解中餐食品的翻译方法。例如：以烹饪方法开头的、以主料开头的、以形状或口感开头的、以人名或地名命名的、直接使用汉语拼音的等等不同译法。

4. 小组制作词卡并汇报

学生将想要表达的南昌美食制作成一张张美食词卡(见图2-1-6)，图文结合，配合英文表达及中文释义。

图2-1-6 美食词卡

除了美食词卡，擅长绘画的同学还将南昌特色美食画了出来，设计成南昌特色美食菜单(见图2-1-7)。

5. 评选词汇小达人

课堂上，同学们展示自己的词卡或菜单，介绍各种食物的读法。他们互相交流，共同进步，把枯燥的单词学习变成了一种主动的探究。在词汇展示之后，师生运用《词汇小达人评价表》(见表2-1-2)，共同评选词汇小达人。

图 2-1-7 南昌特色美食菜单

表 2-1-2 词汇小达人评价表

评 价 要 点	☆☆☆☆☆	☆☆☆	☆	评 分
收集单词的数量	10 个以上	6—10 个	0—5 个	
会读单词的数量	10 个以上	6—10 个	0—5 个	
卡片美观的程度	图文并茂	表达清晰	较为简单	

第二阶段：人气美食评选(1课时)

1. 收集数据，整理分析。小组汇总信息并派代表汇报交流调查访问的情况。

(1) 你是怎样得到记录单上的数据的？

(2) 通过调查，你们发现喜欢什么食物的人最多？

(3) 怎样一眼看出喜欢某种食物的人最多?

(4) 用什么类型的统计图更能直观展示数据?

2. 学生根据收集的数据制作统计图。

3. 运用统计图自查清单检查完善统计图表。

在实践中,我们发现,学生制作的统计图过于注重个性化表达,对图表的规范性欠缺考虑。因此,老师提供了统计图自查清单(见表2-1-3),学生根据自查清单从数据的真实性、数据的有效性、图表的规范性三个方面检查并完善自己的统计图。

表2-1-3 统计图自查清单

检查类型	检查项目
1. 数据的真实性	☑ 数据来源可靠吗?
2. 数据的有效性	☑ 数据是否有重复? ☑ 数据是否有遗漏?
3. 图表的规范性	☑ 统计图是否有标题? ☑ 是否绘制了坐标轴和网格线? ☑ 是否标示了数据? ☑ 是否标示了单位名称? ☑ 是否有图例?

4. 学生呈现统计图表和结论。(见图2-1-8-1、图2-1-8-2)

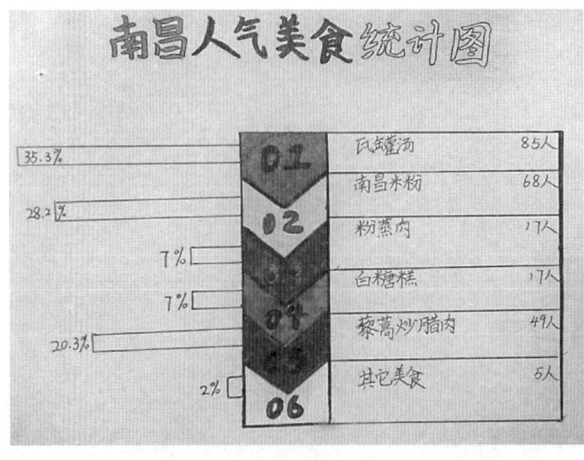

图2-1-8-1 条形统计图　　图2-1-8-2 扇形统计图

通过这一阶段的实践,学生得到了比较完善的统计图,了解到大多数人喜欢瓦罐汤,瓦罐汤是大众最喜欢的美食之一。

第三阶段:学做一份美食(1课时)

评选出了人气美食之后,有同学提议动手做一道地道的南昌美食,并向客人介绍食物的制作过程。一石激起千层浪,孩子们纷纷表达了自己想做美食的愿望。顺着孩子们的思路,我们开始了学做美食的活动。

1. 了解制作的方法

老师事先录制一个美食制作的视频,并配上英文解说,在课堂上将它播放给同学们观看,并提醒同学们记录下制作的步骤以及所需的素材。随后,老师再让学生上网查一查自己感兴趣的美食,了解它的制作方法。《上网查找资料记录表》(见表2-1-4):

表2-1-4 上网查找资料记录表

查询网址	
主　料	
配　料	
工　具	
步　骤	
记录人	

2. 评一评,获取信息的能力。评价量规(见图2-1-9):

获取信息能力评价表

评价项目	☆☆☆☆☆	☆☆☆	☆
在需要收集信息时,有一定策略	✓		
查询不同种类的信息源		✓	
从多个角度搜集信息	✓		
能够熟练使用搜索引擎	✓		
能较准确地鉴别信息的有效性		✓	

图 2-1-9 获取信息能力评价表

3. 学习制作美食的相关表达

老师让同学们说说刚才记录的信息，大多数同学都能说出一些单词。待同学们回答后，老师出示下列表格，告诉他们如何用英文来表达制作过程。美食制作过程的相关表达如下(见表 2-1-5)：

表 2-1-5 美食制作过程相关表达

类 别	中 英 文 表 达
Food material 食材原料	rice noodles 米粉, garlic 大蒜 spring onion 小葱, chilli 辣椒
Ingredient 佐料	salt 盐, soybean sauce 酱油, sesame oil 芝麻油
Cooker 厨具	pot 锅
Tableware 餐具	bowl 碗, chopsticks 筷子
Verb 动词	wash 洗, put ... into ... 放入, boil ... for ... 煮(多久), use 使用, cut 切, mix ... up 搅拌
Recipe 制作过程	1. Wash the rice noodles. 2. Put them into a pot and add some water. 3. Boil them for ten minutes. 4. Use the knife and cut the garlic, spring onion and chilli. 5. Put the rice noodles into a bowl. Use the spoon and add some salt, soybean sauce, garlic, spring onion, chilli and sesame oil into the bowl. 6. Use the chopsticks and mix them up.

整体呈现学习内容后,老师通过带领同学们做游戏,边说边做动作等形式巩固所学的内容。

4. 展示美食制作过程

学习以上关于制作美食的单词和动词短语的表达结构后,老师让同学们分组合作完成拓展任务,说说其他南昌美食制作过程该如何用英文表达,比如凉拌藕片。

T：You have already known how to make Nanchang mixed rice noodles. How about cold lotus root?（凉拌藕片）Do you know lotus root? In Chinese, it means 莲藕。

(学生组内讨论,记录 8 分钟)

G1：Wash the lotus root. Cut ...

T：I think you should peel it. Peel means 削皮。Follow me, peel.（老师带领全班同学读这个生词。）

G1：OK. Peel the lotus root and cut it. Put the slices into the pot and add some water. Boil them for ten minutes. Put them into a bowl and add some salt, soybean sauce, garlic, chilli and sesame oil. Mix them up.

T：Then we can try the dish. I think it will be yummy.

5. 美食制作计划表

在学习了如何制作美食及其英文表述后,老师布置同学们课后制作一道美食,并用英文表达。可以用拍摄视频的方法记录下制作过程。在这之前,老师引导同学们在组内讨论要制作哪道美食,需要准备什么材料,大家各自的分工如何。讨论结束后,老师再指导同学们填写美食制作计划表(见图 2-1-10)。

第四阶段：南昌美食推介(1 课时)

同学们都在家里动手做了一道南昌特色美食,有了这次亲身体验,他们对南昌美食有了更深入的了解。这时,老师让同学们思考,我们该怎样向客人推介南昌美食呢? 有的同学会说写一篇文章介绍,有的同学会说边演示边口头介绍。老师带着孩子们开展了一场"美食汇"。同学们把自制的美食带到学校来,用写一写、说一说、演一演的方式向大家介绍南昌美食。

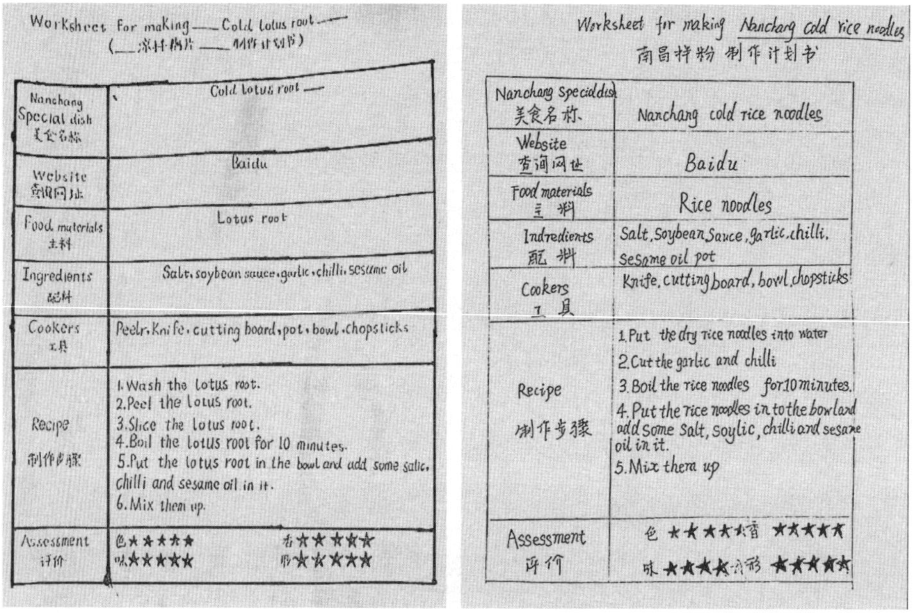

Worksheet for making __Cold lotus root__ (__凉拌藕片__ 制作计划书)

Nanchang Special dish 美食名称	Cold lotus root
Website 查询网址	Baidu
Food materials 主料	Lotus root
Ingredients 配料	Salt, soybean sauce, garlic, chilli, sesame oil
Cookers 工具	Peelr, Knife, cutting board, pot, bowl, chopsticks
Recipe 制作步骤	1. Wash the lotus root. 2. Peel the lotus root. 3. Slice the lotus root. 4. Boil the lotus root for 10 minutes. 5. Put the lotus root in the bowl and add some salic, chilli and sesame oil in it. 6. Mix them up.
Assessment 评价	色★★★★★ 香★★★★★ 味★★★★★ 形★★★★★

Worksheet for making Nanchang cold rice noodles
南昌拌粉 制作计划书

Nanchang specialdish 美食名称	Nanchang cold rice noodles
Website 查询网址	Baidu
Food materials 主料	Rice noodles
Indredients 配料	Salt, Soybean Sauce, garlic, chilli, sesame oil pot
Cookers 工具	Knife, cutting board, bowl, chopsticks
Recipe 制作步骤	1. Put the dry rice noodles into water 2. Cut the garlic and chilli 3. Boil the rice noodles for 10 minutes. 4. Put the rice noodles in to the bowl and add some salt, soylic, chilli and sesame oil in it. 5. Mix them up
Assessment 评价	色★★★★★ 香★★★★★ 味★★★★★ 形★★★★★

图 2-1-10 凉拌藕片制作计划书

1. 写一写

老师引导同学们在说和演之前可以把要介绍的内容组织整理成一篇文章。

课 堂 实 录

T：If we want to introduce one special dish to our guests, what will we talk about in the introduction?（如果要介绍一道特色美食给客人，我们会和他们谈论什么呢？）

S：How to make it?

T：Yes, anything else?

S：口味如何？

T：How does it taste?

S：...

T：Don't forget to tell him who you are.（别忘了介绍你自己的个人信息）

S：My name. How old?

T：Yes, what's your name? How old are you? Where are you from? Any more information about yourself?

S：I am friendly.

T：Great! What are you like? All the information about you can help strangers get to know you.（关于你的个人信息能帮助他人认识你、了解你。）

老师给孩子们提供了写作支架(见图2-1-11)，学生根据写作支架将内容补充进去。这一设计大大降低了表达的难度。有了学习支架的帮助，同学们表达起来更有条理，每位孩子跳一跳都能够摘到桃子。

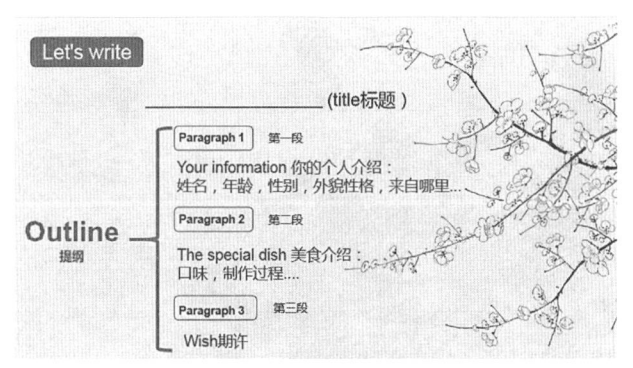

图2-1-11　英语小短文写作支架

2. 讲一讲

同学们都已经将美食制作过程形成了文字稿，如果我们能直接将它说给客人听，会更直观。借此机会，老师提议大家来一场美食介绍挑战赛，并制定了讲述小明星评价量规(见表2-1-6)。同学们拿着自己做的美食大大方方地向同学做介绍。在此过程中，有些单词学生不会读或读错，老师适时地予以帮助。

表2-1-6　讲述小明星评价量规

评价内容	评价标准及等级	等级	小组评价（请在合适的等级下面打勾）
南昌美食推荐	脱稿演讲，表达流畅，语音地道，表现力强	A	
	语言流畅，语音有些许错误，表现比较大方自然	B	
	无语音语调变化，缺少表情，但内容还算完整	C	
	语音语调不够准确，表达不够连贯，内容不够完整	D	

3. 演一演

经过以上两个活动,同学们都能介绍南昌的美食了。在特定的情境中,大家是否能恰当地运用自如呢?老师给同学们布置了如下的任务——角色扮演:四人一组表演,三人扮演客人,另外一人给客人介绍南昌特色美食。

教 学 实 录

S1&2&3：Hello, welcome to Nanchang!

S4：Hello! My name is Andy. I'm from Singapore. Nice to meet you!

S1,2,3：Nice to meet you too!

S1：My name is Alice. I'm 11 years old.

S2：I'm Bob. I am friendly.

S3：My name is Tina. I'm from Hubei, but I live in Nanchang.

S4：Nanchang is a beautiful city.

S1：There are much yummy food here.

S2：We like Nanchang mixed rice noodles best.

S3：We can make the dish by ourselves.

S4：That's interesting. Can you tell me how to make the dish?

S1&2&3：Sure. First, wash the rice noodles.... At last, mix them up. The dish is very yummy. We have it for breakfast every day. Do you want to try it?

S4：Good idea! Let's go!

(三) 项目成果制作

本次项目学习成果是伴随着活动的推进而产生的,主要包括英语小短文、词卡、菜单、绘本、视频五个种类,直接指向英语学科听、说、读、写能力。

1. 英语小短文(见图2-1-12)。

2. 手抄报(见图2-1-13)。

3. 南昌美食绘本(见图2-1-14)。

4. 拍摄美食制作视频(见图2-1-15)。

图 2-1-12　英语小短文《南昌拌粉》

图 2-1-13　南昌美食手抄报

图 2-1-14 南昌美食绘本

图 2-1-15　拍摄美食制作视频

在项目学习之后,老师利用上课时间在班级开展了成果分享会。大家通过投影或在一体机上播放自己的作品向其他同学展示自己的学习成果,分享自己的学习体会。根据大家的电子作品质量和介绍的表现情况,我们评选出了南昌美食影集绘本、PPT、视频介绍的一、二、三等奖。另外,根据手抄报的内容和美观度,我们评选出了南昌美食手抄报的一、二、三等奖。具体的评价标准如下(见表2-1-7,表2-1-8):

表 2-1-7　南昌美食影集绘本、PPT、视频介绍评价量规

评价内容	评价标准及等级	等级	小组评价	老师评价
南昌美食影集绘本、PPT、视频介绍	作品精美,脱稿解说,语音优美,自信大方,声情并茂	A		
	作品完整,偶尔看稿解说,表达流畅,表情自然得体	B		
	作品不完整,时常看稿,解说不顺畅,表现力不强	C		
	作品偏离主题,完全读稿,紧张怯场,声音很小	D		

表 2-1-8　南昌美食手抄报评价量规

评价内容	评价标准及等级	等级	小组评价	老师评价
南昌美食手抄报	手抄报设计图文并茂,制作美观,书写工整正确	A		
	手抄报设计图文皆有,但不够美观,有个别错误	B		
	手抄报设计图文比例不合适,书写混乱,涂改严重,有多处错误	C		
	手抄报设计偏离主题,内容不完整,字迹潦草	D		

最后我们进行了颁奖仪式,宣布获奖名单(见图2-1-16)。

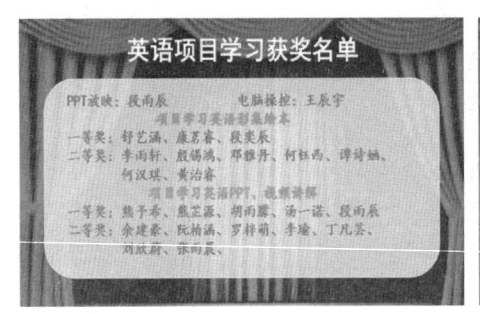

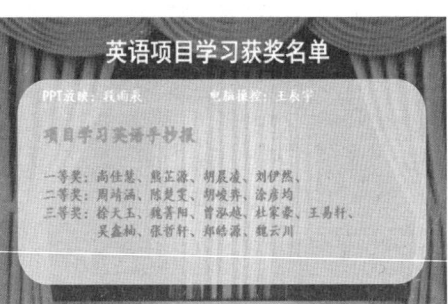

图2-1-16 项目学习获奖名单

四、项目成果展示

通过参与"舌尖上的南昌"英语项目学习活动,学生们不仅对南昌的美食文化有了更深的体验,拓展了和项目主题相关的词汇、短语、句型,还学会了使用英文来介绍美食制作过程。同时,孩子们检索信息的能力、绘画的能力、动手实践的能力等都得到了极大的锻炼。

此次项目学习成果主要有以下三类。

(一) 基于学习过程的分享会

我校以豫章文化为主线开展了综合性项目学习活动,舌尖上的南昌为其中一个子项目。在家长开放日上我们专门开设了一个介绍项目学习的板块,将学生们在豫章文化的项目学习中的活动过程通过展板进行宣传,再由参与项目学习的学生代表为来宾讲解。在家长开放日上进行学习过程分享(见图2-1-17)。

(二) 基于英语表达的展示会

经过此次项目学习,同学们不仅对南昌美食有了更深的了解,学做了地道的南昌特色美食,而且还拓展了词汇量,学习了课本上没有的却与南昌美食相关的表达。因此我们举办了一次特别的南昌美食分享会,同学们将自己做的食物带来班上和他人分享,并用英语介绍该食物及其制作过程(见图2-1-18)。

图 2-1-17 在家长开放日上进行学习过程分享

图 2-1-18 美食分享会

(三) 基于英语读、写的表彰会

在项目学习表彰会上,依据之前的词汇小达人评价表、获取信息能力评价表以及讲述小明星评价量规,通过老师评价、生生互评,大家选出了不同类别的奖项(见图 2-1-19)。孩子们学习英语的自信也得到了提升。

图 2-1-19 "舌尖上的南昌"项目学习表彰会

五、项目活动中的难点突破

1. 在查找信息的过程中，有的学生将搜索到的相关信息一股脑地照抄下来。在填表时，我们发现其中很多是无效信息。因此，我们建议学生先在组内讨论，鉴别哪些信息是有用的，再进行分类整理，最后提炼精简，填入表格。

2. 从语言表述的角度来看，在南昌特色美食名称的翻译上，部分学生逐字翻译，闹了不少笑话。所以我们建议学生借助专业的词典，先在网上查阅相关资料再确定名称。另外，在美食制作的表达上，学生普遍比较困难。我们建议学生选择一道制作工序相对容易的菜，比如凉拌藕片，他们可以参考四年级上册课本上制作沙拉的例子来表述如何做凉拌藕片。

六、项目反思

著名教育家陶行知先生认为：教与学都应以做为中心。他还特别强调要从"做"的活动中获得知识。陶行知先生一直提倡"教学做合一"的教育理念，这与"项目学习"在教学中运用的理念不谋而合。在本项目实施的过程中，学生能以现有知识和生活经验为基础，在真实而有意义的语言学习环境中，借助各种学习资源，以活动为核心、以完成任务为目标进行语言实践，这其实就是一种"做"。

我们欣喜地发现，与常规的课堂学习相比，项目学习实践实现了以下几个方面的转变：

1. 实现了从"单一教室"到"多元世界"的多场域学习

过去，教材是学生的世界；今天，世界是学生的教材。以往，孩子们学在教室；此次项目实践，孩子们学在厨房，学在超市，学在家庭。我们发现身边就有很多的英语学习资源，生活成了我们的教材。这也很好地践行了新课标的基本理念——丰富课程资源，拓展英语学习渠道。

2. 实现了从"被动开口"到"主动表达"的自主性学习

在常规教学中，孩子们做得最多的是跟读和背诵。这种接受式的学习往往让孩子们觉得枯燥无趣，甚至让他们不愿意开口说英语。而这次的项目实践活动，让孩子们介绍身边的事物，他们感兴趣的话题。因此，他们乐于表达，而当他们发现自己不会表述时,他们会借助工具,主动学习。

3. 实现了从"纸上谈兵"到"立体操作"的多学科融合

当前,分科教学是学校主流的课程形态,但分科教学的知识往往缺乏整体性,从单一学科视角认知世界比较片面。当前,国际上跨学科学习是改革的主流。跨学科学习必须跟实际生活中的问题紧密相连,而生活无法被刻意或人为地切割来配合现有科目之间的分际,因此学习不受分科的障碍,需要整体学习。在这次项目学习实践中,我们融合了英语、数学、美术、信息技术等学科。分科教学让人变得专业,跨学科学习让人发展得更完整。

4. 实现了从"语言符号"到"文化传承"之多维度统一

语言是文化的载体,英语教学不仅是语言知识的传授,而且包括文化知识的传播。常规的英语教学强调语言习得,无论是输入还是输出,着力点都是英语国家的文化。通过此次项目学习,学生们深度了解了自己的家乡本土文化,实现了从"语言符号"到"文化传承"之间的多维度统一。

总的来说,项目实施的成果是令人满意的。但我们也发现了一些不足,产生了一些困惑。比如第一次给学生布置项目学习活动时,我们直接把任务抛给学生,原本以为借助相关学习工具,他们的表述不会有问题,直到发现第一批学生的作品里都是逐字翻译的现象,我们才发现之前遗漏了一个重要环节,那就是给学生搭建支架。所以我们总结了经验,项目式学习活动应依托课本,合理设计,帮助学生构建知识体系。鉴于四年级课本上有教授学生如何做沙拉,其流程和南昌拌粉很相似。我们便让学生们学着用里面的句式介绍南昌拌粉的过程,实践结果非常不错。

(南昌市东湖区豫章小学教育集团紫金校区　熊　玫　张　艳)

第二节　实践智慧2：非我莫属

一、项目简介

项目名称	非我莫属	适用年级	五、六年级
项目类型	学科项目学习	项目时长	6课时
主要学科	心理健康教育	涉及学科	语文、美术、数学、音乐
项目概述	2017年中办国办《关于深化教育体制机制改革的意见》文件中谈到强化学生四个关键能力培养,即认知能力、合作能力、创新能力、职业能力。培养职业能力,引导学生适应社会需求,践行知行合一,积极动手实践和解决实际问题尤为重要。 舒伯在毕生发展观中,将生涯发展阶段划分为成长、试探、决定、保持与衰退五个阶段。小学五、六年级学生处于成长阶段,该阶段主要任务是根据儿童自我概念形成的特点,发展儿童的自我形象,增加其对工作世界的了解等。 学校每学期末的元旦班级迎新会由儿童自主合作完成,儿童如何根据自己的特点自主找到合适的工作?老师和孩子们共同提出有关生涯规划为主题的项目学习方案。通过项目学习,开展生涯教育,促进学生正确认识自己,在竞聘展示中发现自己的优点,并能产生发展优点的愿望。		
驱动问题	2020年繁星联欢会,如何应聘适合我的美差?		
项目目标	学科知识与技能	1. 自我认识:了解自己的特点,从自己眼中的自己、他人眼中的自己等多方面正确认识自己。 2. 职业认识:了解班级展示会中有哪些职责不同的美差,寻找合适的美差完成应聘书,适应社会需求,践行知行合一,积极动手实践和解决实际问题。 3. 学科运用:创造性地运用语言、美术、音乐、数学等不同学科的知识,展示各方面特长;通过愿景认同、责任分担、协商共赢、大胆创新,尝试不同美差的胜任力。	
	21世纪技能	团队合作能力、沟通协调能力、创新能力	
	价值观念	1. 学生对适合的美差产生兴趣,愿意全方位了解相关职业。 2. 愿意参与竞聘会,并全面展示自己的特长。	

续　表

项目成果	产品形式	项目成长册、竞聘大会
	展示方式	"2020繁星联欢会"的项目竞聘大会展示
学习评价	过程评价	设计《"非我莫属"项目评价表》，围绕项目实施、成果展示、小组协作等相对应的评价指标，通过自评、组评、师评三级评价共同完成。
	结果评价	"2020繁星联欢会"竞聘展示会的个人展示和竞聘书是否体现了个人特长，是否有吸引力。
项目资源		团体辅导室、心理专职教师、项目学习单、乔·哈里窗

近年来，大学生失业问题日益成为严重的社会问题。在对大学生失业诸多原因的分析中，有一个原因被忽视，那就是我们在中小学阶段缺乏对学生的生涯规划指导。受我国应试教育体制的长期影响，对中小学生进行职业兴趣培养及职业意向指导在我国的中小学教育中一直是一片空白。2017年1月10日，国务院印发了《国家教育事业发展"十三五"规划》，提出注重考查学生适应社会发展和终身发展的能力，随后，我国多项政策的颁布都充分体现了对中小学生生涯教育的重要诉求。基于以上因素，我们通过创新人格、创新思维、创新实践促进学生创新素养能力提升，通过愿景认同、责任分担、协商共赢促进学生合作素养能力提升。借助项目学习、实践研究，挖掘其活动价值，对学生开展生涯教育，根据学生自我概念形成的特点来发展学生的自我形象，增加学生对工作世界的了解。

二、项目启动

(一) 繁星联欢会，美差等你来

每年，学校都会开展丰富多彩的学生活动，如："六一"庆祝会，各种不同主题的班队会等。本学期末，学校按惯例还会举办元旦班级联欢会，需要不同特长的学生来共同参与这些活动。五年级的学生已具有比较强的独立自主的能力，我们想让学生在活动中发挥自主性、创造力，充分展现自我。那么，如何挑选适合的学生承担活动中的不同工作呢？如何让学生根据自己的特点，找到合适的工作呢？老师和同学们在交流讨论中，共同提出并确定此项目的驱动问题：2020年繁星联欢会，如何应聘适合我的美差？

五、六年级这个年龄阶段是儿童职业兴趣的形成阶段。舒伯在毕生发展观中，将生涯发展阶段划分为成长、试探、决定、保持与衰退五个阶段。小学五、六年级学生处于生涯发展中的成长阶段，该阶段的主要任务是根据儿童自我概念形成的特点来发展儿童的自我形象，让他们增加对工作世界的了解。在此时，培养学生的生涯意识，促进学生自我概念的形成尤为重要。人的自我概念，既可能发展为积极的，也可能发展为消极的。积极的自我概念可以从根本上促进儿童的发展，如若学生没有形成良好的自我概念，就有可能阻碍或扭曲其心志与人格的进化。因此，我们借由学校的学生活动开展项目性学习，通过自我认识、职业调查、参与竞聘大会等形式，帮助学生形成积极的自我概念和对职业的兴趣。

(二) 伙伴集结令，美差来分组

1. 分组历程：在整个项目学习活动阶段，学生需分组开展活动，经历了项目准备阶段的临时性分组和项目实施阶段的学习小组两个分组历程。在项目准备阶段中，学生对美差职业和自我认识还比较片面，只是依据与同学之间的交往程度、家庭住址等因素，自由组合成若干个4—6人的临时学习小组，其目的主要是在课后结伴去采访调查身边的邻居、亲人的职业，对部分职业产生初步认识。

2. 小组分工：在项目学习推进到项目准备阶段之后，学生对于美差职业和自我认识有了初步了解，此时，通过老师和同学们共同讨论以及"给美差排排队"等活动，将14份美差分成了五个大组，分别是：节目组、美工组、宣传组、后勤组和财务组。学生根据自己的兴趣、特长，找到情有独钟的美差，和志同道合的伙伴组成小组，推选出小组长，形成了真正意义上的学习小组。在学习小组组长的组织下，组员们共同制定小组学习计划表，明确小组的竞聘形式，小组成员的具体任务分工，每位组员在小组计划的基础上，再制定个人的项目任务计划。"非我莫属"项目美差分组情况(见图2-2-1-1)，美工组小组分工(见图2-2-1-2)，宣传组小组分工(见图2-2-1-3)：

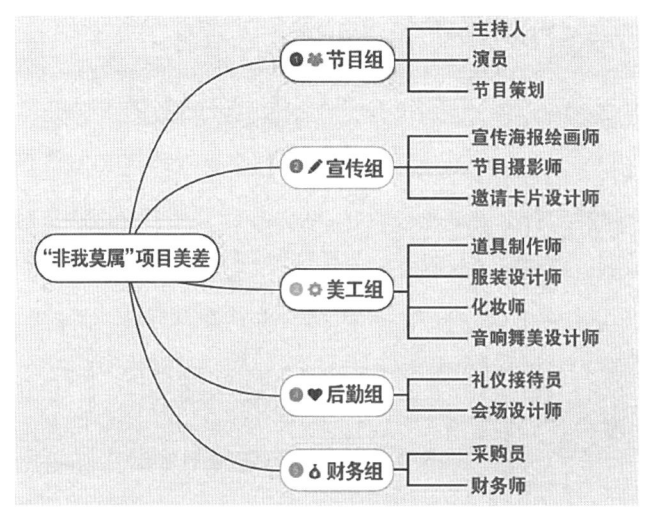

图 2-2-1-1 "非我莫属"项目美差分组图

图 2-2-1-2 美工组小组分工　　图 2-2-1-3 宣传组小组分工

(三) 评价实时管理,美差非我莫属

在项目学习活动中,为明确项目学习活动步骤与活动内容,便于老师在项目学习过程中对学生活动的管理和指导,以达到预期的学习目标。每一个阶段,老师需要实时给予学生帮助,了解学生参与项目活动的情况和项目的完成情况。我们在学生完成项目学习的过程中,定期组织项目学习组成员和组长召开小组汇报会和阶段性评价,并制定了"非我莫属"项目学习日程表(见表 2-2-1)。

表 2-2-1 "非我莫属"项目学习日程表

项目阶段	课时安排	课时主题	具体活动内容	管理方式
项目准备	1课时	认识美差	1. 提出问题：举办一场联欢会，有哪些美差？ 2. 制定美差调查表，学生组成临时美差调查小组，开展调查活动。 3. 认识美差的全班交流会，确定驱动问题：2020年繁星联欢会，如何应聘适合我的美差？	1. 发放、回收学生的美差调查表。 2. 组织全班的认识美差交流会。 3. 与学生共同讨论确定驱动问题。
项目实施	1课时	自我认识	1. 让学生利用各种心理体验活动逐步了解自我。 2. 完成自我认识卡的填写。	1. 开展心理活动课程：自我认识。 2. 设计自我认识卡。
项目实施	2课时	与美差相遇	1. 与美差相匹配，找到适合自己的美差。 2. 老师和同学们共同商讨，对美差进行分组。 3. 学生们制定小组活动计划，明确小组成员分工。 4. 准备个人的竞聘书参与竞聘大会。	1. 协调分组，关注薄弱学生分组情况。 2. 指导小组活动计划填写。 3. 组织各组组长进行活动中期汇报。 4. 组织所有同学完成实施阶段的评价表。
成果展示	2课时	美差非我莫属	参与竞聘大会，获得美差。	组织学生完成成果展示阶段的评价量表。

制定合理的评价方式，促使学生更积极、更有目标地去完成项目活动。我们为了解学生的完成情况，设计了项目学习评价量表(见表 2-2-2)，对项目学习的不同阶段进行过程性评价。

表 2-2-2 "非我莫属"项目式学习评价量表

	需努力(1星)	合格(2星)	优秀(3星)	学生自评	组内互评	教师评价
项目设计与实施	基本没有找到符合自己兴趣和特长的美差	能根据自己的兴趣和特长找到符合自己的一项美差	能根据自己的兴趣和特长，找到符合自己的多项美差			

续　表

	需努力(1星)	合格(2星)	优秀(3星)	学生自评	组内互评	教师评价
项目设计与实施	项目计划不够合理	项目计划基本合理	项目计划合理、丰富、执行性强			
	未按项目计划时间节点完成相关任务	基本按时间节点如期完成相关任务	项目计划如期完成			
	无自我认识表,无竞聘书,不参与竞聘,没有参与项目小组	有自我认识表,有竞聘书,并成功参与竞聘会,组成项目小组	有自我认识表,有竞聘书,并成功参与竞聘会,在小组中承担主要任务或担任负责人			
成果展示	竞聘大会上没有参与美差的竞聘	竞聘大会上参与了一项美差的竞聘	竞聘大会上参与一项以上美差的竞聘,并表现突出			
	自我认识表、竞聘书没有体现自我特点,内容空洞,没有吸引力	完成了自我认识表、竞聘书,体现了个人特长,竞聘书评为良好	完成自我认识表、竞聘书,体现了个人特长,很有吸引力,竞聘书评为优秀			
小组协作	不能做好充分的准备,不参与到项目活动中	能提前准备一些材料,能参与到项目活动中	提前准备好充分的材料,始终主动参与项目活动			
	对分配的项目工作不执行	能积极参与分配的工作	能在项目活动中起到模范作用,有领导才能			
	对组员不礼貌、不友善,不尊重他人	对组员比较礼貌、友善,一般能尊重他人	对组员礼貌且友善,关注并尊重他人,能协调组内矛盾			

三、项目实施

充分的准备工作为"非我莫属"项目学习的实施奠定了扎实的基础,但执行力才是项目学习的关键。同时,我们也要不断调整方案,缩小预设与现实的差异,解决项目学习推进过程中出现的各种新问题。

(一) 方案设计

古语有云:"凡事预则立,不预则废。"为了明确项目进程,使项目开展得更为科学有效,提高项目实施的实效,我们制定了整个项目的实施方案。

1. 了解美差及美差要求。既然要应聘美差,同学们首先提出问题:举办一场联欢会,有哪些美差?老师补充引导:这些美差对个人有什么要求?制定调查表,让学生自由组合分成小组,通过上网查资料、查访邻居和家长等方式进行调查和了解。

2. 认识自我及美差匹配。了解美差之后,就需要加强自我认识。我们通过专职心理老师的引导,利用各种心理体验活动,让学生在活动中逐步了解自我、认识自我,进而与美差相匹配,找到适合自己的美差。在老师和同学们共同商讨的基础上,我们将美差分为五大组,并最终确定了学习小组。

3. 明确分工及参与竞聘。学生们制定小组活动计划,明确小组成员分工,准备个人的竞聘书参与竞聘大会,获得中意的美差。

为了明确项目进程,我们梳理了方案设计思路,制定了"非我莫属"项目学习地图(见图2-2-2)。

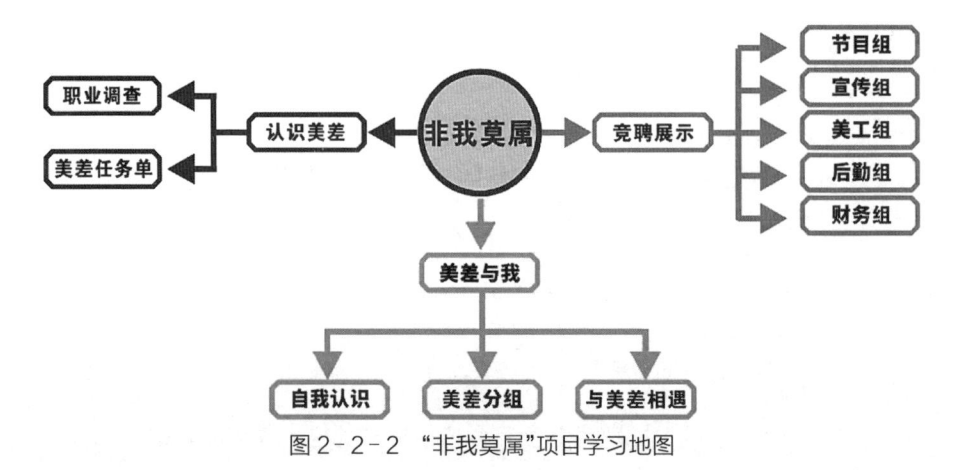

图2-2-2 "非我莫属"项目学习地图

(二) 实施过程

“实践是检验真理的唯一标准”，我们依据项目设计方案，组织学生们根据自己的研究兴趣，就此展开此次项目学习。

1. 职业认识：繁星联欢会上的美差及对个人的职业要求

项目准备阶段中，同学们了解美差的工作内容以及所应具备的能力，为了让学生更有目的地进行调查，我们设计了“繁星联欢会”职业调查表，让学生围绕繁星联欢会上的美差和所需要的不同能力进行讨论，在讨论的过程中完成“认识美差任务单”的填写，学生在课程上完成交流，对“繁星联欢会”所需职业有一定认识。“繁星联欢会”课前职业调查表(见图 2-2-3)，认识美差任务单(见图 2-2-4)，认识美差课堂活动(见图 2-2-5)。

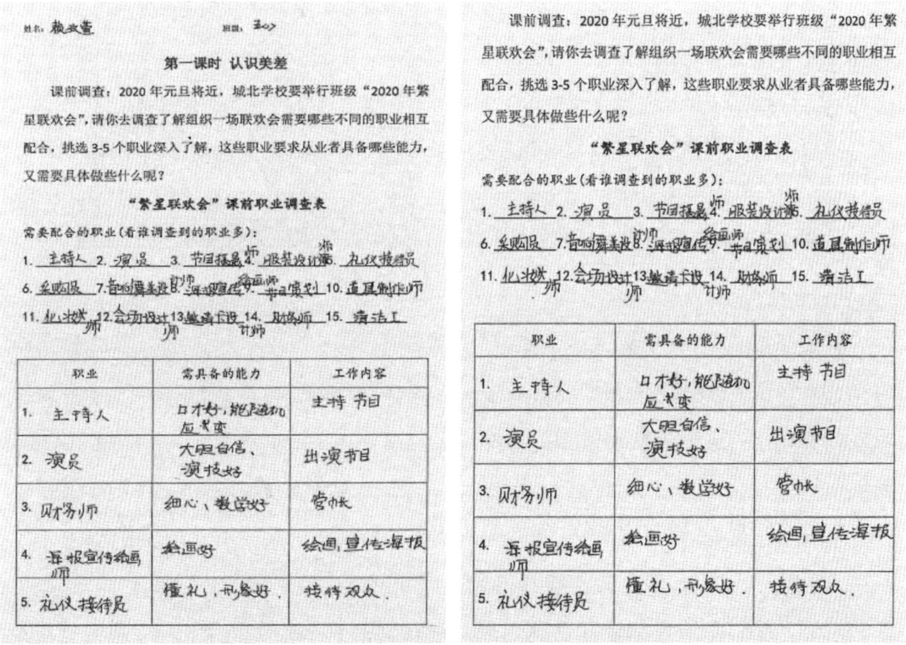
姓名：杨政萱　班级：五(2)

第一课时　认识美差

课前调查：2020 年元旦将近，城北学校要举行班级“2020 年繁星联欢会”，请你去调查了解组织一场联欢会需要哪些不同的职业相互配合，挑选 3-5 个职业深入了解，这些职业要求从业者具备哪些能力，又需要具体做些什么呢？

“繁星联欢会”课前职业调查表

需要配合的职业(看谁调查到的职业多)：

1. 主持人 2. 演员 3. 节目摄影师 4. 服装设计师 5. 礼仪接待员
6. 采购员 7. 音响舞美设计师 8. 海报宣传绘画师 9. 节目策划 10. 道具制作师
11. 化妆师 12. 会场设计师 13. 舞台灯光设计师 14. 财务师 15. 清洁工

职业	需具备的能力	工作内容
1. 主持人	口才好，能随机应变	主持节目
2. 演员	大胆自信、演技好	出演节目
3. 财务师	细心、数学好	管帐
4. 海报宣传绘画师	绘画好	绘画，宣传海报
5. 礼仪接待员	懂礼，形象好	接待观众

图 2-2-3　“繁星联欢会”课前职业调查表

图 2-2-4 认识美差任务单

图 2-2-5 认识美差课堂活动

从"繁星联欢会"课前职业调查表,我们发现,在学生选择深入了解的职业中,以演员、主持人这些大众较为熟知的职业居多,学生对节目策划、宣传、舞台设计等一些幕后工作者知之甚少,这也是我们所预料到的情况。在认识美差的课堂交流活动中,老师对"繁星联欢会"上所需要的职业进行了全面介绍之后,从学生填写的"认识美差任务单"中可以看出,学生对"繁星联欢会"的美差以及美差所要求的能力有了一定了解。

2. 自我认识:全面认识自我并匹配美差

自我认识心理辅导得到了学校专职心理教师对活动的细致指导,通过轻松活泼的心理团体辅导让学生认识自我。我们依托乔·哈里窗的理论,以孩子们喜欢的动物为媒介展开自我认识的探索。通过"击鼓传球说特点""森林化妆舞会"等活动,从自己眼中的我、他人眼中的我,逐渐让学生了解自我,最后通过"画我的动物自画像",让学生对自己产生较为全面的认识。自我认识卡的设计同样是依托乔·哈里窗的理论,共划分为四个区域,即公开我、隐藏我、盲目我和潜能我,卡片中间为我的动物自画像。自我认识课堂活动(见图2-2-6),乔·哈里视窗(见图2-2-7),学生完成的自我认识卡(见图2-2-8):

图2-2-6 自我认识课堂活动现场图

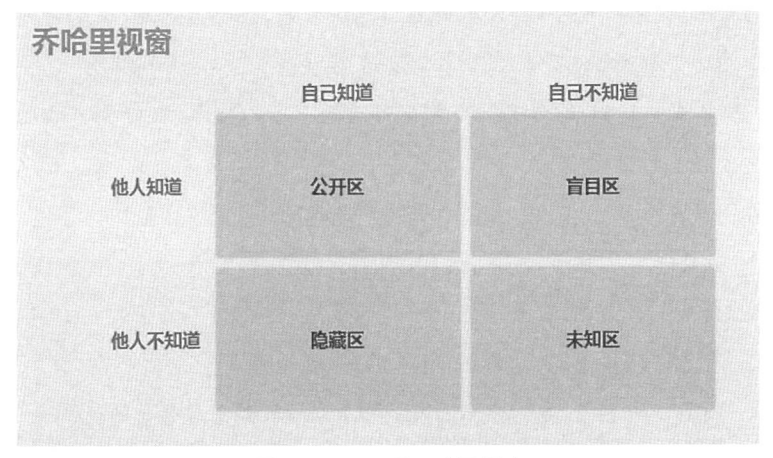

图2-2-7 乔·哈里视窗

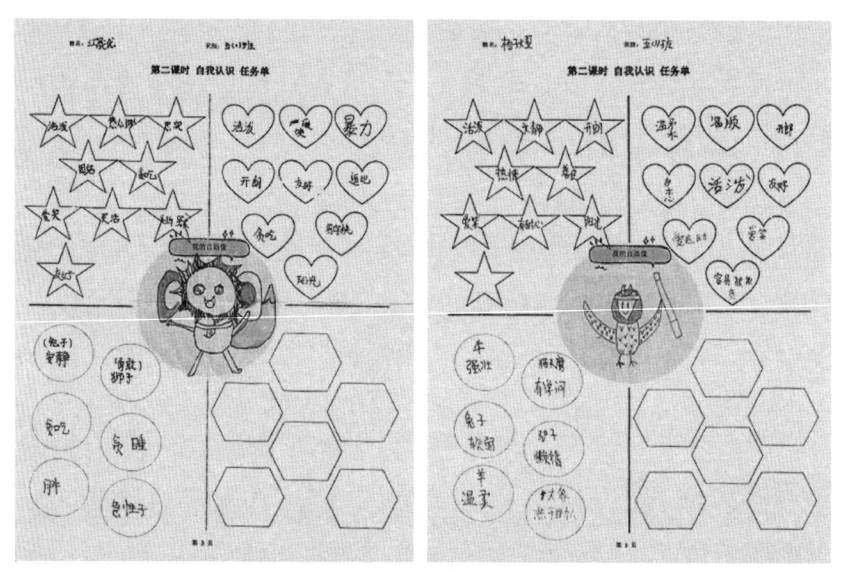

图 2-2-8 自我认识卡

《自我认识——森林化妆舞会》课堂实录片段

师：一年一度的森林化妆舞会要开始了。狮子作为森林之王，勇敢有威严，他来主持这场晚会。温柔、善良的鹿和羊早早就来到了会场，帮着小兔子和小松鼠一起布置会场。黄牛和马儿，勤劳又有力气，从远处驮来了甜美的果实。黄鹂、布谷鸟唱着歌儿飞过来给大家伴奏。机灵、活泼的小猴子翻着跟头，也来为大家助兴。有学问的猫头鹰，清清嗓子，从容不迫地指挥着大家。不久，河马、大象背着森林里其他的小动物们都到了。（播放 PPT 创设情境）

师：这么多的动物当中，有没有哪一种动物身上的特点，刚好和自己的特点相似呢？结合自己的情况，来说说自己。图片上没有的动物也可以说。可以采用这样的句式："我是一只_____，_____是我的特点。"

生1：我是一只小猴子，机灵、活泼，点子多，是我的特点。

生2：我是一只小黄鹂，嗓子好，会唱歌，是我的特点。

生3：我是一只猫头鹰，爱看书，有学问，是我的特点。

生4：我是一头狮子，在同学心目中有威严，大家都愿意听我的。

生5：我是一只小兔子，温柔、善良，愿意帮助别人是我的特点。

生6：我是一头黄牛，重活我都能干，勤劳是我的特点。

……

师：同学们很棒，能从动物身上找到一些特点。请把这些你找到的特点，填写到任务单中左上角的五角星中去。

生填写自我认识卡中的"公开我"区域。

师：威严的狮子王戴上了斑马的面具，显得平易近人了不少，原来威严的狮子王也有温柔的一面，他宣布化妆舞会开始了。顿时，小动物都大变身，他们把原本的自己隐藏了起来，成为了另一种动物。（播放PPT）

师：你想戴上哪些动物的面具呢？为什么？如果你不想说也没有关系，可以直接写在任务单上。

生1：我想戴上狐狸的面具，因为他很狡猾，从不吃亏。

生2：我想戴上小猪的面具，因为他每天就是吃吃睡睡。

生3：我想戴上狮子的面具，我想要像狮子那样勇敢有威严。

……

以上教学片段通过创设森林化妆舞会的情境，让学生在不同的动物身上寻找与自己相似的特点，化妆舞会的面具又具有隐藏自我的含义，情境教学形式活泼，学生参与积极。学生在课堂上填写了依托乔·哈里窗的理论设计的《自我认识卡》，完成了"公开我"和"隐藏我"两个部分，这更能让学生充分认识"自己眼中的我"。

从学生填写的自我认识卡中可以看出，学生已经认识到自我特点的多样性和可塑性，这为后面相遇美差的活动奠定了基础。

3. 相遇美差：制定计划、明确分工及竞聘准备

在学生对于各项美差和自我有一定认识后，便可选择与自己特长相匹配的美差，与美差相遇，进行项目分组学习。在项目方案前期设计中，我们起初把美差分为了5个大组12种职业，但是通过学生课前对职业的调查问卷反馈以及活动中师生们的碰撞，我们对项目中的美差进行了适当调整。最后，我们把14项美差分成了5个大组，分别是：节目组、美工组、宣传组、后勤组和财务组。学生根据自己的兴趣、特长，找到情有独钟的美差和志同道合的伙伴，组成小组，推选出小组长，完成小组的美差计划和个人计划表（见图2-2-9）。通过活动中学生填写的美差心愿卡，我们

了解到有些美差得到了许多同学的喜欢,如节目组、美工组中的美差,而有些美差却遭到了冷遇,如后勤组中的美差。其实,这也是现实生活中职业竞聘的普遍现象,因为竞聘的条件不同,竞聘淘汰的比例也不同,人们会依据自己的能力做出合理的选择。既然如此,我们就在活动中让学生去了解竞聘的淘汰比例,让孩子们直观认识竞聘的规则,在自己可选择的范围内做出自己最为满意的选择。

图 2-2-9 项目小组分组活动现场

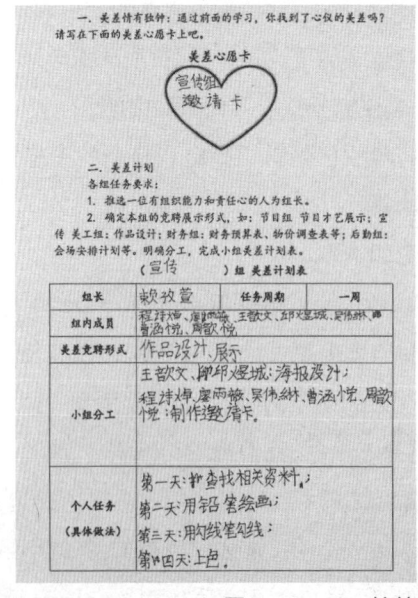

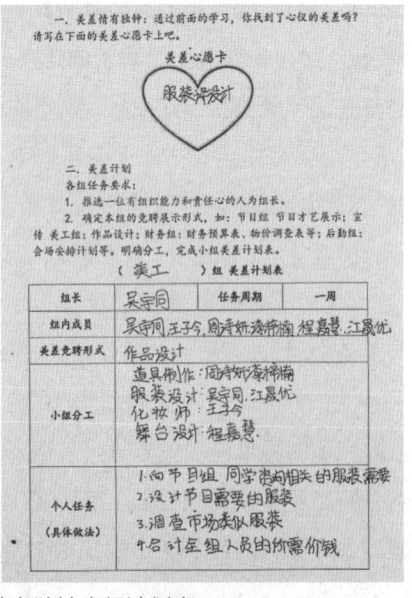

图 2-2-10 美差情有独钟小组计划表

学生制定小组计划表能保障项目小组活动的顺利开展。美差计划表(见图2-2-10)中有小组的分工和竞聘形式,还有个人完成竞聘的具体做法,针对不恰当的地方,老师可以及时和学生沟通,给予学生帮助和指导。在小组协商制定计划的过程中,学生锻炼了团队协作和人际交往能力。

4. 美差竞聘:积极展示并关注少数

(1) 节目组:百花齐放

节目组的成员是数量最庞大的,也是最为活跃的。他们对项目学习内容充满了热情,为了在竞聘大会上大显身手,简直是八仙过海、各显神通。他们有的自编剧本(见图2-2-11),寻找合作伙伴;有的练习朗读脱口秀;还有的一展自己的绝活,如乐器、舞蹈、小品……真是百花齐放!

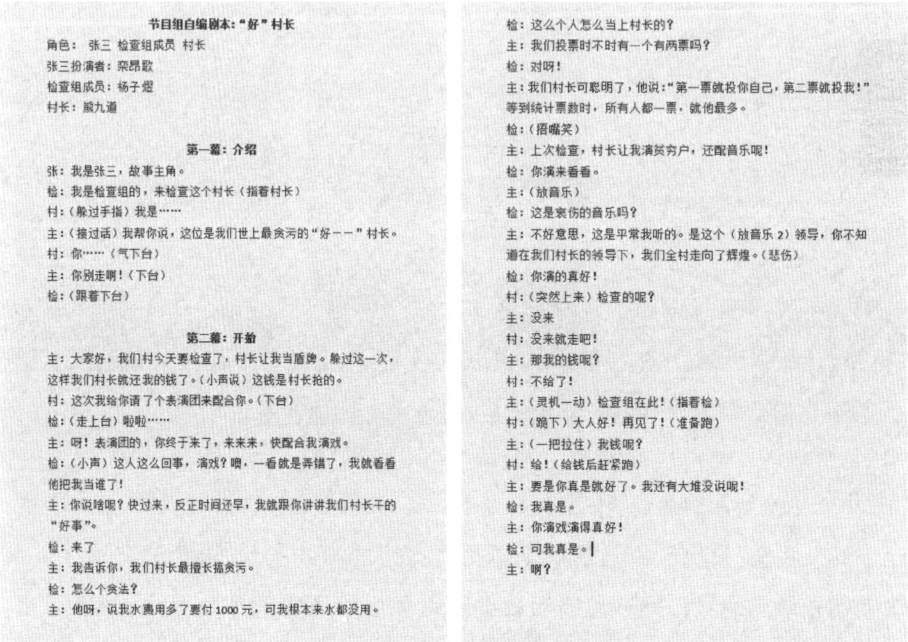

图2-2-11 学生自编剧本

(2) 宣传组与美工组:心灵手巧

宣传组与美工组的成员多数为平时擅长或者喜欢绘画的学生。他们绞尽脑汁地查看资料,亲手制作各种舞台表演道具,设计联欢会的宣传海报、邀请卡(见图2-2-12)和演员们的演出服等,俨然成了小小设计师。

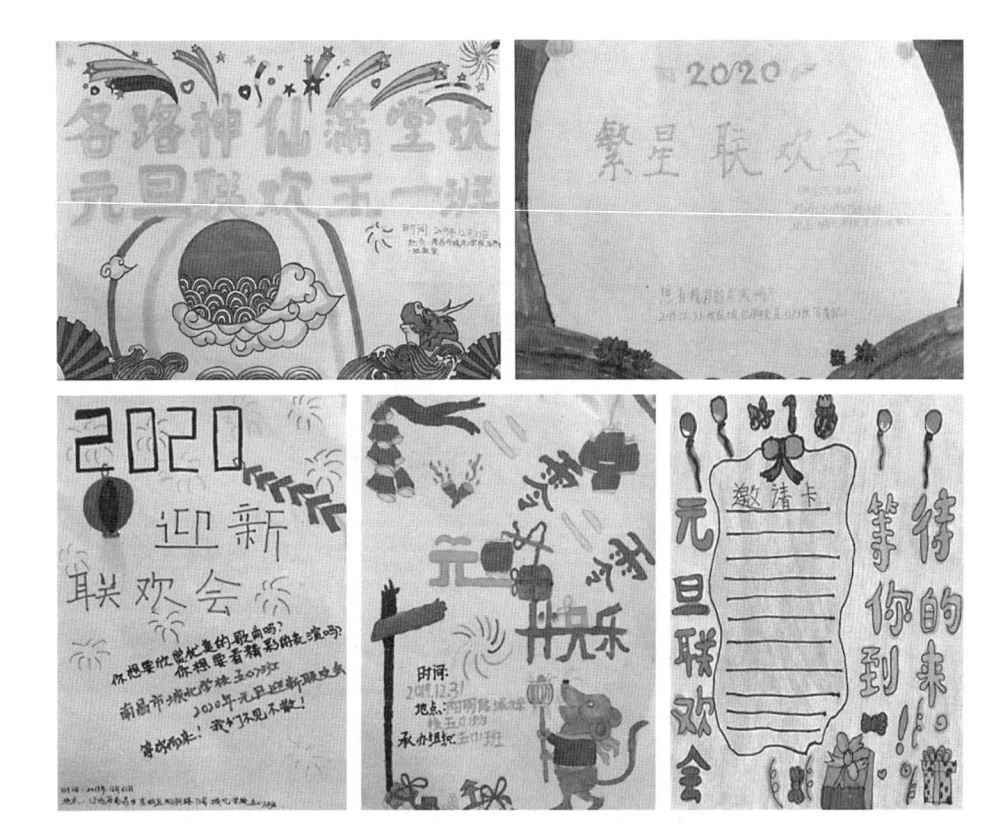

图 2-2-12 联欢会宣传海报、邀请卡

(3) 后勤组和财务组:任劳任怨

买东西要"货比三家",这用来概括财务组同学的工作,再合适不过了。怎么才能花最少的钱办好这场联欢会呢?财务组的同学们分头行动,调查超市、水果店等不同商店的物品价格,挑选出一些物美价廉的商品(见图2-2-13)。经过比较,他们得出结论:饮料应该买大瓶装,用一次性纸杯分装,这样来招待客人和同学更为划算;水果可以选择橘子,个头不大,价格不高,只要买三四斤,全班每个同学都可以吃到。后勤组的同学则对联欢会的场地进行勘测,思

考桌椅如何摆放,才能最大限度地容纳更多的人,而且人人都能清楚地观看节目(图2-2-14)。

物品	数量	钱数
1 溜溜梅	1斤	32.8元
2 薯片	1斤	29.9元
3 奥利奥	1斤	32.8元
4 棒棒糖	1斤	23.8元
5 蒸鲜面包	1斤	16.8元
6 鲜橙多	6盒	9元
7 喜之郎果冻	1个	3.5元
8 北区炸酱	1瓶	7.5元
9 娃乐奶纲	5瓶	11.7元
10 纽扣尔橙	1斤	7.98元
11 新疆香梨	1盒(8个)	22.8元

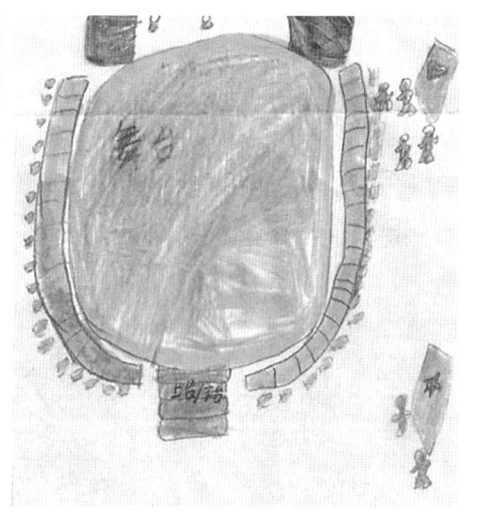

图2-2-13 货品价格调查表　　图2-2-14 舞台设计图

(4) 关注少数应对突发状况

在项目实施的过程中,出现了少数难以找到适合自己美差的同学,教师及时给予关注。在竞聘大会中,对于个别同学因性格内向,不善表达或缺乏勇气来参与竞聘大会展示的同学,可以号召其他学生通过小组互助的形式,给予其帮助;还可以安排竞聘展示会中的相关工作给他,如摄影、场地座椅摆放等与学生竞聘美差岗位相关的工作,引导学生通过实践体验,全面正确地认识自我能力,进而获得老师和同学们的认可。这些突发的状况都是在项目活动进行中呈现出来的,最终通过与老师协商、讨论等方式及时解决了。

四、项目成果展示与评价

通过参与项目学习,学生从中收获多多:一是了解了自己的特点,多方面正确地认识了自己;二是认识了班级展示会中不同职责的美差以及它们分别需要具备哪些职业素质;三是对适合自己的美差产生了兴趣,愿意进一步全面了解美差。整个项目学习的过程主要有以下两大成果。

(一) 项目成果展示

成果一：项目成长册

在项目学习的整个过程中，我们对项目中的每个活动都设计了项目学习单：职业调查表、自我认识卡、竞聘书等，还有的活动需要讨论、调查之后再完成相应的学习单。项目学习结束时，每个孩子都整理并完善了"非我莫属"项目成长册，这既是对学生项目学习过程的留痕，也是评价学生项目学习成果的重要依据。教师根据学生对学习单的完成情况，及时发现问题、解决问题。"非我莫属"项目成长册（见图 2-2-15）：

图 2-2-15 "非我莫属"项目成长册

项目成长册可以让老师对学生整个项目完成情况做到一目了然，也可以让学生感受到自己在活动中的成长变化。学生对一部分职业和自我有了更深入的认识，也能运用自己的综合能力解决在项目活动过程中遇到的问题，并发挥创造想象的能力完成各种竞聘作品的设计。项目成长册中各阶段材料齐全,竞聘书的作品有吸引力的这些学生更能在竞聘大会中获得美差。

成果二：竞聘大会展示

项目学习的最终成果就是竞聘展示大会,也可以说之前所有的项目学习都是为了展示大会做准备。展示大会上,宣传组、美工组、后勤组、财务组、节目组轮番上场,个个摩拳擦掌,跃跃欲试。宣传组、美工组发挥绘画设计才能,有的同学展示自己为"繁星联欢会"做的服装设计图(见图2-2-16-1),有的展示为"繁星联欢会"设计的宣传海报(见图2-2-16-2)。节目组有的是团体形式的小品表演(见图2-2-16-3),有的是个人才艺表演、舞蹈、乐器等(见图2-2-16-4、图2-2-16-5)。后勤组和财物组也不甘示弱,虽不如节目组、美工组和宣传组那样花样百出,但他们亲自做场地测量,去超市店铺做商品价格调查,个个也是自信满满。他们在竞聘展示大会中介绍自己为"繁星联欢会"做的舞台设计图(见图2-2-16-6),汇报调查到的货品价格(见图2-2-16-7),简直就是"金算盘"和"铁公鸡"。所有参与竞聘大会的同学们,既是竞聘者也是评选者,他们根据参与竞聘同学的准备情况、竞聘内容的吸引力,在经过小组商议后,在每位竞聘者的"项目学习评价量表"中的成果展示一栏中给出星级评定,最后由老师给竞聘的同学颁发"繁星联欢会的美差聘书"(见图2-2-16-8)。在竞聘展示大会上,学生通过展示自己的才能,找到项目学习的成就感。

图2-2-16-1　美工组　服装设计展示　　图2-2-16-2　宣传组　宣传海报展示

图 2-2-16-3　节目组　小品表演 　　　图 2-2-16-4　节目组　舞蹈表演

图 2-2-16-5　节目组　乐器演奏表演 　　图 2-2-16-6　后勤组　舞台设计说明

图 2-2-16-7　财务组　货品价格调查汇报 　　图 2-2-16-8　颁发聘书

图 2-2-16　"非我莫属"项目竞聘展示大会组图

竞聘大会既是竞聘也是展示,每一位学生既是应聘者也是考官。不同组的竞聘侧重点不同,如宣传组、美工组侧重展示介绍自己的作品,财务组、后勤组侧重财务预算、各项实地调查工作、联欢会准备工作的报告,节目组侧重表演自己的才艺。

虽然大家竞聘的岗位和展示的侧重点不同,但上台竞聘的所有同学都从竞聘准备、竞聘形式、竞聘内容、仪态面貌这四个方面按评价量表进行星级评定(见表2-2-3),对符合美差要求的同学颁发美差聘书。

表2-2-3 "非我莫属"竞聘大会评价量表

	需努力(1星)	合格(2星)	优秀(3星)	小组评价	教师评价
竞聘准备	没有进行竞聘准备	进行一定的竞聘准备,但缺少相应的辅助道具	进行了充分的竞聘准备,道具、服装等齐全		
竞聘形式	竞聘形式呆板,无吸引力	竞聘形式有一定的吸引力	竞聘形式活泼新颖,很有吸引力		
竞聘内容	竞聘内容不符合竞聘的美差	能根据竞聘的美差,展示自己的竞聘优势	能根据竞聘的美差,设计出有创意的作品,突出自己的竞聘优势		
仪态面貌	仪态扭捏,声音不洪亮,眼睛不敢看人	仪态较自然,声音能听清楚,能正面直视大家,展示介绍时无肢体表达	仪态自然、大方,声音洪亮,能与大家有眼神交流,展示介绍时有肢体表达		
总评					

每一位学生无论竞聘的美差是什么,都在竞聘的过程中锻炼了语言表达能力,展示自己,悦纳自我。每一位走下竞聘讲台的学生都神采飞扬,心里满是成就感。

(二) 项目评价

学生在完成项目学习的过程中,我们对学生的完成情况给予合理评价,促使学生更积极、更有目标地去推进并完成项目活动。在项目学习的每个阶段,我们都会组织学生通过自评、组评和师评来进行合理的三星评价,以此作为考核学生项目完成情况的依据。对于参与竞聘的学生,我们也以颁发聘书的形式,肯定他们的学习成果。"非我莫属"项目评价表(见图2-2-17):

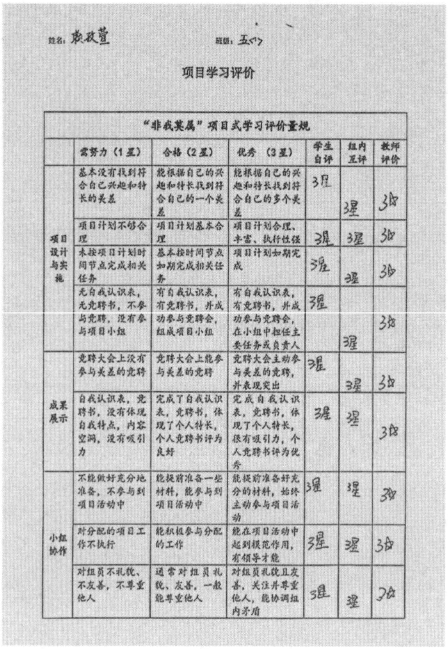

姓名：蔡玫萱 班级：五(7)

项目学习评价

"非我莫属"项目式学习评价量规						
	需努力（1星）	合格（2星）	优秀 （3星）	学生自评	组内互评	教师评价
项目设计与实施	基本没有找到符合自己兴趣和特长的岗位	能根据自己的兴趣和特长找到符合自己的一个岗位	能根据自己的兴趣和特长找到符合自己的多个岗位	3星	3星	3☆
	项目计划不够合理	项目计划基本合理	项目计划合理、丰富、执行性强	3星	3星	3☆
	未按项目计划时间节点完成相关任务	基本按时间节点如期完成相关任务	项目计划如期完成	3星	3星	3☆
	无自我认识表，无竞聘书，不参与竞聘，没有参与项目小组	有自我认识表，有竞聘书，并成功参与竞聘会，组成项目小组	有自我认识表，有竞聘书，并成功参与竞聘会，在小组中担任主要任务或负责人	3星	3星	3☆
成果展示	竞聘大会上没有参与岗位的竞聘	竞聘大会上能参与岗位的竞聘	竞聘大会主动参与岗位的竞聘，并表现突出	3星	3星	3☆
	自我认识表，竞聘书，没有体现自我特点，内容空洞，没有吸引力	完成了自我认识表，竞聘书，体现了个人特长，个人竞聘书评为良好	完成自我认识表，竞聘书，体现了个人特长，很有吸引力，个人竞聘书评为优秀	3星	3星	3☆
小组协作	不能做好充分地准备，不参与到项目活动中	能提前准备一些材料，能参与到项目活动中	能提前准备好充分的材料，始终主动参与项目活动	3星	3星	3☆
	对分配的项目工作不执行	能积极参与分配的工作	能在项目活动中起到模范作用，有领导才能	3星	3星	3☆
	对组员不礼貌、不友善，不尊重他人	通常对组员礼貌、友善，一般能尊重他人	对组员礼貌且友善，关注并尊重他人，能协调组内矛盾	3星	3星	3☆

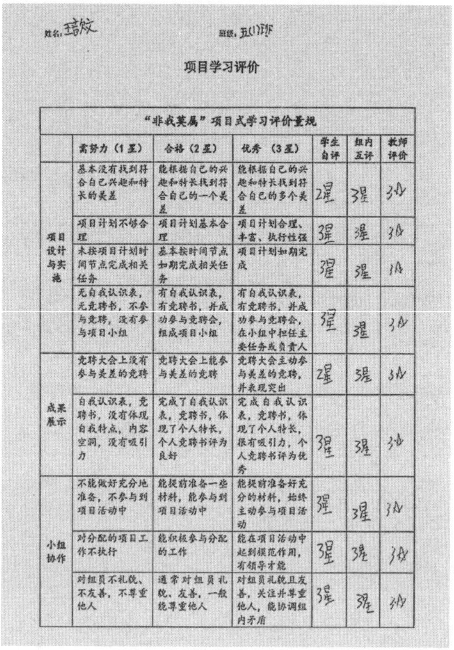

姓名：王培纹 班级：五(1)班

项目学习评价

"非我莫属"项目式学习评价量规						
	需努力（1星）	合格（2星）	优秀 （3星）	学生自评	组内互评	教师评价
项目设计与实施	基本没有找到符合自己兴趣和特长的岗位	能根据自己的兴趣和特长找到符合自己的一个岗位	能根据自己的兴趣和特长找到符合自己的多个岗位	2星	3星	3☆
	项目计划不够合理	项目计划基本合理	项目计划合理、丰富、执行性强	3星	3星	3☆
	未按项目计划时间节点完成相关任务	基本按时间节点如期完成相关任务	项目计划如期完成	3星	3星	1☆
	无自我认识表，无竞聘书，不参与竞聘，没有参与项目小组	有自我认识表，有竞聘书，并成功参与竞聘会，组成项目小组	有自我认识表，有竞聘书，并成功参与竞聘会，在小组中担任主要任务或负责人	3星	3星	3☆
成果展示	竞聘大会上没有参与岗位的竞聘	竞聘大会上能参与岗位的竞聘	竞聘大会主动参与岗位的竞聘，并表现突出	2星	3星	3☆
	自我认识表，竞聘书，没有体现自我特点，内容空洞，没有吸引力	完成了自我认识表，竞聘书，体现了个人特长，个人竞聘书评为良好	完成自我认识表，竞聘书，体现了个人特长，很有吸引力，个人竞聘书评为优秀	3星	3星	3☆
小组协作	不能做好充分地准备，不参与到项目活动中	能提前准备一些材料，能参与到项目活动中	能提前准备好充分的材料，始终主动参与项目活动	3星	3星	3☆
	对分配的项目工作不执行	能积极参与分配的工作	能在项目活动中起到模范作用，有领导才能	3星	3星	3☆
	对组员不礼貌、不友善，不尊重他人	通常对组员礼貌、友善，一般能尊重他人	对组员礼貌且友善，关注并尊重他人，能协调组内矛盾	3星	3星	3☆

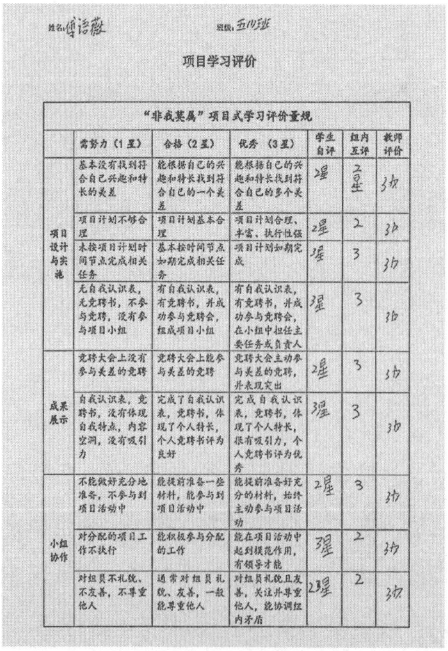

姓名：傅语薇 班级：五(1)班

项目学习评价

"非我莫属"项目式学习评价量规						
	需努力（1星）	合格（2星）	优秀 （3星）	学生自评	组内互评	教师评价
项目设计与实施	基本没有找到符合自己兴趣和特长的岗位	能根据自己的兴趣和特长找到符合自己的一个岗位	能根据自己的兴趣和特长找到符合自己的多个岗位	2星	2星	3☆
	项目计划不够合理	项目计划基本合理	项目计划合理、丰富、执行性强	2星	2	3☆
	未按项目计划时间节点完成相关任务	基本按时间节点如期完成相关任务	项目计划如期完成	3星	3	3☆
	无自我认识表，无竞聘书，不参与竞聘，没有参与项目小组	有自我认识表，有竞聘书，并成功参与竞聘会，组成项目小组	有自我认识表，有竞聘书，并成功参与竞聘会，在小组中担任主要任务或负责人	3星	3	3☆
成果展示	竞聘大会上没有参与岗位的竞聘	竞聘大会上能参与岗位的竞聘	竞聘大会主动参与岗位的竞聘，并表现突出	2星	3	3☆
	自我认识表，竞聘书，没有体现自我特点，内容空洞，没有吸引力	完成了自我认识表，竞聘书，体现了个人特长，个人竞聘书评为良好	完成自我认识表，竞聘书，体现了个人特长，很有吸引力，个人竞聘书评为优秀	3星	3	3☆
小组协作	不能做好充分地准备，不参与到项目活动中	能提前准备一些材料，能参与到项目活动中	能提前准备好充分的材料，始终主动参与项目活动	2星	3	3☆
	对分配的项目工作不执行	能积极参与分配的工作	能在项目活动中起到模范作用，有领导才能	3星	2	3☆
	对组员不礼貌、不友善，不尊重他人	通常对组员礼貌、友善，一般能尊重他人	对组员礼貌且友善，关注并尊重他人，能协调组内矛盾	23星	2	3☆

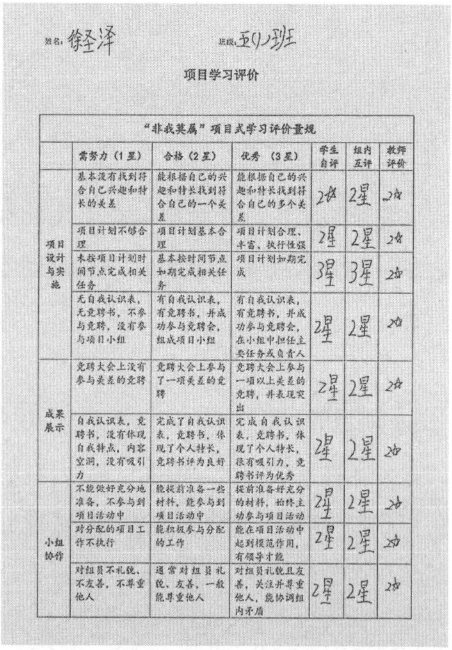

姓名：徐圣泽 班级：五(1)班

项目学习评价

"非我莫属"项目式学习评价量规						
	需努力（1星）	合格（2星）	优秀 （3星）	学生自评	组内互评	教师评价
项目设计与实施	基本没有找到符合自己兴趣和特长的岗位	能根据自己的兴趣和特长找到符合自己的一个岗位	能根据自己的兴趣和特长找到符合自己的多个岗位	2☆	2星	2☆
	项目计划不够合理	项目计划基本合理	项目计划合理、丰富、执行性强	2星	2星	2☆
	未按项目计划时间节点完成相关任务	基本按时间节点如期完成相关任务	项目计划如期完成	3星	3星	2☆
	无自我认识表，无竞聘书，不参与竞聘，没有参与项目小组	有自我认识表，有竞聘书，并成功参与竞聘会，组成项目小组	有自我认识表，有竞聘书，并成功参与竞聘会，在小组中担任主要任务或负责人	2星	2星	2☆
成果展示	竞聘大会上没有参与岗位的竞聘	竞聘大会上参与了一项岗位的竞聘	竞聘大会上参与一项以上岗位的竞聘，并表现突出	2星	2星	2☆
	自我认识表，竞聘书，没有体现自我特点，内容空洞，没有吸引力	完成了自我认识表，竞聘书，体现了个人特长，竞聘书评为良好	完成自我认识表，竞聘书，体现了个人特长，很有吸引力，竞聘书评为优秀	2星	2星	2☆
小组协作	不能做好充分地准备，不参与到项目活动中	能提前准备一些材料，能参与到项目活动中	提前准备好充分的材料，始终主动参与项目活动	2星	2星	2☆
	对分配的项目工作不执行	能积极参与分配的工作	能在项目活动中起到模范作用，有领导才能	2星	2星	2☆
	对组员不礼貌、不友善，不尊重他人	通常对组员礼貌、友善，一般能尊重他人	对组员礼貌且友善，关注并尊重他人，能协调组内矛盾	2星	2星	2☆

图 2-2-17 "非我莫属"项目评价表

通过对学生项目学习不同阶段进行评价,我们发现,越是在准备阶段对职业有充分认识的同学,越能在后期的活动中找到适合自己的美差。平时兴趣广泛的同学,往往表现出更强的活动能力,在竞聘中也展现出综合能力,而性格活泼的同学对自己的评价更有自信,谨小慎微或对自我要求较高的同学给出的自我评价低于同学和老师的评价。通过项目学习,同学们还认识到自身不足,为有兴趣的职业建立了初步的职业探索意向。

五、项目反思

"非我莫属"项目学习,丰富了学生们的课外生活,让孩子们进行了积极的自我探索,能从多方面较为全面地认识自我,增加了学生对工作世界的了解。教师则在对项目学习的策划和组织中进一步丰富了经验,强化了探究能力。我们在项目学习方案的推进过程中,也产生了以下三个问题,需要关注。

(一) 项目学习重在关注学生年龄特点

项目学习旨在发展学生的自我形象,进一步了解职业世界,应重在关注学生年龄特点和身心发展规律。从小学阶段开始,开展生涯教育已达成共识。小学的生涯教育,能够帮助学生树立起关于各种职业的价值观念,培养学生的职业意识和自我意识,扩大他们对不同职业的了解,并通过生涯教育的过程,提高学生对兴趣的认识,帮助学生与未来职业相联系,从而提高学习兴趣,增强成就动机。当然,生涯教育在不同年龄阶段有不同的教育重点,小学是生涯认知,初中是生涯探索,高中是生涯准备,高中后是生涯安置。所以,小学阶段开始职业规划最有意义的一点,当属对学生确立职业志向或目标的导向作用。如果学生从小学就开始考虑未来职业问题,这无疑有利于学生尽早形成具体的职业目标,有针对性开展学习。这样的项目学习,与学生的真实自我连接,经验自我充满能量,向内探索。

(二) 项目学习过程中要更多关注典型学生和弱势学生

对于项目学习活动中的典型学生和弱势学生,教师要给予更多的关爱和支持。

他们往往缺乏自信,比较胆怯,参与活动不够积极,这样的学生更需要通过项目学习来找到自我,并进一步了解职业世界,我们也能通过项目学习帮助他们获得学习的动力。教师在项目学习活动过程中,需多关注这些孩子,可以有针对性地进行个体心理辅导,运用沙盘疗法、绘画疗法等方式建立项目学习个人小档案,对项目学习情况进行个性化追踪,用更科学的方式进行横向和纵向干预及比对,鼓励支持他们积极主动地参与到项目学习活动中来。

(三) 尚需依托校外资源拓展项目学习的深度和广度

项目学习中,除了前期的社会职业调查外,其他活动几乎都局限在学校,未能给学生创设更多探索体验职业世界的实践机会,这使得同学们对于职业世界的认识还停留在理论层面,较为浅显,职业感受尚不够深刻。"纸上得来终觉浅,绝知此事要躬行。"项目学习应更关注学生的实践探索能力,教师需依托校外资源,如职业实践基地等,帮助学生拓展项目学习空间。同时,可以利用学校、家庭、社会"三级网络"进一步丰富项目学习资源,让学生能够通过项目学习实践,深入到真实职业世界中,去体验与感知,如参观电视台、福利院、报社等相关工作场所,努力利用学校资源,寻找合适的项目学习实践基地,创造条件让学生体验各项工作。

(南昌市东湖区城北学校　秦文英　马　乐)

第三节　实践智慧3:留住鲜花的美

一、项目简介

项目名称	留住鲜花的美	适用年级	四年级
项目类型	跨学科项目学习	项目时长	12课时
主要学科	美术	涉及学科	科学

续　表

项目概述		扬子洲地处南昌市郊,是城市重要花卉、蔬菜基地。学校根据这一地域情况,建造了植物园,成立了园艺社团,以促进学生在劳动中学习科学知识,锻炼身体增强意志。孩子们的辛劳让植物园里百花盛开,生机盎然。但让同学们感到苦恼的是,花开不久都会凋谢。为长久地留住鲜花的美,我们决定开展项目学习——"留住鲜花的美",引领孩子们开展活动,通过互相讨论、资料查找、分组调研、动手实验、交流反馈、记录汇报,发现总结出"留住鲜花的美"的方法——压花,这样不仅解决了困扰园艺班同学们的问题,也让其收获了更多的知识,体验到了探究学习的快乐。
驱动问题		如何留住鲜花的美?
项目目标	学科知识与技能	美术: 1. 了解压花原理及其制作的一般流程。 2. 掌握压花制作技巧,培养学生的实践能力和科学探究精神。 科学: 1. 了解植物生长条件,知道鲜花枯萎的原因。 2. 掌握鲜花保鲜的知识和方法。
	21世纪技能	解决复杂问题能力、团队合作能力
	价值观念	在压花制作的过程中,感受自然的美,激发学生热爱家乡的情感
项目成果	产品形式	压花书签、压花扇子、压花画作等艺术作品
	展示方式	手抄报、实物展览
学习评价	过程评价	《小组活动评价表》
	结果评价	《小组手抄报评分表》《成果汇报表现评分表》
项目资源		1. 学校植物园、美术活动室、科学实验室、学校图书馆 2. 校本教材《创意压花》 3. 计算机网络

南昌市东湖区扬子洲镇位于赣江东西两条分支的交汇处,这里环境优美、水系发达、土壤肥沃,是南昌市主要的花卉、蔬菜基地。扬子洲学校就坐落在这里,作为一所乡镇学校,校内学生大都是土生土长的农民子女,他们对于种植并不陌生。为充分体现我校扬长教育理念,学校结合地域特色建造了植物园,种植了许多花草植物,还精心设置了园艺玻璃房。植物园已成为同学们种植、观赏的乐园,园艺社团的同学们在这里参与劳动、锻炼身体、了解花植生长、学习种植,一分耕耘一分收

获,辛勤劳动撒下的汗水换来植物园的生机盎然、百花开放。在这里,同学们借助行动研究,不仅学到了课堂之外的知识,还增强了劳动体验。

二、项目启动

"留住鲜花的美"项目学习是以学生自主解决问题为目的,实现分工合作、超越学科、展示交流的周期性学习活动。让学生面对真实问题情境,实现知识的意义化建构,通过科学而自由的学习经历感知更优质的学习过程,让孩子学会学习,深度学习,能够综合运用所学及时有效地解决面临的实际问题,并呈现开放而多样的作品,学生的学习素养得以自然生长。

(一) 现场对话,引发驱动问题

此次项目学习在小学四年级的学生中开展,这个年龄段的学生已经掌握了一定的基础文化知识,具备了一些科学探究能力,他们对周围世界有了一定的了解与认识。同时他们具有强烈的好奇心和求知欲,这种好奇心和求知欲是推动学生学习的内在动力,对其终身发展具有重要的作用。

老师组织他们参观学校植物园,认识园内植物,了解园艺社团学生的劳动学习情况。老师请园艺社团同学介绍园中花草植物,并请来参观学生在听介绍的同时仔细看一看,花儿开放的状态,这时出现了以下对话:

参观学生:那不是玫瑰花吗?玫瑰有的开了,有的还是花苞,有的却已经凋谢了!

园艺学生:是呀,花开的时候多么美丽,可惜花儿开放不久后就会凋谢,这让我们很烦恼。

参观学生:老师,花儿为什么会凋谢呢?我们有没有什么方法可以让鲜花一直美下去呢?

老师:这个问题值得探究,如何留住鲜花的美呢?

由此,驱动问题诞生了!

我们发现,"如何留住鲜花的美"这一驱动问题是学生在真实场景中提出的,这样的问题有助于激发学生的探究兴趣,实现学科知识的融合学习。基于这种思考,老师引导学生在美术、科学等学科领域进行探究,在项目活动过程中了解植物的生长规律、鲜花保色的原理和方法,进而增强学生科学探究的意识,培养学生发现问题和解决问题的能力。

(二) 确定分工,培养协作能力

为了更好地推动驱动问题的解决,老师让学生根据每位同学的特点和优势,如组织协调、语言表达等方面能力,选择自由组合分成六个小组,每个小组有六名成员,分工情况如下(见表2-3-1):

表2-3-1 任务分工表

姓 名	分 工	任 务
	组 长	1. 组织、协调本小组成员合作完成任务。 2. 监督、促进并检查成员任务完成情况。
	信息收集员	提供活动的各项有关信息,可开展各种收集活动,如上网或去图书馆查找资料等工作。
	实验操作员	负责实验的具体操作工作,必须做到严谨细致。
	记录员	负责记录实验的数据结果,记录小组活动的结论和问题,为展示交流做充分准备。
	汇报发言人	负责汇报小组讨论学习的主要结论,并且演示研究结果。
	清洁员	每次活动之后,安排、管理场地的清洁打扫工作。

为了有依据地跟踪每次活动进展情况,并对各小组及时进行科学评价,设置小组活动评价表,评价内容如下(见表2-3-2):

表2-3-2 小组活动评价表

项目	合 格	良 好	优 秀	学生自评	小组互评	教师评价
探究态度	大部分成员能够参与,但不主动	组员都乐于参与	成员有强烈好奇心和探究热情,积极主动参与			

续 表

项目	合 格	良 好	优 秀	学生自评	小组互评	教师评价
探究能力	基本上能完成任务,但不善于改进探究方法	能克服活动中的困难,发现问题,并适当调整计划和方法	能实行有效的探究计划,善于解决问题,并在其中总结反思			
交流互助	组员参与度不够,较少合作,只做自己的任务	组员全部参与积极讨论,分工合作较好	组员全部积极参与讨论。分工合理,友爱互助,合作顺畅			
实验操作	基本完成实验过程,有简单数据记录	实验操作规范,完成效果较好,数据记录完整	实验过程科学严谨,效果明显,数据记录精细致			
完成情况	能按时完成项目计划相关任务,质量一般	按时间节点如期完成相关任务,质量较好	项目计划如期完成,并且质量高			

三、项目实施

项目学习是一种崭新的学习方式,完全打破了班级授课制下的课堂教学模式,目标变了,学习方式变了,时间变了,空间变了,学习内容的组织形式也变了,老师的教学方式也要随之改变,在整个过程中,以学生为主体,以项目为载体,在教师引导下,学生以小组形式进行探究学习并呈现一系列作品。

(一) 项目方案设计

我们通过几次讨论设计了项目地图。首先,教师引导学生用不同途径查找资料,探究鲜花过了花期或采摘以后花容失色的原因,然后根据不同原因,向生物、化学、美术等学科教师咨询解决"花容失色"这一问题的方法。接着,学生自主查找理论资料,进行实验检验,对每一种方法的结果进行记录、探究、比较,再根据结果,发现新的问题,转变思路,探寻新的方法。通过理论和实践相结合的一系列探究过程,学生对各方面的知识进行整理和对比,最后得出压花能够更长久地留住鲜花的

美的结论,进而同学们通过学习与运用压花技巧和方法,保留住了鲜花的美。具体内容参见项目学习地图(见图2-3-1):

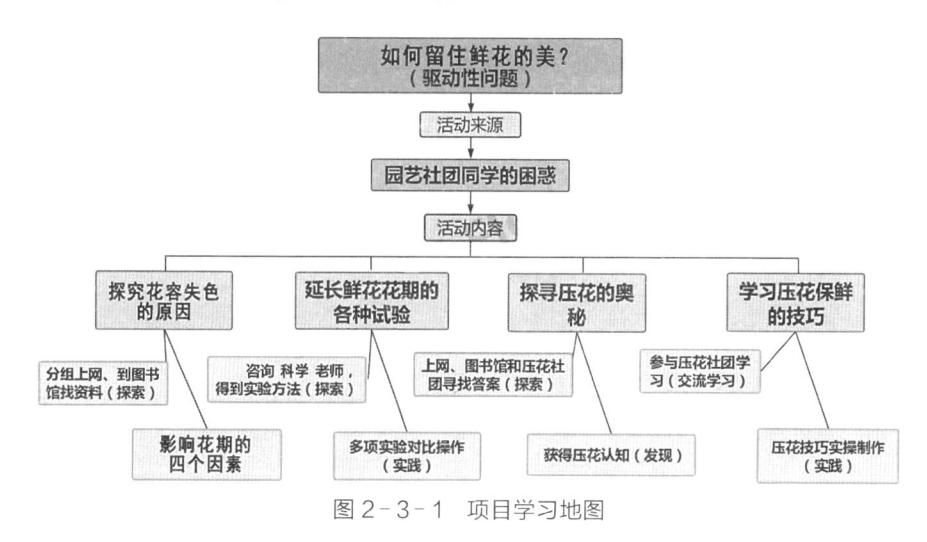

图2-3-1 项目学习地图

(二) 管理制度制定

为了使项目学习顺利推进,同学们进行了活动时间和内容的安排,每周各小组利用下午课后时间讨论一次,实践操作一次,共两次两课时,为了明确项目进程,科学有序地提高学习进度,我们制定了项目学习进度表(见表2-3-3):

表2-3-3 项目学习进度表

项目进程	具 体 内 容	时 间 安 排
准备阶段	1. 制定活动计划和内容,安排时间进度和人员分工。 2. 开展网络、图书馆查找相关资料活动。	第一至二课时
实践阶段	1. 开展具体研究活动,进行多项实验对比操作。 2. 不断探索交流,学习技巧和实操。	第三至十课时
展示阶段	1. 手抄报制作。 2. 作品展示布置和展出。	第十一至十二课时

(三) 项目实践

在明确分工,制定好推进管理制度的条件下,同学们各司其职,有条不紊地开展项目实践活动。

活动一：组织学生分组查找资料，寻求鲜花过了花期或被采摘以后逐渐失色的原因(见图2-3-2)

图2-3-2　学生分组查找资料

围绕"鲜花过了花期或被采摘以后为什么会逐渐失色"这一问题，同学们有的利用网络搜索，有的通过查找图书资料，掌握了许多关于花的知识。

同学们知道花是被子植物的繁殖器官，其生物学功能是结合雄性精细胞与雌性卵细胞以产生种子。这一进程始于传粉，然后是受精，再是凋落形成种子并加以传播。从植物学角度看，花授粉后凋谢，一是由于细胞程序性死亡，二是乙烯、脱落酸的作用，加速了花瓣凋谢。所以，生长着的花其开放凋谢是自然规律，到了它的花期，自然会凋谢，我们难以通过现有的方法留住它的美。似乎"如何留住鲜花的美"这一问题陷入僵局，大家一筹莫展。

同学们把收获到的新知识向老师汇报，并说出了自己的困惑：

生：每一朵花都有它的花期，过了花期鲜花便不再美艳动人，网络上能找到一些延长花期的方法，但并不让人满意！老师，有没有一直开放不凋谢的花呢？

师：正如你们了解到的，一朵花开放之后有它要完成的任务和生命规律——去结果或结种子，所以在自然状态中是没有花能一直开放的。

生：那我们能不能把并未凋谢、有着旺盛生命力的花采摘下来，通过截断它的生长延长其花期呢？

师：这也许是个可以试试的方法。同学们，采下来鲜花的叫切花，你们可以去探寻一下有没有什么好方法能让切花保鲜,达到延长花期的目的,留住鲜花的美。

于是,同学们把探究的注意力转向了切花。

各组学生通过不同途径找到切花逐渐失色的不同原因,大家把答案集中,得出四大原因,并通过小组讨论、师生讨论总结出探究结果:在自然生长状态下,鲜花是无法长久生长开放的。有同学提出能否中断鲜花的生长,让花儿延长花期以留住美。同学们通过查找资料了解到需要解决以下四个问题:

1. 花瓣的蒸腾作用和吸水性减弱。
2. 花缺乏必要的糖分,无机盐供应。
3. 花枝容易受到细菌的侵害。
4. 花中的植物激素失去平衡。

老师鼓励学生继续在实践中探究切花的保鲜方法,并提供了充分的专家资源,做好协作。

活动二:咨询科学老师有关鲜花延长花期的方法(见图2-3-3)

图2-3-3 学生咨询延长花期的方法

同学们咨询科学老师,向他们请教让鲜花(以下均指切花)延长花期的方法。以下是同学们对几位老师给出的方法的汇总:

第一种方法:灼焦法。把花枝的末端放在蜡烛火焰上烧焦,然后立即放到酒精里浸一分钟,再放到清水中漂清。烧焦的目的是将花枝的末端除菌。

第二种方法:浸烫法。将花枝基部浸入沸水约十秒钟,起到阻塞切口,防止花枝组织中液汁外溢的作用。这样能让鲜花有更多的营养保持盛开的状态。

第三种方法：使用保鲜剂法。在插花的容器中加入适量的鲜花保鲜剂,能延长插花时间。此外,用三千分之一的阿司匹林水溶液或二千分之一的高锰酸钾水溶液能延长花期三至五天,加适量的硫黄、硼酸、石碳酸、食盐、水杨酸、维生素等,均有延长花期的效果。这种方法主要是通过化学试剂来调整鲜花的营养和阻止细菌的繁殖,从而达到延长花期的效果。

第四种方法：扩大切口法。通常是将花枝基部斜切;或将基部剖成二至四份,嵌入小石粒撑开裂口;也可锤击裂基部,扩大吸水面。

第五种方法：杀菌法。在水中放入酒精、KMnO4、樟脑、硼酸、柠檬酸、盐、明矾等都可以起到杀菌作用,只有水不变质,植物才能吸水保鲜。

第六种方法：营养法。鲜花从母体上剪切后,就失去了营养源,可加入糖、啤酒、阿司匹林、维生素C等各类营养物质。

同学们到植物园采摘鲜花,进行纵向实验,六个小组每组分工一种实验方法进行操作,再将其与用一般清水养植的鲜花进行对比,并记录下实验数据(见表2-3-4)。

表2-3-4 鲜花延长花期实验表

名称	溶糖法实验	组别	第二组
花卉品种	玫瑰	康乃馨	大丽花	波斯菊	绣球
延长时间	5	4	3	1	2

名称	灼焦法实验	组别	第一组
花卉品种	玫瑰	康乃馨	大丽花	波斯菊	绣球
延长时间	4	2	2	4	3

名称	营养法实验	组别	第6组
花卉品种	玫瑰	康乃馨	大丽花	波斯菊	绣球
延长时间	11	9	8	11	6

名称	杀菌法实验	组别	第5组
花卉品种	玫瑰	康乃馨	大丽花	波斯菊	绣球
延长时间	9	8	6	4	3

名称	保鲜剂法实验	组别	第三组
花卉品种	玫瑰	康乃馨	大丽花	波斯菊	绣球
延长时间	6	7	5	7	5

名称	扩大切口法实验	组别	第四组
花卉品种	玫瑰	康乃馨	大丽花	波斯菊	绣球
延长时间	3	5	4	6	3

为了更加清晰地横向比较六个方法的效果,同学们把每一种方法的实验数据进行了平均值计算,得出了相应的结果(见表2-3-5)。

表2-3-5 鲜花延长花期实验结果表

方　　法	灼焦法	浸烫法	保鲜剂法	扩大切口法	杀菌法	营养法
延期天数	3	3	6	4	7	9

在得出数据之后,同学们既高兴又感到可惜,高兴的是这些方法能让鲜花多开几天,可惜的是花儿还是会凋谢。

生:老师,这些方法对花期的延长有帮助,但还是不能长久保留鲜花的美啊!

师:是的,切花是失去了不断吸收营养能力的花,它不会再一直生长,也不能一直保持新鲜状态。

生1:那我们有什么方法让花朵不再生长,也不会枯萎呢?让花儿定格在它开放时最美的时刻?

生2:我想到了,可以把鲜花做成标本。

师:我们植物园里经常会看到有一群同学来采鲜花做压花,他们是学校压花社团的同学,压花是比做简单植物标本更好的保持鲜花美丽的方法,你们可以去请教他们了解压花的知识。

同学们对这一活动内容很感兴趣,因为是对鲜花实物进行对比试验,还用到了许多试验器材和药剂,在科学老师的指导下,同学们基本都能很好地掌握试验步骤,记录结果数据,按照前面的分工职责做好自己的任务。试验的数据表明使用的方法都有延长花期的作用,但还是不能长时间保鲜。大家在讨论中碰撞出新的思路,可以把新鲜花朵做成标本,以及采用更好的压花法。

活动三:咨询压花社团美术老师留住鲜花美的方法

通过比较发现,压花能更好更长久保留鲜花的美丽。同学们展开进一步活动探索——什么是压花和压花艺术。

学生通过上网或到图书室查找资料寻找答案,并到压花社团请教老师和同学(见图2-3-4)。

通过收集到的资料,学生们得到以下知识:

图 2-3-4　学生请教社团老师获取留住鲜花美的方法

生1：压花是利用压花工具，将植物经过脱水、保色、压制和干燥等科学处理而形成的平面花材的过程，这样处理得到的花叫作压花。

生2：压花艺术是利用压花材料，依据其形态色彩和质感设计制作成植物制品的一门艺术，它来源于大自然，又重现大自然，不仅让鲜花短暂的美丽长留人间，而且将植物天然的形态、自然的色彩、奇妙的纹理和巧妙的组合等定格，留住鲜花的美，演绎出一种特别的意境和韵味，令人赏心悦目，爱不释手。

师：你们找到了用压花的方法保留鲜花的美，现在就请同学们再深入地去探究压花艺术是怎么做到的？

大多数同学以前没有接触过压花，对压花感觉很好奇，想要了解压花的方法是什么原理，通过查找和咨询，知道了压花是一种物理压制快速让植物花朵脱水，从而达到保持形态和色彩的方法。了解理论知识后，大家都跃跃欲试，想要学习实际的制作方法。

活动四：探究压花的方法，学习制作技巧，保留鲜花的美（见图2-3-5）

图 2-3-5　学生制作压花作品

1. 社团学习,获取相关知识

同学们到压花社团学习,观看压花制作流程(见图2-3-6)。

图2-3-6 学生观看压花制作

生1：压花的制作很重要的是先让鲜花快速脱水,这样就能保持住花朵的颜色。

生2：干燥的花还要避免受潮,否则还是会褐变,可以使用干燥剂。

生3：要长时间地保持干燥花的美丽,有几个关键因素：阳光、空气、水分。

师：为什么这三个因素是保持花儿美丽的关键?

生1：阳光中有紫外线会让物体褪色,空气中的氧气会氧化花材,水分让东西受潮变质。

生2：在压花艺术的制作技巧里,能够较好地隔离这几个因素,使得花儿的美长留。

师：那有哪些方法和技巧能让花儿美丽长存呢?

生3：在压花制作里,有好几种护花的方法：冷裱法、过塑法、过蜡法、密封法等。这些方法能防潮,阻挡氧化,长时间留住花的色彩和形态。

师：看来压花确实是留住鲜花美丽的好方法!

生：我们还要向压花社团的老师和同学们学习,也制作出美丽的压花作品来!

2. 系统学习,依靠校本教材

由学校美术老师编写的压花社团校本教材《创意压花》(见图2-3-7),能让学

图2-3-7 压花制作校本教材

生由浅入深、系统地学习压花的知识和方法。

3. 动手操作,掌握制作方法

同学们自己动手操作,从压制鲜花到掌握几种护花方法,练习制作压花(见图2-3-8)。

图2-3-8 学生压花操作实践

通过在压花社团的学习,同学们学会了压花的制作方法和技巧,制作出了许多漂亮的压花艺术作品,在学习中提高了审美能力、动手操作能力。

四、成果展示与评价

经过以上这段时期的探究学习和实践制作,每个小组都有不少作品和成果产生,项目化学习追求的不是单一目的,而是在驱动性问题的引导下,学生在不断探究并逐步深入学习过程中,记录成果、学有所获。

成果一:绘制手抄报分享探究学习结果

在整个探究学习过程中,同学们收获了许多新知识,大家希望把这些和更多的同学去分享,我们鼓励同学们把自主学习的结果通过手抄报的形式去呈现(见图2-3-9),这也是一个推动师生共享、同伴学习的交流平台。

图 2-3-9 "留住鲜花的美"手抄报

在手抄报完成后,同学们制定了作品评分表,有依据地对作品开展了评比活动,评分内容如下(见表2-3-6):

表 2-3-6 手抄报评分表

评分项目	评 分 细 则	自评	互评	师评
制作过程	1. 小组分工合作效果(差、中、好)1—20 分			
	2. 作品完成效率(差、中、好)1—20 分			
完成作品	1. 内容与意义(简单、一般、丰富)1—20 分			
	2. 设计构思(一般、有亮点、新颖)1—20 分			
	3. 制作工艺(粗糙、一般、精细)1—20 分			

通过手抄报丰富多彩的内容版面,可以看出同学们对驱动问题进行了深入的

思考和探索，为了解决问题，每个人、每个小组所得到的答案各有特色，这些都是他们独立思考和实践的成果。在绘制手抄报时，同学们进一步理清了思路，并把得到的成果呈现了出来，提高了思维能力和表达能力。

成果二：举办压花作品展示

同学们在了解了压花知识后，都对压花产生了浓厚的兴趣，他们在压花社团向老师和同学请教，也做出了不少好的压花作品。他们将自己的作品和社团同学的作品一起，进行了现场展示（见图2-3-10）。

图2-3-10　压花作品现场展示

压花的方法能够更长久地留住鲜花的美。这种艺术形式，不但定格了花儿最美的状态，还让同学们在项目活动中学习到构图、色彩搭配的技巧，并提升了学生作品创作的艺术水平。在完成作品和展示布置的过程中，大家发挥动手能力、创意思维，在独立创作和合作互助中收获了满满的成就感，提升了自信心。

成果三：开展多学科融合教学

以驱动问题为引领,学校设计了一堂融合美术、数学、语文三门学科的跨学科课例(见图2-3-11)。课堂上,以压花实践活动为载体,数学老师通过讲解与运用对称轴概念,让学生借用数学知识构思设计压花作品;美术老师则通过教学图案式构图、压花的制作方法,让学生学习制作技巧,现场创作压花作品;语文老师则通过对压花作品推荐词的教学进一步延伸每一幅压花作品的内涵,深挖人文因素,启发学生在"物美"的基础上理解作品的"意境美""精神美"等,这样才能真正把鲜花的美永远留住。这次多元化融合教学,使探究实践充满吸引力,提高了同学们的综合能力。多学科融合、建立联系,通过多学科融合的探究性学习解决问题,使学习的意义和作用最大化。

图2-3-11　学科融合教学场景

跨学科融合教学对于我们老师说是一次新的挑战,"逼迫"教师深入地思考:各学科如何融合？同学们需要什么？每门学科对学生的意义到底在哪里？融合教学三位老师进行了多次讨论,把教学阶段分为体验、新知、应用、创造四大环节,每一环节自然连接,教学互动设计,以学生的发展为主线,有机融合各门学科,让课堂变得更加丰富多彩,激发学生多感官的学习体验,调动学习兴趣,使学生真正成为学习的主人。

成果四：开展项目研究成果汇报评比活动,锻炼学生综合能力

在完成项目学习的探索和作品展之后,各小组进行了分组讨论,形成了一份总结,开展了研究成果汇报评比活动(见图2-3-12),进一步探究、深挖学习活动的意义,发挥项目学习提升学生核心素养的作用。

图 2-3-12　成果汇报评比

评比活动开始之前制定评分表，在汇报内容、语言、表情方面设置比较细致的得分标准(见表 2-3-7)，让评比活动有清晰的量规依据。

表 2-3-7　成果汇报表现评分表

评分项目	评　分　细　则	自评	互评	师评
内　容	内容丰富，知识量大，逻辑清晰(1—4 分)			
语　言	语言生动，口齿清晰，表达连贯(1—3 分)			
表　情	表情自然，情绪饱满，肢体协调(1—3 分)			

五、项目反思

(一) 经验总结

1. 充分尊重孩子们的探索精神

此次项目学习的问题来源于同学们到植物园进行参观后发生的一次讨论，教师及时抓住孩子们的兴趣点，组织孩子们将形成的问题进一步深化，将其延伸为驱动问题，并将问题进一步具体化，让孩子们的好奇心增强，并产生愿意去探索的动力，进而分组行动，寻找解决问题的答案。

这次的活动设计充分体现了教师的现代教育观，尊重和保护孩子们的问题意识，进而引领孩子们自主探究。这也是培养学生素质全面发展的重要前提。

2. 有效引导孩子们的探索过程

虽然学生是项目学习的主体，但仍需我们教师给予必要的指导。学生需要一定程度的自主空间，但是参与学习的毕竟是小学生，他们期待并需要老师能够就研究问题的提出和实施给出针对性建议,老师的指导有助于促进项目学习顺利完成。

首先,教师为学生提供一定的理论指导。在项目正式运作之前,教师应帮助学生掌握项目学习必须具备的知识基础,包含科学性知识、方法性知识和合作学习的知识等,以保证项目顺利开展;在项目运作过程中,当学生遇到事实性知识盲区,教师还应提供帮助,引导学生查阅相关资料,并推荐专家适时指导,对相关知识进行补充。

其次,当学生意见不一或遇到瓶颈时,教师适当抛出核心问题,帮助学生解决问题,使得项目学习得以继续,并就如何解决此类问题进行经验总结。

最后,在项目结束时,引领学生回顾总结。汇报和评估阶段,当学生展示、讨论完毕,教师应根据项目学习的整体情况,引领学生进行回顾,系统总结项目学习过程中应用的知识与技能、实施的经验与不足,并解决学生的困惑。

这次探究活动强调以学生自主探索知识和实际操作的方式获得解题答案。在学习任务设计上,教师充分尊重学生的主体地位,发挥学生的学习主动性。学生在参与项目学习活动时,兴趣盎然,不断质疑问题、实践反思,层层递进,解决问题。每个学生都感受到了探索学习的快乐并取得了收获!

(二) 下一步设想

这次项目学习活动受到学生欢迎、家长关注,有教师的投入,也有学校的支持,形成了良好的影响。这是一次非常有意义的尝试。由于没有经验,这次活动也存在许多问题。所以,在下次的项目学习中,我们将汲取经验,改善不足之处:

1. 实施多维度科学评价

这次的项目学习中,教师比较关注小组活动进展情况和整体探究结果,对学生个体关注不够,没有建立每一个同学的过程评价档案,活动照片、素材、视频等资料收集不齐全。

我们打算在以后的项目化学习中做到主体多元化评价。横向评价注重学生的探究精神、认真态度、细致观察、精准记录、合作融洽等各个方面,评价方式更加多样化,通过师生、生生有效评价,促使研究更加深入,使同学们保持热情不断积极探索。纵向评价则从小组到个人都建立活动评价表格,对在整个项目学习活动中的表现,进行客观、有效的评价。

2. 用项目学习促学生核心素养发展

在"留住鲜花的美"项目学习活动中,学生是学习活动的主动者,教师只是活动的参与者,过程中能充分体现学生学习的主体性。在良好的探究环境中,培养学生合作学习、自主学习的精神。我们知道"核心素养"是学生在接受相应学段的教育过程中,逐步形成的适应个人终生发展和社会发展需要的必备品格与关键能力。核心素养不是与生俱来的,是经过后天教育习得,通过这次活动的开展,我们发现可以借助实施项目学习这种方式全面发展学生核心素养。因为项目学习更注重"开放性、多元化、启发性"的教学方法,这有利于激发学生的好奇心,培养学生学习的兴趣,也有助于学生形成良好品格,提高综合能力。

(南昌市东湖区扬子洲学校　熊立庆　黄　政　裘永红)

第三章

项目学习：
透过现象揭秘，
洞察生活奥妙

大千世界，包罗万象。现实生活中有太多的事件、现象值得学生去深度思考。引领学生把从生活中观察、发现的话题转化为项目学习的主题就是一种项目学习选题的策略。我们倡导让每个学生经历项目学习的全过程，在学习参与中体验主动和坚持、在群体活动中学会学习和合作、在实践探究中形成解决问题的能力。这样的项目学习有助于学生透过现象揭秘，洞察生活奥妙，也有助于培养学生的科学精神和审美情趣。

"学生发展核心素养"和"学科核心素养"的提出,对基础教育教学变革有着深远的意义。如何建构素养视角下的以学习为中心的课堂,培养学生的核心素养呢?我们在不断学习、思量和尝试。近两年来,我们面向学校师生,倡导以学习为中心,引领学生积极开展项目学习。这种基于核心素养、问题驱动的项目学习,冲击着我们对现有教育模式的认知。

大千世界,包罗万象。现实生活中有太多的事件、现象值得广大师生去深度思考。引领学生把在生活中观察、发现的话题转化为项目学习的主题就是一种项目学习选题的策略。我们应让每个学生都经历项目学习,在学习参与中体验主动和坚持、在群体活动中学会学习和合作、在实践探究中形成问题解决的能力。

本章节的三个项目学习案例,其驱动问题不约而同地指向了现象揭秘,凸显了项目学习的生活性、实践性和综合性。围绕生活现象开展项目学习,学生学习起来更有动力和兴趣,这样的学习有助于学生透过现象揭秘,洞察生活奥妙,也有助于学生培养科学精神和审美情趣。

本章节的三个项目学习案例:邮政路小学教育集团的"数字系统的探寻"、南京路小学的"神奇的窨井盖"以及右营街小学的"商品摆放的秘密"。其中"数字系统的探寻"项目学习案例通过问题驱动、绘本阅读、实践研究、成果展示等活动,引领学生独立思考、科学探究数字世界的奥秘,让学生对阿拉伯数字有了更为全面、辩证的理解。"神奇的窨井盖"项目学习案例通过问题驱动、实地调查、推理验证、制作模型等活动,引领学生科学探究,理性思考"窨井盖中的数学问题"。"商品摆放的秘密"项目学习案例通过实地观察、交流总结、实践操作、生活应用等活动,引领学生发现规律的美、重复的美。

第一节　实践智慧 1：数字系统的探寻

一、项目概述

项目名称	数字系统的探寻	适用年级	三年级
项目类型	学科项目学习	项目时长	12 课时
主要学科	数　学		
项目概述	著名数学家庞加莱曾说过："若想预见数学的将来,正确的方法是研究它的历史和现状。" 阿拉伯数字系统从孩子开始数数的那一天就开始接触,习以为常的阿拉伯数字到底是什么？除了它,还有其他数字系统吗？最后阿拉伯数字系统在众多数字中脱颖而出,实现统一的独到之处是什么？探寻各种数字系统,在对比、辨析中重新审视阿拉伯数字,能让孩子更深刻地认识数字的本质。 围绕"各种数字系统",在对比中发现"阿拉伯数字系统打败其他数字系统"的秘诀,师生开启了一段数字探秘之旅。找寻数学历史和数学文化,不仅能激发学生兴趣,让数学知识更加多维立体、丰腴灵动,实现数学学科思想的有效渗透,而且能培养学生解决问题的综合素养。		
驱动问题	为什么阿拉伯数字系统能打败其他数字系统？		
项目目标	学科知识与技能	依据《数学课程标准》(2011 版)和教材要求： 1. 在具体情境中认识数,理解数的意义,了解十进制计数法。 2. 能够理解并且运用符号表示数和数量关系。 3. 通过活动经历分析、比较、辨析、总结,发展抽象概括和独立思考的能力。 4. 了解数的发展历史,培养用联系和发展的眼光看待问题的思维模式。	
^	21 世纪技能	1. 在项目学习中培养独立思考的能力、批判和创新精神。 2. 形成和培养大局观念和整体意识,能有效沟通和交流,培养合作意识。 3. 培养筛选重组信息和数据的能力,能合理解决问题。	
^	价值观念	在研究中体会探寻数学历史的乐趣,感受数学的丰腴和厚重,爱上数学。	
项目成果	产品形式	手抄报、主题报告、研究报告	
^	展示方式	手抄报主题展览、主题报告、研究报告	

续表

学习评价	过程评价	《资料搜集和利用量规》《比较活动评价表》
	结果评价	《主题报告评价表》《手抄报评价表》
项目资源	绘本、电脑查询、图书馆查阅资料、绘画创造材料	

随着课程改革的深化,我校品质课程"心根课程"系列下的"耕深数学"一直致力于在丰富的课程建设和课堂实践中实现学生主体地位,在深度的学习过程中培养学生的数学学科核心素养,发展其关键能力。培根曾说:"读史使人明智,数学使人周密。"学生学习数学,也可以是一次轻松、有趣的探秘之旅。以习以为常的阿拉伯数字为孔,借助项目学习,窥探数字的发展历程和本质,通过回望数学的发展历史和文化,孩子不仅能更好地认清现在,也能照亮未来。

二、项目启动

(一) 驱动问题的提出

"老师,它为什么叫阿拉伯数字,不叫中国数字呢?""数字是怎么来的?"好奇善思的孩子们在一年级问的这些问题引发了我们的思考,孩子有进一步探寻数字秘密的认知需求。于是,从一年级下学期开始,我们便有意识地为开展项目研究渗透铺垫。在低段教学中我们通过数学阅读,有梯度有层次地渗透数字历史和文化,帮助学生了解人类文明发展中数字的作用,激发其学习兴趣,使其初步感受数学发展的严谨性和学会欣赏数学的美。

在二年级下学期学生进一步学习了数的认识单元"万以内数的认识"之后,及时地引导学生共读韩国作家马仲物的绘本《过去的人们是怎么数数的呢?》,充分调动学生的好奇心和兴趣。学生会直观地惊叹于司空见惯的阿拉伯数字背后经历的漫长的发展过程,知道数字是表示事物数量的符号,在符号产生之前,人们还经历了用身体数数和用工具数数的阶段。原来以前还有这么多有趣的数数的方法,原来世界上还有这么多的数字。通过随教材进一步认识数到阅读思考,学生打开了学习的视野,扩充了对数的认知,了解了数学文化。

到了三年级,我们正式开始项目研究:一起去揭开数字发展的神秘面纱。因为三年级孩子具备了一定的知识和能力基础。在知识上,对数的组成、数位、意义有了充分认识,并且他们积累了丰富的活动经验,独立思考、抽象概括、逻辑思维能力都得到了一定的发展,能有序地思考和表达。通过漫长的铺垫,为了焕发项目学习"入之愈深,其进愈难,而其见愈奇"的境界。我们引导学生再次共读绘本《过去的人们是怎么数数的呢?》,触发驱动问题,学生通过长期积累关于数字的知识的,不禁对数字产生深入思考:身为中国人,我们为什么不用苏州码和算筹,而使用阿拉伯数字? 世界上,其他国家也发明了自己的数字,为什么也都使用阿拉伯数字? 阿拉伯数字为什么能"打败"其他数字……

正是问题激发我们去学习,去实践,去观察。经历项目研究,学生不仅能了解各种计数系统的规则,还能通过说明它们、表达它们、使用它们去进一步认识数字。而寻找阿拉伯数字的神奇之处,就在于通过多重比较去暴露数字的内部联系,凸显数字的本质,学生经过深度思考,能进一步体会符号简洁、位值制和十进制的便利与对于人类文明发展的巨大价值,从知识角度看,为接下来认识更大的数、分数、小数,甚至是二进制的计算机语言打下了坚实的基础。而且通过小组合作,学生能培养分工合作、乐于倾听、善于思考、敢于表达、勇于批判的能力。从长远看来,研究数学历史,学生还能培养用联系和发展的眼光看待和思考问题的思维模式,提前学习辩证唯物主义思想。

(二) 学生分组

1. 分组依据和小组分工

我们根据先集中再民主的原则分组。分组前,教师团队根据学生的组织协调能力、交流表达能力、自主学习能力、受挫能力等方面,均衡地将各类学生分布在6人小组中,确保每个小组结构合理,这样能有效保证在小组合作中每一位学生都能发挥自己的特长,充分参与项目,发展能力,实现自我价值。

集中分组后,学生可以根据自己和小组特点,如小组氛围、个体与集体的融入情况、研究的便利性、兴趣爱好等进行自主微调(见图3-1-1)。

2. 小组文化

"纸上得来终觉浅,绝知此事要躬行。"探究一个问题,开始易,坚持难;听起来

图3-1-1 小组分工表

易,做起来难。如果想知道一件事,就去做吧！我们将小组文化具体化,共同制定了"我们的约定"(见图3-1-2),成员们在约定中团结合作,全力以赴。

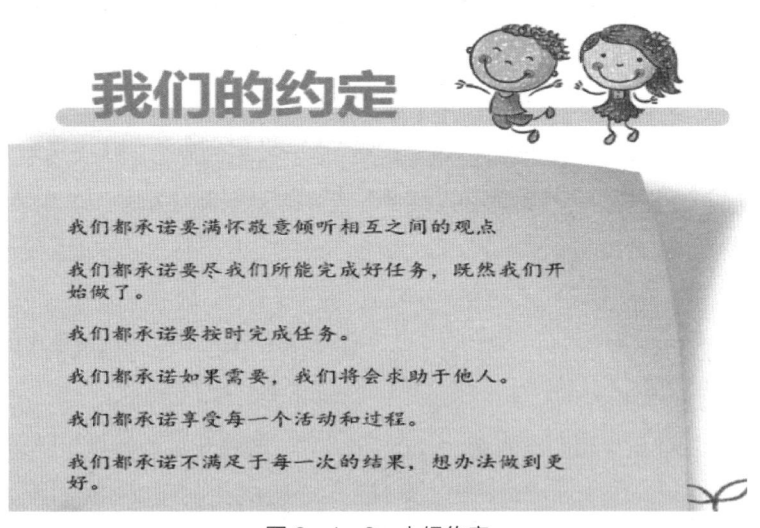

图3-1-2 小组约定

三、项目实施

数字系统是人类在发展中形成的一套符号化的科学有效的计数方法,在长期的孕伏和思考中,我们遵循"做中学习、比中发现、享中成长"三部曲,将项目实践分为三个阶段。通过自主研究,深入比较,物化成果,纵深递进发展学生思维,培养学生独立思考和持续思考的能力;通过开展小组合作培养学生品质,尤其是责任担当、大局意识和解决难题、面对失败的能力和态度。

(一) 项目任务设计

为了解决驱动问题"为什么阿拉伯数字系统能打败其他数字系统",我们将项目细化为以下两个子问题：1. 研究世界上曾出现并使用过的其他数字。2. 对比阿拉伯数字和其他数字,通过分析寻找阿拉伯数字的无可替代的优点。针对这两个问题,我们的项目研究实践分为四个阶段：1. 了解其他数字系统,在这一阶段,我们根据数字主题将学生分为7个小组,通过充分地查询资料了解其他存在并使用过的数字,因为没有对比就无法让学生感知阿拉伯数字比较于其他数字的优势,也就无法为后面的概括归纳提供知识支撑。2. 各小组深入对比小组研究的数字和阿拉伯数字,通过两个小组之间比较再到全班一起梳理比较。3. 小组独立思考并设计制作可以体现阿拉伯数字优越性的活动或资料,做到有理有据。4. 形成数字系统对比研究报告,解决驱动问题。

为了更合理有效地开展研究过程,让研究进程可视化,我们制定了项目研究任务计划(见表3-1-1),以便对研究进程实时跟进,有反馈,有总结,有调整,保证能及时梳理,按质按量按时完成项目研究活动。并且根据项目任务计划,便于更加直观清晰地了解项目内容,我们进一步制定了项目学习地图(见图3-1-3)。

表3-1-1 项目任务计划

项目阶段	活 动 内 容	时间周期
项目准备	分组：按前期学生搜集了解的数字系统分为7个研究小组	1课时
项目实施	研究：各小组独立研究一种数字系统	4课时
	比较：深入分析比较阿拉伯数字和其他数字	2课时
	制作：制作数字系统主题报告和研究成果	3课时
项目展示	(1) 主题汇报 (2) 手抄报 (3) 研究报告	2课时

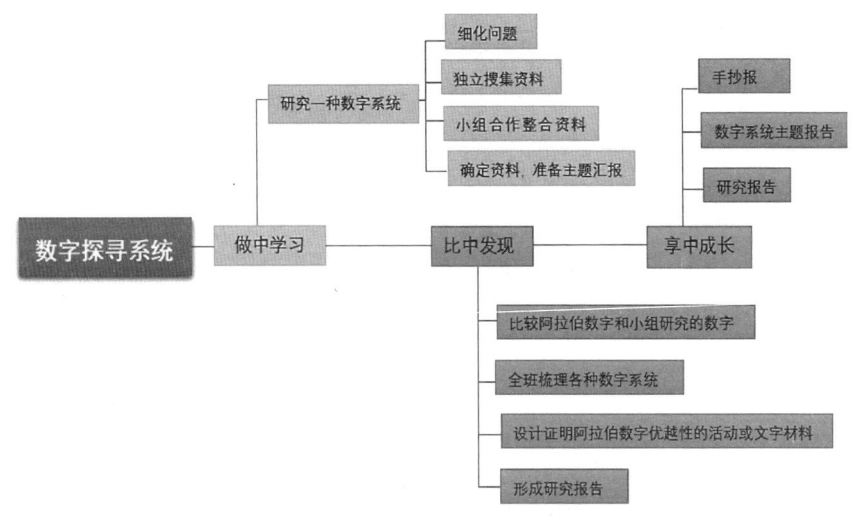

图 3-1-3 项目学习地图

(二) 项目实践过程

项目实践活动在教师团队的精心预设下有序开展,通过介绍方法和过程指导,借助系统评价体系及时进行调控,切实确保孩子在做中学,学中做。

1. 做中学:数字小组研究实践

解决驱动问题,首先需要研究存在过的各种数字系统。学生根据数字主题分成 7 组后(见表 3-1-2),每个小组根据准备活动记录单(见图 3-1-4),选定小组研究子主题,并合理分工。接着小组独立开展为期一周的课外研究活动,每个小组在组长的带领下,组员齐心协力、群策群力。为了更好地解决这个大问题,小组将研究实践活动分解成了四个阶段:细化问题找准方向→独立搜集丰富的资料→小组合力整合资料→制作研究成果。每一次研究过程都记录在小组活动记录表中(见图 3-1-5),过程中以过程评价量表(见图 3-1-10)进行过程监控反馈。

表 3-1-2　数字系统小组研究分工表

研 究 方 向	小 组 成 员
第 1 组:玛雅数字	邓安安,万馨媛,李静怡,卢巧歆,罗静怡,陈思涵
第 2 组:古巴比伦	姚晨杰,万羽宸,魏诺言,张宸伟,王靖宇,刘涵菁

续 表

研究方向	小组成员
第3组：苏州码	黄孝恩,黄孝哲,郭晨翰,张子龙,杨璧诚,万义成
第4组：埃及数字	周嘉彧,喻思绮,彭严慧,李芷瑶,王益芝,王欣妍
第5组：阿拉伯数字	胡瀚予,许峻熙,李睿函,杨梓月,李好,夏煜超
第6组：罗马数字	娄佳慧,万彦君,张皓翔,琚智涵,闵浩,苏心悦
第7组：算筹	杨谨铭,翁玮灿,文译焓,邓文昊,谭宇轩,邓铭远

图 3-1-4 主题小组准备活动记录　　图 3-1-5 研究活动记录表

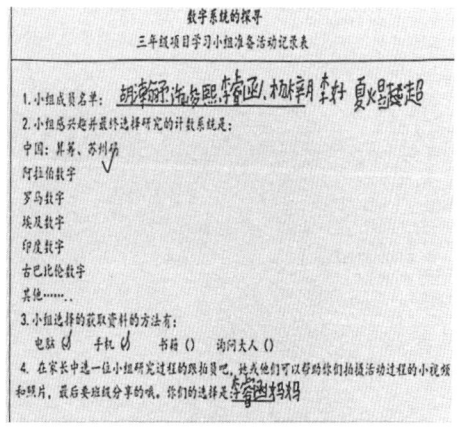

（1）细化问题。为了避免盲目搜集资料,小组成员对研究的数字系统进行了一次头脑风暴,细化出了很多相关的子问题,再按一定的逻辑进行了排序、分工,以保证在广泛丰富的搜集过程中有针对性,并且明确分工也能有效避免小组重复劳动。同时小组成员积极地沟通共享,可以保证资料的丰富性和有效性。大部分小组都从数字系统的历史起源、用基本符号怎么表示0—9、怎么表示大数、计数方法和规则等方面来细化问题。

（2）独立广泛搜集资料。小组成员在家中运用现代信息技术,根据小组细化的子问题,查阅充分的文字、音频和视频资料,并做详细记录,为资料整合做准备。这一过程也是成员独立探究数字系统阶段,通过搜集资料对研究的数字系统有了第一次详细、丰富、直观的了解。在选择和记录资料时,孩子融合了自己对数字系

图 3-1-6　小组细化问题

图 3-1-7　小组成员独立查询资料

统的第一次思考和理解,培养了搜集处理信息的能力,这为后期的深入思考进行了有效的知识积累和经验铺垫。

(3) 小组重组整理资料。小组成员聚集在一起,首先分享自己查阅所得,共享智慧和思考,并且共同商讨汇报成果形式,更重要的是针对成果取舍整合信息,敢于提出自己的想法和问题,并能解决问题,培养批判精神。从这一过程可充分考察小组成员的大局意识、交流沟通的能力、整合资料的能力。成员不仅要比较各自信息的异同,还要按照一定的设想和顺序进行合理编排,实现有效整合。

(4) 确定资料,准备成果汇报。在一天的小组碰面活动中,小组通过交流确定了汇报形式和资料,并进行了合理分工。接下来小组成员根据分工,完成各自的任

图3-1-8 小组整合资料

务,如整理资料成册、练习主题汇报、完善PPT、设计板书、设计和制作手抄报等。对于三年级学生来说,比较困难的是制作PPT,为解决这一困难,学生主动寻求帮助,有些小组得到了家长的培训指导和技术支持,有些小组积极地请教学校信息技术老师,在信息老师的培训下,学会了基本的课件制作技术。

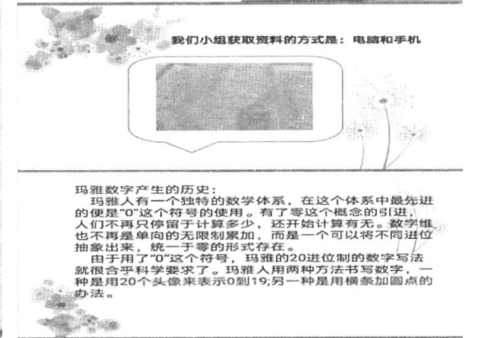

图3-1-9 小组资料及制作的PPT

为了有效及时地了解项目实践过程,以便恰当地提供指导,我们借助实践过程量规对资料搜集和利用进行评价,尤其考察小组成员借助外部环境和条件查阅的能力,在重组过程中的数学交流能力,选择和利用资料的能力和实践的主动性(见图3-1-10)。

"数字系统的探寻"项目式学习实践过程量规				数字系统:苹果
	须努力(1分)	合格(3分)	优秀(5分)	
资料搜集和利用	资料来源少和利用单一	基本使用不同来源资料	充分利用各种手段搜集资料	3分
	小组内没分工不明确	分工基本明确	分工明确,各尽所长,团结协作	5分
	过程中没有思考,照搬	会思考和重组资料	充分思考,加工利用资料	3分
	不会主动求助	会求助	充分利用外部资源和有利条件	3分

"数字系统的探寻"项目式学习实践过程量规				数字系统:玛雅
	须努力(1分)	合格(3分)	优秀(5分)	
资料搜集和利用	资料来源少和利用单一	基本使用不同来源资料	充分利用各种手段搜集资料	5分
	小组内没分工不明确	分工基本明确	分工明确,各尽所长,团结协作	3分
	过程中没有思考,照搬	会思考和重组资料	充分思考,加工利用资料	3分
	不会主动求助	会求助	充分利用外部资源和有利条件	1分

图3-1-10 资料搜集和利用量规

2. 比中发现:深入比较各种数字系统,探寻阿拉伯数字秘诀

在小组对各种数字系统的探寻有了丰富的感性认知后,就可以解决项目学习的核心问题:阿拉伯数字系统打败其他数字系统的原因。基于丰富的资料和初步的认知,引导他们用比较法对研究的数字系统和阿拉伯数字进行多重比较分析,因为优点在对比中更加容易凸显。

这一实践过程主要分为四个部分:① 小组首先根据任务单独立思考比较两种数字;② 全班梳理汇总所有数字系统;③ 小组成员通过思考、合作、交流,设计一个能够证明阿拉伯数字系统优于其他数字系统的活动并形成资料,形式不限;④ 形成数字系统对比研究报告,解决驱动问题。我们运用《比较活动评价表》对过程进行评价(见表3-1-3)。

上一个研究活动是对数字系统已有结果的探寻,是在向大家描述"是什么",更多的是培养学生的搜集和利用资料的能力、交流和分享的能力。而这一过程更多的是解决"为什么"的问题,这就需要小组成员深入思考,在思考和描述中发展推理能力和归纳概括能力,最后的证明设计活动也考验小组的创造力。因为是第一次项目研究,学生的思考和创造也许还比较稚嫩,不完善,但经过这一完整过程,学生对阿拉伯数字的符号简洁性、位值制和十进制有了更深刻的感知和体会,这时他们

对数数历史和现状的了解将是丰盈的、立体的,当他们形成这一概括性认识后,可以将其推及到其他数域的学习和进制的研究中去。这一过程我们运用比较评价表(见表3-1-3)进行评价和指导。

表3-1-3 数字系统的比较活动评价表

组别	小组成员团结合作,积极交流分享(10分)	小组成员能积极思考,独立思考(10分)	内容科学,设计有独创性(20分)	能接受失败,并及时调整心态,坚持到最后(10分)
第1组				
第2组				
第3组				
第4组				
第5组				
第6组				
第7组				

(1)小组比较研究的数字系统和阿拉伯数字。全班在初步讨论中明确,要对比最简单的方法就是数数,通过数数就能直观地比较哪一种数字更便捷,尤其是对一些关键的数字,也就是组数的基本符号和相对来说很重要的数字,经过激烈的讨论最后确定了0—9,以及特殊的两位数,三位数,最大到1 000,一共20个数字,因为这些数字已经能体现书写和传播的便捷性。进一步学生从判断进制和位值,形成初步体验,最后在教师的指导下,通过情境选择形成初步的文字分析,这一阶段还是以对比感知为主。

(2)接下来全班一起数字系统综合梳理比较。在这一阶段各小组一起交流分享,打破小组的局限性,梳理对比所有数字,从数数到分析、交流。扩大对比的范围和交流合作的范围,有利于激起学生更多的思考。尤其是数数后的直观对比发现,到关注符号,组数规则。

(3)设计证明阿拉伯数字优于其他数字的活动或资料。学生有了前期的两两对比和所有数字的综合对比,那么这一阶段就是想办法向他人证明阿拉伯数字优于其他数字。证明活动基于前期研究活动的获得和思考,充分考察小组成员思考

图 3-1-11 小组对比研究记录

的能力、创新的能力,各个小组都发挥了自己的聪明才智,设计了很多有趣的活动,最后总结说明的内容包含了对这一段时间研究的思考。同时,这些创造和说明也为对比研究报告奠定了基础。

各小组发挥团队合作精神,积极地思考、证明阿拉伯数字的优点,寻找的切入点各不相同,这一小组从使用和传播的便利性出发,运用一次写数比赛,书写一位数、两位数和三位数的三组数字,用写数的速度来进行说明在这几种数字中,阿拉伯数字的符号最简洁,写起来最快使用最方便(见图 3-1-12)。

图 3-1-12 写数比赛活动及记录

有的小组直接用这几种数字系统分别数数,因为前期是分组研究,所以这一过程对于小组来说并不轻松,需要深入地了解各种数字的组数基本规则,在制作一览表的过程中也经历了多次地书写,不过在这一数数写数过程中,学生更进一步地感知到了决定数字是否便利的更本质的要素,进而能发现并概括总结(见图3-1-13)。还有小组从更方便地表示大数的角度去说明,选取了999这个最大的三位数,通过组数方法的记录,概括和组数使用符号个数的计算来进行比较,说明阿拉伯数字的位值制和十进制的优越性(见图3-1-14)。

图3-1-13 数数对比 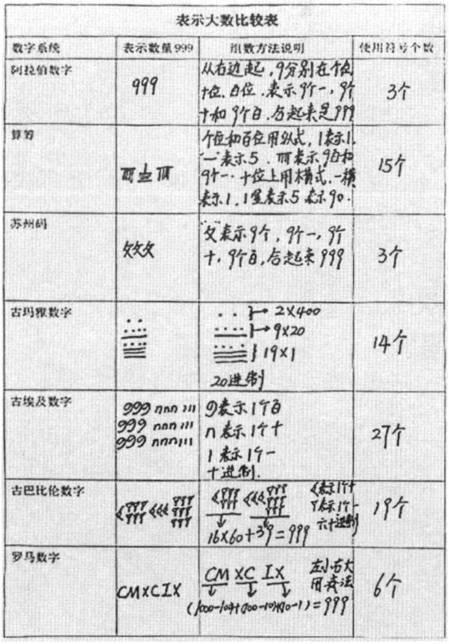　　　　图3-1-14 大数对比

(4) 书写数字系统对比研究报告。因为是第一次制作研究报告,考虑到三年级学生的思维局限性,所以教师在课堂上对研究报告的形式、内容、书写规范和方法进行了详细地指导和说明,并在报告形成过程中随时提供指导和帮助,在说明阶段鼓励学生充分地运用研究过程性材料。

3. 享中成长:数字系统探寻成果展示

数字系统的发展经历了漫长的过程,孩子选定一种计数方法后进行了深入研究,留下了很多过程性成果,对各种数字系统的比较又将学生的思考推向深入。展示各种成果不仅可以分享实践研究,更重要的是通过分享和比较可以发现本小组的优势和不足,在展示中锻炼,在倾听和欣赏中学习和成长。

成果一:数字系统探秘主题报告

三年级的孩子,有了学科知识和信息技术手段的支持,学生"演""讲"合一,借助 PPT,穿插入丰富的图片视频资料,边演示边解说,各个小组都精彩地呈现了自己的研究、思考(见图3-1-15)。

图3-1-15 四类数字系统的主题报告

因为每个小组研究的数字系统不同,所以每个小组的报告都详细地向大家说明了数字系统的基本符号、组数规则、发展历程和计算应用等方面,有些小组汇报还设计了丰富有趣的"猜一猜""试一试""考一考""写一写"等环节,其他小组成员试着写一写数,猜一猜数,同学们乐在其中。

在主题报告中,师生在分享、交流中共同成长。孩子会不自觉地惊叹于人类的各种发明和创造,同时在潜移默化中初步感受各种数字符号的优劣,尤其是对于基本符号的尝试书写,大数的组数规则和方式,尤其是埃及数字中无限大对应无限多、无限新的符号,在直观感受和体验中扩张对数字的感知。在习惯了运用阿拉伯数字0—9这10个基本符号后,通过探究,孩子们才知道0那么重要,可是发展过程却那么漫长曲折,才了解每个历史发展时期人们都在努力创造让数量的表达和计算变得更简洁。此时,对于孩子们来说,每个符号都变得有趣、灵动、有生命力。孩子们会用更温暖的眼光看待数学,本活动过程评价量规如下(见表3-1-4)。

表3-1-4 主题报告评价量规

组别:

	需努力(1—2分)	合格(3—4分)	优秀(5分)	等级
PPT	PPT制作简单,资料没有经过思考重组	PPT制作精美,内容单一	PPT制作精美,有丰富的影音资料	
汇报	汇报者完全按照资料读	语言通顺,内容完整	语言生动有趣,表达清晰	
内容	报告内容单一,无明显规划和逻辑	报告内容较丰富,经过一定的加工重组	报告内容丰富,条理清晰,逻辑性强,可读性强	
互动	和观众没有互动,自说自话	有一些互动,但观众参与度不高	互动形式丰富多样,观众乐于参与,实践有收获	

成果二:主题手抄报

在成果制作分工中,其中一部分成员根据自己的特长,将学习的所得所思借助精美的图画和精心的布局制作成了一幅幅数字探寻的手抄报(见图3-1-16)。

图3-1-16 学生手抄报

成果三：数字系统研究报告

同学们经过查阅丰富的资料，学习各种数字系统，并且创造性地深入地对阿拉伯数字和各种数字进行了多维的对比，通过数字系统对比研究报告(见图3-1-17)，很好地凸显了阿拉伯数字的优点。正如结论中所陈述，通过长期的探究实践，小组发现阿拉伯数字打败其他数字的秘诀：0的发明使用，10个基本符号的简洁性，位值制使组数变得非常简单，十进制有利于运算。这些优点的组合使得阿拉伯数字被世界各国统一使用。

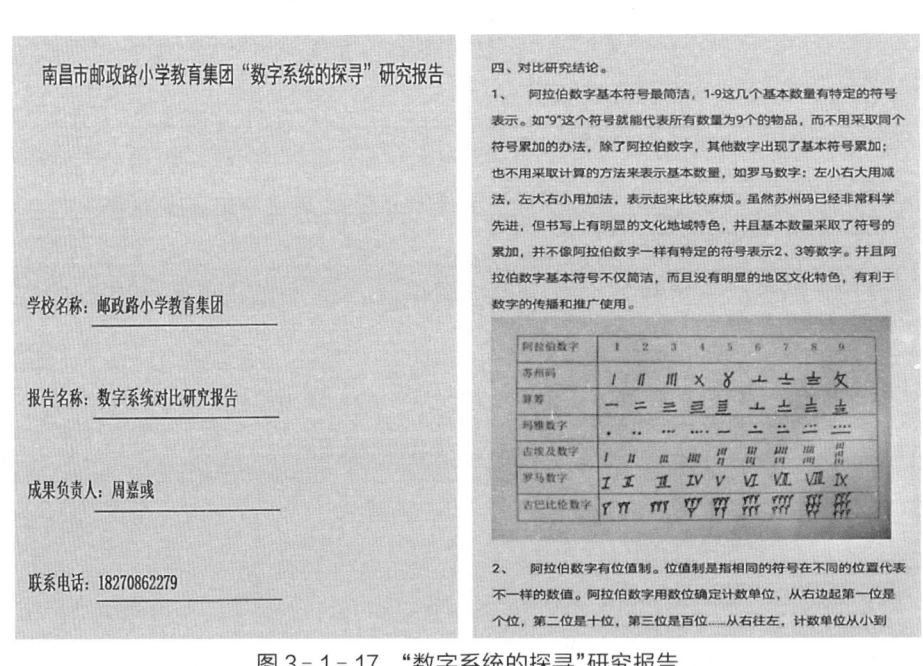

图3-1-17 "数字系统的探寻"研究报告

四、项目反思

第一次项目学习，虽有曲折，但留下的更多的是基于项目学习本义以及学生的真实成长所产生的深入思考。

(一) 项目经验

1. 出发——在山重水复中坚定前行

一开始确定要做项目学习，对于教师而言，会觉得辛苦、困惑、迷茫、烦恼，但却从不会怀疑项目学习对学生成长的意义,虽然过程艰辛,但看着学生沉浸在这一教材外的情境中探究、学习,内心是无比喜悦和自豪的。

善疑、多思是孩子的天性,本次项目学习的问题来源于孩子们在一年级时的童言童语。随着知识和活动经验的积累、活动能力的增长,"数字系统的探寻"项目学习的开展水到渠成。解决驱动问题的过程中有很多的犹豫徘徊:问题是真实的吗?研究能深入吗?人类对于数字系统,选择已经做出,还有研究的必要吗?数字系统离学生生活实际太过遥远,有意义吗?

带着这些思考,我们也做了一些处理,包括选题的细化更换、研究成果展示的变化等,但我们从不怀疑学生在过程中能够获得的能力:独立搜集、思考、取舍、倾听、交流、合作,看着孩子前所未有的参与热情和实践,更加确信孩子不仅收获了知识还收获了成长的体验。

2. 深入——在柳暗花明中收获思维的真实

项目学习如果能提供完全真实的生活场景,固然是好,在真实的生活背景下提出真正具有挑战性的问题,在实践中发展各种能力。但这种类型很难与学校情境融合。真实情境的核心在于提出真正有挑战的问题,引导学生基于所学知识和内容进行实质性讨论。重要的不是说我们把学生带出去到实践中做了多少活动,而在于我们明白怎样让这些活动使学生的学习更有力量。所以真实的项目更多的是指思维的真实。

鉴于这一理解,"数字系统的探寻"项目让学生去回望人类经历的漫长计数历史,随着经济发展和运算的需要,人们不断地简化符号对于量的表达,随着交流的普遍性,人们在众多计数系统中优胜略汰,最后抉择。对于计数系统的知识,学生只在平时零散获得,通过此次项目学习,学生将系统化、概括化,对于量、数、数字的认识将能推而广之到以后的学习中去。如通过查阅资料,学生惊叹于原来还存在这么多有趣的计数方法,充分地激发了继续了解的兴趣和动机;又如通过小组汇报,学生能切实感受到埃及数字系统在表达更多的量时的不便利性,也能想到在交流时符号太多可能会造成沟通困难。这些真实的思考不自觉地发生着,我们迷恋着学生的成长。

(二) 项目反思与改进

项目学习，未来会更关注入项和深入思考的重要性，更加注重成果和核心知识的一致性。

1. 更关注入项情智的激发

入项是为了让学生快速地进入到项目化学习中，快速了解驱动性问题的情境。基于学生的知识和能力水平，到了三年级，面对这一有趣却无情境支撑的驱动问题，学生没有角色代入的情感铺垫，这直接导致学生对于研究者这一角色需要做的事情以及怎样主动完成缺乏主体认知。缺乏情感的刺激，学生无法入境，无法刺激研究的内驱力，学生依照学习单按部就班，缺乏创造力，这并不符合项目学习的初衷和要义。后期再调整时，我们对入境做了充分的准备，以数学阅读为绳，从阅读推荐到绘本共读，为学生充分地入项提供了条件。在阅读和思考后，孩子迅速进入情境，也提出很多问题，带着问题去探究，很好地实现了项目学习以真实问题为驱动的目标。

2. 更重视深入研究的引导

在项目开展过程中，我们极力地想让研究活动朝着预设的方向发展，尤其重视成果，这将项目研究变成了"成果导向"的微项目，让项目学习有所交代。这一点在此次研究中尤其凸显。从案例可以明显看出，学生的研究都止步于各种计数系统是什么，如何计数的，有些孩子在汇报时，还理所当然地认为表示更大的量就是将计数符号简单累加，根源就在于学生没有对资料再观察、再分析，进而深入思考计数系统的优劣。这样的研究是浅显的，浮于表面的。于是通过进一步的多种形式的对比，在更大范围的交流和思维含量更高的设计说明活动中将项目研究进一步推进，小组的一次次思考的角度和创造力着实让我们吃惊，项目学习也在说明"为什么阿拉伯数字更好"的活动中深化。

3. 更着重成果和核心知识的一致性

在开展初期的设想中，成果的物化随着研究的深入应该是自然而然、水到渠成，成果中饱含了学生的思考和实践、创新和创造。可现实却是，为了学生更好地按照预期完成，更为了快狠准，我们给出了成果的模型和样例，学生也成为了成果物化线上的操作工，虽然操作性和可控性强，但背离了项目研究的本义，限制了学生的思考和想象，也许也限制了学生的深入理解和解读。这样的成果，不能最好地承载核心知识内容。本项目推进中,如果学生无法在对比中深切领会位值制和十进制的优越性,那可以说成果是空中楼阁,没有纵深递进。所以后期借助四个由浅入深的活动,在充分的活动经验的积累下,从问题出发最后又回到问题,初步体会到了阿拉伯数字系统世界通用的秘诀,在循序渐进中水到渠成,成果和核心知识统一,让项目学习有始有终。

(南昌市东湖区邮政路小学教育集团 曾 欢 罗炉枝 周红娟 熊兵惠)

第二节 实践智慧2:神奇的窨井盖

一、项目简介

项目名称	神奇的窨井盖	适用年级	六年级
项目类型	学科项目学习	项目时长	4课时
主要学科	数 学		
项目概述	近期,因南昌进行地铁施工,很多路面要重新铺设,路面上的窨井盖也被重新更换。为了建设美丽南昌,邀请同学们帮忙设计窨井盖的形状。同学们经过观察发现,圆形的窨井盖看上去是最多的,这是为什么呢?为了解决这个疑问,特开展此项目学习。		
驱动问题	为什么大部分窨井盖都是圆形的?		
项目目标	学科知识与技能	依据《数学课程标准》(2011版)和教材要求: 1. 通过观察、动手操作,认识正方形、长方形、圆。 2. 知道求图形的周长,探索并掌握这些平面图形的面积公式。 3. 会比较:半径相等的情况下比较它们的面积;周长相等的情况下比较它们的面积。 4. 通过活动让学生经历分析、比较、辨析、总结,发展抽象概括和独立思考的能力。	
	21世纪技能	独立思辨能力、团队合作能力、沟通协调能力	
	价值观念	1. 为了解决实际问题,从而调动了学生参与数学活动的积极性。 2. 在项目学习过程中学生体验获得成功的乐趣。	

续 表

项目成果	产品形式	研究报告和窨井盖模型的展示与评价
	展示方式	调查结果、计算验证过程和窨井盖模型的制作
学习评价	过程评价	实地调查评价量表、采访工人评价量表、计算验证评价量表、模型制作评价量表
	结果评价	结果评价量表
项目资源	上网查阅资料、采访工人、小刀、硬壳纸、剪刀	

数学源于生活,生活中处处有数学。在数学学习中,我们应该从学生的实际生活出发,联系生活学数学,把生活经验数学化、数学问题生活化,使学生感受到数学与生活的紧密联系,从而激发学生学习数学的兴趣,使学生学会用数学的眼光去观察生活,解决生活中实际存在的数学问题,从而让学生通过现象揭示秘密,洞察生活中的奥妙。

二、项目启动

(一) 在实际生活中提出驱动问题

南昌在修地铁,很多的路面都被破坏了,路面上的窨井盖也被破坏了,为了建设更美丽的南昌,邀请同学们帮忙设计窨井盖的形状。同学们经过观察发现,圆形的窨井盖看上去是最多的,这是为什么呢? 为了解决这个疑问,特开展此项目学习。

通过窨井盖项目学习,学生的能力从多方面得到了提升。第一,学生知道了如何去做调查,提升了调查能力;第二,在调查的过程中,学生收集数据并绘制成统计表和统计图,把统计的知识运用于生活中,提升了数据处理能力和利用统计知识解决实际问题的能力;第三,学生知道了可以通过采访工人等方式去获取信息,提升了获取知识的能力;第四,学生知道了如何用计算的方法去进行验证,并深刻认识到精确计算是检验真理的唯一标准,提升了学以致用的能力;最后,学生知道了如何动手去做窨井盖的模型来验证,提升了动手操作能力。从整体上来看,整个项目学习的过程极大限度地提升了学生的相互协作能力和主动探究做学问的能力。

(二)学生科学分组分工

全班 50 多位学生,分为 10 个小组,每个小组 5—6 人。各小组职责分工如下:一位小组长,负责组织小组讨论,安排具体分工,收集调查数据和负责小组活动;一位记录员,负责记录小组每次讨论的结果,记录组长给每一位组员的具体分工;一位制表员,根据组长收集的数据绘制统计表;一位制图员,根据制表员的统计表绘制出统计图。学生的小组分工情况见图 3-2-1。

组别	第(1)小组
全组姓名	邓一鸣、朱加奥、陈紫涵、李雨欣、曾子雯、罗怡萌
组长	罗怡萌
记录员	李雨欣
制表员	邓一鸣
制图员	朱加奥

图 3-2-1 学生的小组分工情况

三、项目实施

学生观察生活,产生疑问,提出问题,从而开展项目。我们将项目实施分为两个阶段,通过自主研究、合作交流、深入比较和成果展示,发展学生思维,培养学生的合作能力和独立思考的能力。在小组合作中培养学生的思维品质、责任担当、合作意识和面对问题选择最佳解决方案的能力。

(一)设计方案,绘制项目学习地图

学生观察发现生活中圆形窨井盖看上去是最多的,因此产生疑问:为什么大部分窨井盖是圆形的？为了解决这个问题，学生经过讨论，认为需要弄清生活中有哪些形状的窨井盖以及圆形窨井盖在其中所占的比例。通过小组讨论交流后，确定了项目学习的第一步：实地调查。然而，调查只能看到事物的表象，学生还很想听听工人们说说他们为什么喜欢使用圆形的窨井盖，希望借助工人的工作经验去了解大部分窨井盖是圆形的原因，从而确定项目学习的第二步：采访工人。此时，学生们又提出：调查是我们亲眼所见的，采访是我们亲耳所闻的，但是没有得到证实，没有经过数学精确的计算验证是没有说服力的，还需要我们在相同的条件下去比较圆形与其他平面图形的面积大小，因此确立了项目学习的第三步：计算验证。经过计算，理论得到了证实，但是实践是检验真理的唯一标准，学生希望亲手制作窨井盖模型，想通过对比窨井盖实物模型来找到圆形窨井盖的优点，故而确立了项目学习的第四步：制作模型。最后，学生在前四个步骤的项目学习的基础上，写出窨井盖项目学习的研究报告，再加上窨井盖模型的展示与评价，很好地回答了开始提出的驱动问题"为什么大部分窨井盖是圆形的？"，并最终确立了项目学习的第五步：基于驱动问题解决的项目成果产出，项目学习课时安排表(见表3-2-1)，绘制出项目学习地图(见图3-2-2)。

表3-2-1　项目学习课时安排表

课时安排	课程主题	学　生　活　动
第1课时	实地调查	1. 学生了解项目的背景，知道要解决什么问题。 2. 全班进行分组分工，制定调查表格，确定组内成员调查的路段。
第2课时	采访工人	各小组开会确定各位成员用什么方法去开展调查，如何去开展调查。
第3课时	计算验证	1. 假设正多边形外接圆的半径是10厘米，圆、正方形、长方形的面积是多少？它们的面积大小关系是怎么样的？ 2. 当圆的半径是10厘米，这个圆的周长是62.8厘米，周长为62.8厘米的平面图形，它们的面积关系是怎么样的？
第4课时	制作模型	1. 各个小组讨论每一位组员做什么形状的窨井盖。 2. 讨论窨井盖用卡纸怎么做。 3. 注意事项：窨井盖要比窨井口大一些。

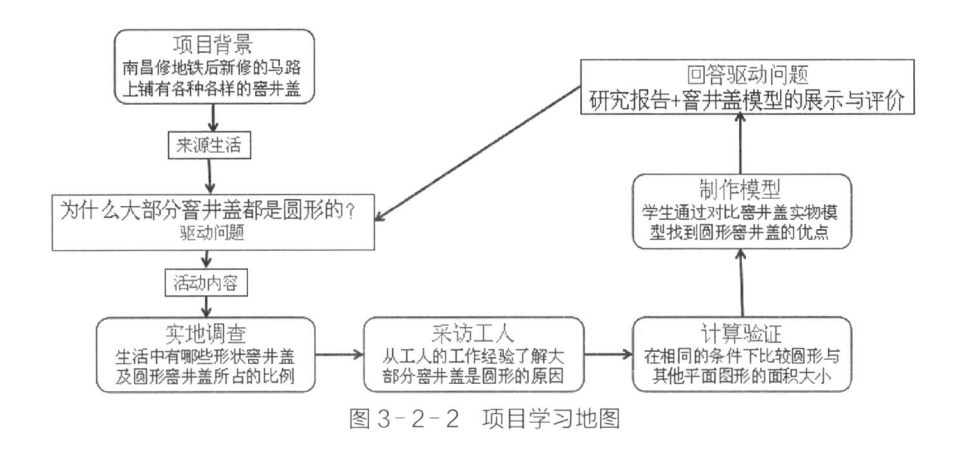

```
┌─────────────────┐
│   项目背景      │
│南昌修地铁后新修的马路│
│上铺有各种各样的窨井盖│
└────────┬────────┘
         │                              ┌──────────────────┐
      来源生活                          │   回答驱动问题    │
         │                              │研究报告+窨井盖模型│
         ▼                              │   的展示与评价    │
┌─────────────────┐                    └────────▲─────────┘
│为什么大部分窨井盖都是圆形的?│──────────────────────┘
│       驱动问题        │              ┌──────────────────┐
└────────┬─────────────┘              │    制作模型       │
      活动内容                         │学生通过对比窨井盖实物模│
         │                              │型找到圆形窨井盖的优点│
         ▼                              └────────▲─────────┘
┌──────────┐    ┌──────────┐    ┌──────────┐
│ 实地调查 │───▶│ 采访工人 │───▶│ 计算验证 │
│生活中有哪些形状窨井盖│    │从工人的工作经验了解大│    │在相同的条件下比较圆形与│
│及圆形窨井盖所占的比例│    │部分窨井盖是圆形的原因│    │其他平面图形的面积大小│
└──────────┘    └──────────┘    └──────────┘
```

图 3-2-2　项目学习地图

(二) 项目实施

1. 第一步：实地调查，初步感知

窨井盖项目学习第一步：调查街道使用的窨井盖有哪些形状及其各自所占的比例。全班在小组分工后，先确定组内成员调查的路段，小组长负责汇总数据。调查内容为：窨井盖的形状、个数以及圆形窨井盖所占的百分比。此时出示实地调查任务单(见表3-2-2)。

表 3-2-2　实地调查任务单

第(　　)调查小组　　调查人姓名：_____　　调查时间：_____

路段名/小区名	长方形窨井盖个数	正方形窨井盖个数	圆形窨井盖个数

组内分工，由组长确定每位组员调查的街道或者小区，组员调查结束后，组长负责收集数据，制表员负责制作统计表，制图员负责制作统计图。此时出示实地调查评价量表(见表3-2-3)。

第一次调查结果：其中一个小组的调查结果是正方形窨井盖多，有一个小组的调查结果是长方形窨井盖比较多，而其他八个组的调查结果是圆形窨井盖最多。为什么会出现不一样的结果呢？通过详细询问学生调查的具体情况得知，调查结果是正方形窨井盖多的那个小组只在某个小区内进行了调查，将该小区内房子周围的下水道的窨井盖全部统计了,因小区设计原因,小区内正方形的窨井盖最多(见图3-2-3)。调查结果是长方形窨井盖比较多的小组只在以前的老马路上调查了,老马路以长方形窨井盖居多,因此调查结果为长方形窨井盖多。

表3-2-3 实地调查评价量表

第(　　)小组　姓名：_____

类别	评价内容	初级标准（C）	中级标准（B）	高级标准（A）	组别	等级	评论
小组评价	参与态度 沟通交流 大胆质疑 同伴合作 互相帮助	有参与小组活动,同伴与其交流时能回应,按照要求,配合同伴完成任务	有参与小组活动,能完成自己的分工,能与同伴交流,表述自己的想法,在与同伴合作时,积极完成自己的任务	积极参与小组活动,在与同伴交流中,表述自己的想法,质疑别人的观点,能帮助同伴完成任务	1 2 3 4 5 6 7 8 9 10		
个人评价	学习兴趣 自我反思 重组信息 形成见解 自我表述 积极思考	有一定的学习兴趣,根据安排的任务去调查	有一定的学习兴趣,会查找相关信息,有一定的想法,能思考与之相关的问题,会表达自己的观点,并能在同伴的指导下进行自我反思	学习兴趣浓厚,学习热情高涨,能积极进行调查,并能清晰地表述自己的观点,积极思考,任务完成后能进行自我反思	自评 组评 师评		

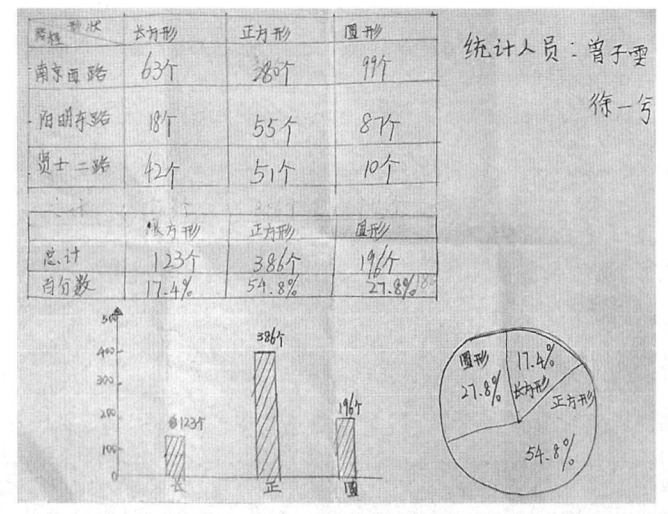

图3-2-3　第一次调查情况

认真分析学生的调查过程后不难发现,学生的调查过程没有问题,但结果为什么会存在这样的差异呢?统计学知识告诉我们,调查的范围不能太小。如果调查范围太小,就会直接导致收集的样本数据太少,从而最终影响整个调查的结果,导致调查结果准确率不高。因此,学生们又进行了第二次调查。第二次调查改进了两点:第一,扩大调查的范围,每一个小组调查的地点除了小区,还要有街道;第二,增加样本的数据,小组内的每一位同学多调查几个小区和几条街道。在进行第二次调查之前,每个小组进行具体分工,每位组员清楚自己负责哪几条街道和哪几个小区,认真统计每一条街道各种形状窨井盖的个数及其所占百分比,再由各位组长负责汇总数据,制表员绘制统计表,制图员绘制统计图。由于每个小组的数据还不是很多,所以最后由班长汇总全班各个小组的数据,并绘制出全班的统计表和统计图。从学生第二次的调查结果可知,圆形窨井盖所占的百分比是73%,在实际生活中的确是大部分窨井盖是圆形的。街道中基本上都是用屏蔽的圆形窨井盖,偶尔出现的长方形和正方形的窨井盖大多适用于容易产生积水的地方(即比路面稍低的地方),以便排水通水。第二次调查的结果见图3-2-4。

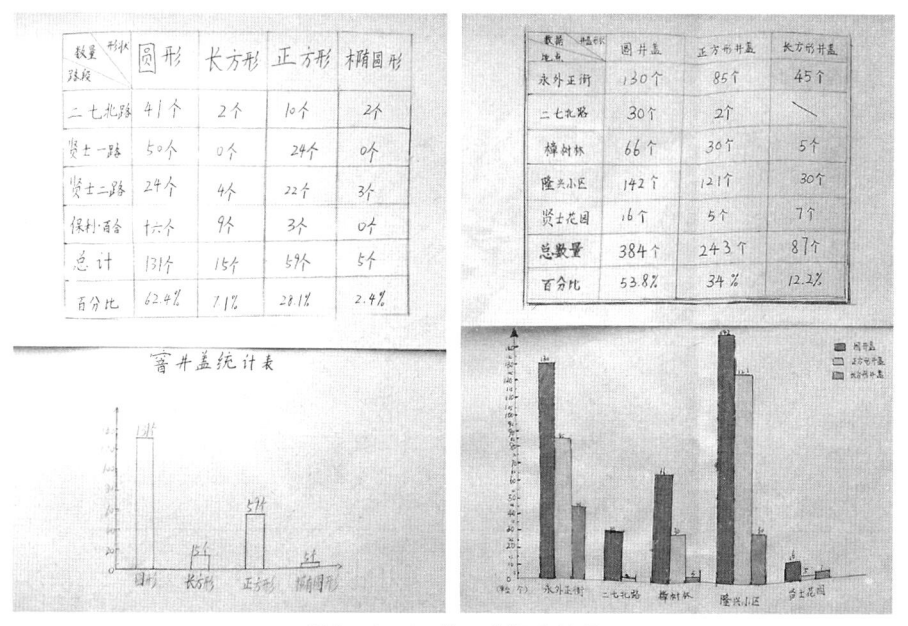

图3-2-4 第二次调查情况

2. 第二步：采访工人，深入了解

通过调查，学生知道了生活中大部分窨井盖都是圆形的，调查只能看到事物的表象，学生还很想听听工人们说说他们为什么喜欢使用圆形的窨井盖，希望借助于工人的工作经验去了解大部分窨井盖是圆形的原因，从而确定了项目学习的第二步：采访工人。

各小组进行讨论：如何采访工人？打算采访工人什么问题？小组讨论结束后全班进行小组汇报，其中有一个小组思考了如何去找工人，提出以下建议：不到施工场地去找，因为不安全；发动全家力量，询问亲朋好友，通过联系熟人寻找工人；马路属于公共设施，可以去南昌市市政公用集团询问等等。对于采访工人的问题，各小组均罗列出了几点。小组汇报之后，全班进行方案优化，然后再由每个小组进行详细的分工，确定每位成员在采访中的任务：每个小组选出一位小组长，负责联系工人，约定采访的时间；一位提问员，负责向采访对象提问；一位记录员，负责记录采访的所有内容；小组其他成员最后把收集的信息进行整理并制作成手抄报。同时出示采访活动评价量表（见表3-2-4）。

表3-2-4 采访活动评价量表

项目	A级	B级	C级	个人评价	小组评价	教师评价
前期工作准备	认真听讲，参与讨论态度认真	能认真听讲，能参与讨论	无人听讲，极少参与讨论			
采访内容记录	大胆提出和别人不同的问题，内容记录完整、详尽	有提出自己的不同看法，内容记录完整	不敢提出和别人不同的问题，内容记录不完整			
小组合作情况	善于与人合作，虚心听取别人的意见	能与人合作，能接受别人的意见	缺乏与人合作的精神，难以听进别人的意见			
手抄报制作	搜集整理材料，综合运用数学知识探究问题	有搜集整理材料，有运用数学知识解释问题	尚未搜集材料，没有运用数学知识			

商讨完毕，每个小组进行细致的分工，小组的每一位成员了解清楚自己的任务后再按照分工进行采访工作。

采访结束后,小组长进行组内信息汇总,再由班长汇总全班的调查信息,结果发现,圆形窨井盖最多是因为其更具有实用性。圆形正好符合工人的体型,便于工作人员进进出出,所以圆形自然而然地成为下水道出入孔的首选形状,学生制作的手抄报(见图3-2-5)。

图3-2-5 学生制作的手抄报

3. 第三步:计算验证,科学证明

学生通过前两次调查结果后发现:大部分窨井盖是圆形的。我们调查后呈现出来的只是现象,没有经过数学精确的计算验证是缺乏说服力的,因此这才有了窨井盖项目学习的第三步:计算验证。出示计算验证评价量表(见表3-2-5)。

表3-2-5 计算验证评价量表

项 目	内 容	分值	自评	师评
计算前的作图	作图合理、清晰、规范。	20		
计算的方法	准确选用适当的计算方法	20		
计算技巧	合理、巧妙地运用计算技巧	20		
结论	能提出有一定研究价值的问题,梳理收获,提升经验	40		
总体评价				
备注				

因为在现实生活中,窨井盖的形状只有圆形、正方形、长方形三种,所以计算验

证过程中也只研究这三个平面图形。

(1) 计算验证一：半径相等时比较它们的面积大小(多边形的半径是指多边形外接圆的半径)。

假设圆的半径是 10 厘米或者多边形外接圆的半径是 10 厘米，圆、正方形、长方形的面积各是多少？它们的面积大小关系是怎么样的？

① 计算圆的面积

已知圆的半径是 10 厘米，求这个圆的面积是多少？这对于六年级的学生来说是一道基础题，所以圆的面积结果很快就被计算出来了。

$S = \pi r^2 = 3.14 \times 10^2 = 3.14 \times 100 = 314$ 平方厘米，学生计算圆形的面积(见图 3-2-6)。

② 计算正方形的面积

第一次计算正方形的面积

已知正方形的外接圆的半径是 10 厘米，求这个正方形的面积是多少？大部分同学都想知道正方形的边长是多少？他们说："正方形的面积公式是边长乘以边长，知道了正方形的边长就可以计算出正方形的面积。"学生的分析虽然很有道理，但是计算正方形的边长已经超出了他们的知识范围。有部分同学另辟蹊径，用作标准图的方法来解决问题，使用尺子量出了正方形的边长是 14 厘米左右，但是因为作图没有那么精确，尺子测量也存在一定的误差，所以最终导致正方形的面积大小存在着不确定性，此现象引发了全班同学的新一轮的思考。

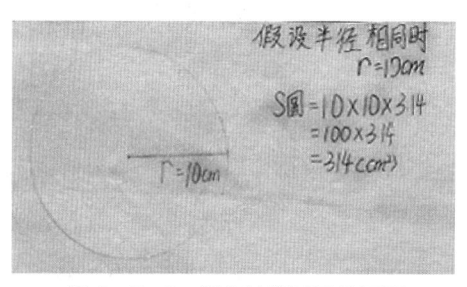

图 3-2-6 学生计算圆形的面积

第二次计算正方形的面积

学生思考之后，全班经过交流，一致认为要用其他的方法才能解答。此时引导学生分析正方形的对角线有什么特点。学生动手操作正方形的纸片后发现，正方形的对角线垂直且平分。有的学生把正方形分割成了四个三角形，而且这四个三角形的面积相等；还有的学生把正方形分割成两个三角形，这两个三角形的面积也是相等的，学生计算圆内接正方形的面积(见图 3-2-7)。

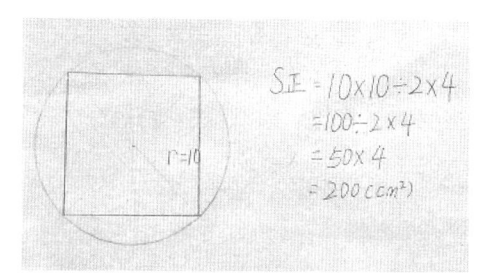

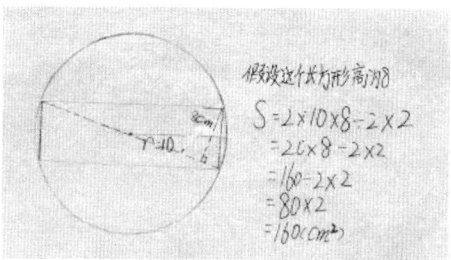

图 3-2-7　学生计算圆内接正方形的面积　　图 3-2-8　学生计算圆内接长方形的面积

③ 计算长方形的面积

已知长方形的外接圆半径是 10 厘米,求长方形的面积是多少。大部分学生是这样思考的：用长方形的一条对角线把长方形分割成两个三角形,长方形的对角线的长就是圆的直径 10×2＝20 厘米,把长方形的对角线作为三角形的底边,三角形的高学生是不知道等于多少的,在不会算的情况下,学生很想用尺量,但是由于前面的教训,所以最终没有这样做。此时,老师及时提醒学生可以试着去对比圆中方的图形,当三角形的高是圆的半径 10 厘米时,圆内接的四边形是正方形；而当圆内接的四边形是长方形时,三角形的高一定比 10 厘米要短,到底是多长则要根据自己画的图形来定,学生计算圆内接长方形的面积(见图 3-2-8)。

④ 比较三种图形面积的大小

通过计算发现：当圆的半径和多边形的外接圆半径都是 10 厘米时,圆的面积最大。把圆的半径和多边形的外接圆的半径换成其他相同的数字,经过计算依然得出圆的面积最大这一结果。所以当圆的半径和多边形的外接圆半径是相等数值时,圆的面积最大(见图 3-2-9)。

(2) 计算验证二：周长相等时比较它们的面积大小。

如果这些平面图形的周长都相同时,它们的面积的大小关系又是怎样的？带着这个问题再去进一步计算验证。假设所有图形的周长都是 62.8 厘米,请分别计算出圆形、正方形、长方形的面积。

① 求圆的面积

已知圆的周长是 62.8 厘米,求这个圆的面积是多少？(见图 3-2-10)

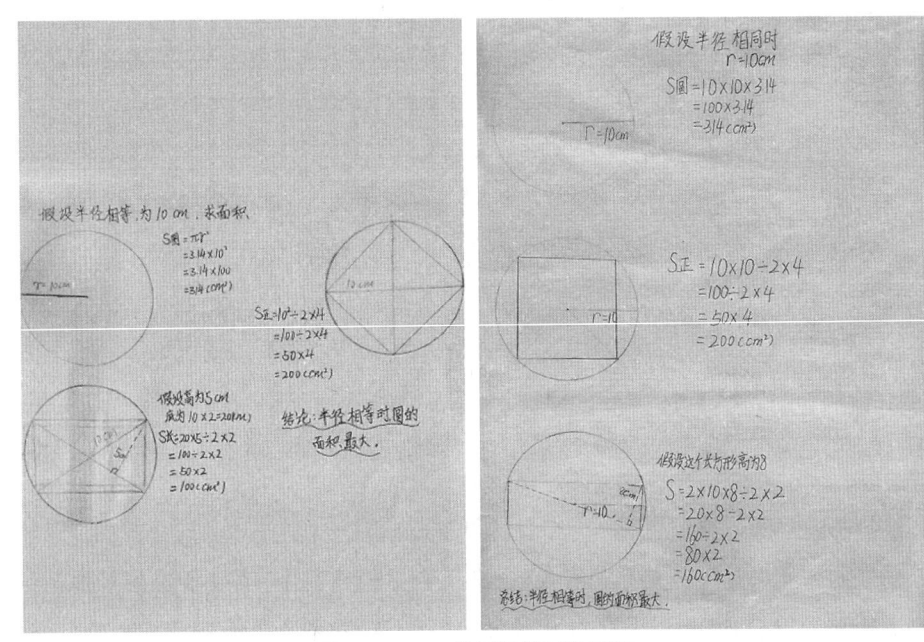

图 3-2-9 半径相等时比面积

图 3-2-10 计算周长为 62.8 厘米圆的面积

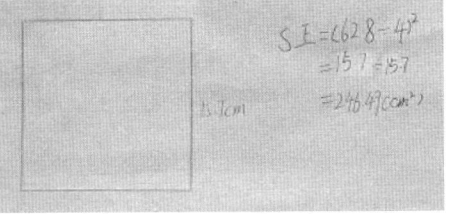

图 3-2-11 计算周长为 62.8 厘米的正方形的面积

② 求正方形的面积

计算周长为 62.8 厘米正方形的面积(见图 3-2-11)。

③ 求长方形的面积

计算周长为 62.8 厘米长方形的面积(见图 3-2-12)。

圆和正方形的面积,学生可以很快计算出来,但是计算长方形的面积时却遇到了问题:不知道长方形的长和宽分别是多少。首先需要明确的是:长 + 宽 = 62.8÷2 = 31.4 厘米,而长方形的长比宽要长,31.4÷2 = 15.7 厘米,根据这些信息

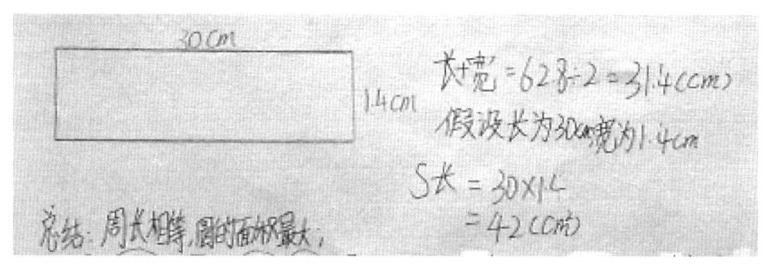

图 3-2-12　计算周长为 62.8 厘米的长方形的面积

就可以假设长方形的长比 15.7 厘米长就可以了。

④ 比较三种图形面积的大小

经过计算，同学们得出：周长相等的平面图形，圆的面积最大(见图 3-2-13)。

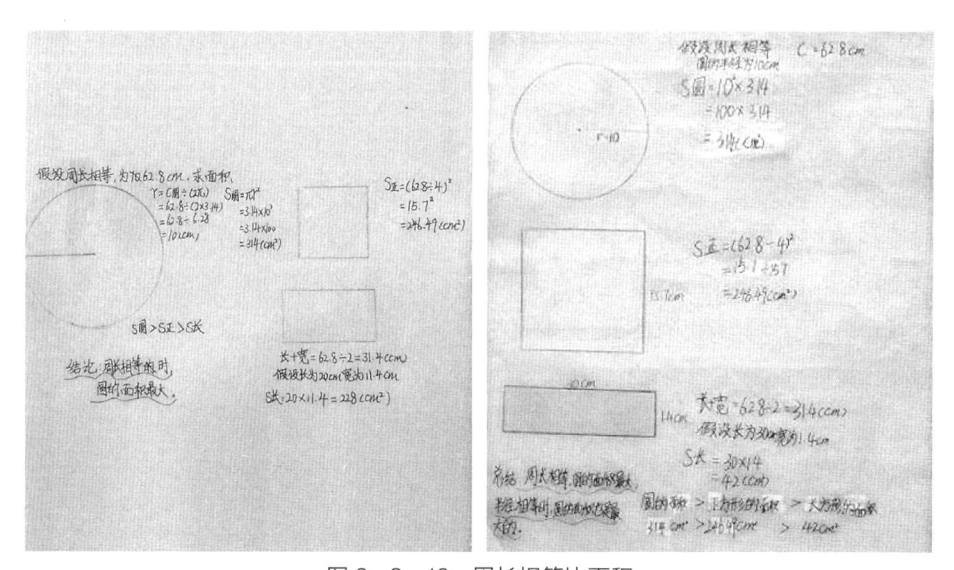

图 3-2-13　周长相等比面积

4. 第四步：制作模型，亲身感受

经过计算验证，学生发现，在周长相等的条件下，圆的面积最大。那生活中为什么要选择面积最大的圆形做窨井盖呢？学生想亲手实践制作窨井盖的模型，看看什么形状的窨井盖更适合、更安全，从而才有了窨井盖项目学习第四步：学生动手制作窨井盖的模型。学生模型制作评价量表(见表 3-2-6)。

表 3-2-6　模型制作评价量表

评价维度	评 价 要 素	评价结果		
		自评	互评	师评
可操作性	可实施,可操作			
外　观	与主题相关,制作美观,有利于解决问题			
制作方法	运用数学方法制作模型			
特色创新	模型有特色、有创新、有亮点			
备注：评价结果采用等级制,共分为 ABC 三个等级,A 为优秀,B 为良好,C 为有待努力				

(1) 制作前的准备

小组展开讨论窨井盖模型的共同特点是什么,每位组员分别做什么样的窨井盖模型。学生首先明确的是做什么形状,接下来再继续讨论如何做,具体的步骤是什么,需要使用哪些工具。讨论之后,学生开始第一次制作。

(2) 第一次尝试制作

第一次制作时,老师发现学生拿到硬纸板时,直接在上面画好一个图形,然后用剪刀剪下这个图形。为此,老师特意给学生做了一个实验：把窨井盖模型安装好,再用手指去压窨井盖,结果所有窨井盖的模型都掉下去了。看到实验结果,学生开始思考问题究竟出在哪里,并准备进行第二次模型制作。第一次尝试制作的窨井盖模型(见图 3-2-14)。

图 3-2-14　第一次尝试制作的窨井盖模型

(3) 第二次改进制作

经过第一次的制作,所有学生都开始思考,为什么所有窨井盖的模型都会掉下去呢。学生回家查阅资料以及小组讨论交流后发现,所有的窨井盖模型包括井座和井盖,井座上设有井框,井盖安置于井框上。如果窨井盖和窨井口一样大,窨井盖在实际使用过程中就很容易直接掉入窨井。这是因为,窨井盖铺设在大马路上,每天有许多汽车在上面行驶通过,如果窨井盖轻易掉落井中,汽车车轮就会陷进窨井,从而导致意外事故的发生;窨井盖铺设在人行道上,每天走路的人来来往往,如果失去窨井盖的保护,行人行走时就会失足跌入窨井产生意外伤害。因此,设计窨井盖形状时就必须充分考虑到车辆行人的安全,确保窨井盖不能掉到窨井里,并且不能因窨井盖形状存在尖角而造成更大的二次伤害。学生第二次改进制作的窨井盖模型(见图3-2-15)。

图3-2-15 学生第二次改进制作的窨井盖模型

(4) 动手操作窨井盖模型

在动手操作过程中,学生还发现,如果窨井盖设计成正方形或者长方形,盖儿虽然比窨井口大一些,但因为它们的对角线一定比正方形的边长或者长方形的长及宽都要长些,那么,当井盖被震动时,仍然很有可能掉落到井里(短边穿过长边)。但是,如果设计成圆形的窨井盖,由于圆的无数条直径都是相等的,所以,盖儿只要比窨井口大一点点,就不易掉落下去,汽车和行人更安全,在井下操作的工作人员也更安全,因此圆形窨井盖最具有安全性、实用性。学生动手操作窨井盖模型(见图3-2-16)。

图3-2-16 学生动手操作窨井盖模型

四、成果展示与评价

(一) 研究报告

通过窨井盖项目学习,我们围绕驱动问题"为什么大部分窨井盖都是圆形的"开展了一系列的学习活动。问题来源于生活,学生利用所学的数学知识去解决生活中的数学问题,让学生学以致用,在项目学习探索过程中真正理解数学学习的意义。

通过实地调查,学生知道了圆形窨井盖所占的百分比是73%,在实际生活中大部分窨井盖是圆形的,而偶尔出现长方形和正方形的窨井盖大多被使用于容易产生积水的地方(即比路面稍低的地方),以便排水通水。

通过采访工人学生还知道了圆形窨井盖便于运输,最具有实用性,且圆形正好符合人的体型,便于工作人员进进出出,所以圆形自然而然地成为下水道出入孔的首选形状。

通过数学计算,学生还得到结论:当圆的半径和多边形的外接圆的半径相等时,圆的面积最大;周长相等的平面图形中,圆的面积最大。圆形受力最均匀,不容易破碎。

学生还在动手制作窨井盖模型、对比操作窨井盖实物模型的过程中发现,因为圆形的直径处处相等,圆形窨井盖不会掉入井内,相比其他形状更具有安全性。

综合以上原因,我们推论出:生活中大部分窨井盖设计成了圆形。

(二) 窨井盖模型的展示与评价

窨井盖对学生来说并不陌生,生活中十分常见,因此在第一次尝试制作窨井盖的过程中,学生只关注到窨井盖最外面的样子,而忽视了里面的内在结构。经过第一次尝试制作窨井盖,学生知道了窨井盖模型并不是简单的图形叠加,于是通过查阅资料、小组讨论汇报、老师讲解等方式进一步了解窨井盖模型的结构特征。在第二次改进制作窨井盖过程中,学生开始探索用不同的方式去阻止窨井盖水平地往下掉,从而真正理解窨井盖模型的结构特征。

学生还从四个方面对制作好的窨井盖模型进行了评价:是否符合模型的特点,制作的方法是否正确,制作的窨井盖模型是否美观,是否具有可操作性。评价等级设置了优秀、良好、有待努力三个等级。

在没有操作窨井盖模型之前,有些学生认为"无论窨井盖做成什么形状,都不会掉下去"。而在通过操作窨井盖模型的实践之后,这部分学生开始发现,窨井盖一般情况下是水平放置的,然而当它被车压过时,因为受力有可能倾斜甚至竖立起来。通过不断的操作实验,学生明白了现实生活中窨井盖会因为受力而从不同的角度掉落下去,从而发现了圆形的直径处处相等的优点,进一步理解了为什么大部分窨井盖都是圆形的。窨井盖模型的展示结果评价量表(见表3-2-7)。

表3-2-7 窨井盖模型的展示结果评价量表

内容	等级	自评			互评		
		优	良	合格	优	良	合格
实地调查	积极参与调查,配合小组成员完成任务,能准确地表达自己的观点						
采访工人	认真听,能与人合作,大胆提出自己的问题						

续表

内容 \ 等级	自评 优	自评 良	自评 合格	互评 优	互评 良	互评 合格
计算验证　合理作图,准确选用适当的计算方法						
模型制作　能运用数学方法制作主题相关、有利于解决问题的模型						
教师总评						
我的收获						

五、项目反思

窨井盖项目学习从解决学生生活中发现的问题出发,让学生通过实地调查、采访工人、计算验证、制作模型等多种形式的学习方式去探索研究。教师在项目学习中是设计者、学习的发起者、引导者。从整个项目学习过程中可以看到,学生很喜欢自己去做学问,他们在活动中学习,在过程中成长。学生对待自主学习,有兴趣、有热情、有方法。在项目学习过程中,学生不但收获了知识,还提高了能力。

(一) 经验分享

1. 学生不断地质疑与思考,学会用数学的眼光去看待世界

近几年,南昌在修地铁,学生在学习之余谈论到新铺设的路面上有很多窨井盖,还有同学在回家的路上统计出圆形窨井盖是最多的。有一天课间,一位学生提出一个问题:在我回家的路上圆形窨井盖是最多的,其他地方是不是也是这样? 为什么呢? 我及时抓住了这个问题让学生进行项目学习,一个好的项目学习就诞生了。通过项目学习,学生不断地质疑与思考,学生学会了用数学的眼光去看待世界。

2. 把展示的机会都留给学生,学生习得用思辨的科学语言去表述世界

在小组讨论之后的每一个汇报环节中,学生都畅所欲言、各抒己见,通过思维的碰撞去迸发出智慧的火花。在采访环节中,每一位学生都有自己的任务,可以在活动中充分展示才能、锻炼能力、挖掘潜能、彰显个性,给学生创造充分展示自我、

表现自我的舞台,促进学生用思辨的科学语言去表述所观察、思考和质疑的内容。

3. 把学习的主动权还给学生,学生敢于用主观能动性去创造世界

在整个项目学习的过程中,教师和学生一起去探究,以学生为主体,让学生充分掌握学习的主动权,学会思考质疑,不断地去发现问题、解决问题。教师综合全班同学的想法,在关键点进行引导,优化活动方案,让项目学习得以顺利开展。学生在学习中的积极性、主动性、创造性都得到了最大限度的激发与释放,很好地发挥学生的主体作用,让学生拥有深度的学习主动权,从中体会到喜悦感和成就感,进一步刺激学生敢于发挥自己的主观能动性,去更好地创造世界、改变世界。

(二) 不足与思考

1. 项目学习有待进一步的学科融合

项目学习进行到"计算验证"这一步的时候,学生经过计算验证得出,周长相等的平面图形,圆的面积最大。此时,学生容易产生一个同样的疑惑:我们为什么要选择面积最大的圆形做窨井盖呢?这个问题单单从数学学科角度是无法得到完整解释的,还要综合运用到初中的有关力学知识,才能更好地得出结论。之所以把窨井盖设计成圆形,原因有很多,其中有三个具有代表性的原因:第一,圆形窨井盖承重能力是所有形状里面最强的,中间凸起设计使整体呈圆拱形,这样周边承受的压力也会更均匀,窨井盖更耐用;第二,因为圆的直径都一样,无论怎样摆放,圆形窨井盖都不易掉落井中;第三,圆形窨井盖不容易伤到人,三角形或正方形等都存在尖角。如果项目学习的对象是初中生,我们可以尝试把这个项目学习做成数学学科与初中物理学科的跨学科项目学习。通过整合实现学科融合,项目学习就会更加趋近于完美了。因此,我们将继续思考如何继续深入开展这个项目学习,怎样才能用生动形象的方式让学生初步了解其中的力学奥妙,以这个问题为着力点,用怎样的方式去引导学生的发散性思维过程,并最终直观的以思维导图的方式呈现出来,从而促进该项目学习进一步实现学科融合,提升学生的数学核心素养。

2. 巧妙化用学生的错误

在学生第一次动手制作窨井盖模型的时候,出现了模型制作的问题。在项目学习中,我们要让学生真正成为学习的主体,使其思维始终处于积极的思考状态,

为了实现这一目标,教师必须要懂得引导学生自主发现问题所在,再通过巧妙的交流点拨,让学生自主探究,真正理解窨井盖的特点,最终解决问题。正是因为有了第一次的试错,第二次制作窨井盖模型就进行得十分顺利,这正如特级教师华应龙所说:"人生自古谁无'错','错'若花开,成长自来。"因此,我们不必担心学生会出错,只要正确地对待学生出现的错误,巧妙化"错",项目学习一定会让我们从中受益匪浅,而且能以此引导学生在将来的人生之路上,不怕犯错,敢于试错,善于懂得通过错误去反思和改进,从错误中学习到更多的知识,领悟到更多的智慧,这才是我们教育应该追求并赋予学生的积极态度。

(南昌市东湖区南京路小学　刘赟菁　刘统华　涂俐娜)

第三节　实践智慧3：商品摆放的秘密

一、项目简介

项目名称	商品摆放的秘密	适用年级	五年级
项目类型	美术学科项目学习	项目时长	6课时
主要学科	美　术		
项目概述	"商品摆放的秘密"项目学习,以"为什么摆放整齐的货品更吸引人"为核心问题组织学生开展多种活动,引导学生自主探究,了解重复图案排列的规律和形式美,掌握不同设计方式、表现形式的重复图案。在生活中发现美,培养学生探索学习的习惯和尝试解决综合性问题的能力。		
驱动问题	为什么摆放整齐的商品更吸引人？		
项目目标	学科知识与技能	依据《小学美术课程标准》(2011版)和教材要求： 1. 了解项目背景和学习内容。 2. 通过欣赏、观察、探究,了解整齐重复摆放的规律及重复美的构成元素。 3. 能够运用重复图案装饰美化生活中的事物。	
	21世纪技能	复杂问题解决能力、独立思辨能力、沟通协调能力	
	价值观念	把生活问题美术化、美术问题生活化,以此激发学生的学习兴趣,为学生提供观察和实践美术的机会,热爱艺术、强加艺术情感。	

续　表

项目成果	产品形式	过程性产品：学生改造超市蔬菜展台的摆放 最终产品：各种重复图案装饰的生活用品
	展示方式	班级展览、学校展板展览、学校电子屏展示
学习评价	过程评价	通过教师评价和学生自评的方式，结合学习效果评价表。
	结果评价	通过集中展示的方式，师评、自评、互评，结合学生手工实践作业评价表。
项目资源		1. 生活用品、绘画工具 2. 超市货架 3. 拍照手机、网络资源

　　逛超市的时候，面对不同环境的超市、琳琅满目的商品，你会选择哪个超市？走向哪个货架？抛开带有目的性的选择，当我们漫无目的地浏览商品时，首先映入眼帘的，更愿意走向的，一定是摆放整齐好看货架。很多人认为整齐摆放方便寻找货品，其实整齐重复的摆放商品这个陈列行为，巧妙地融合了美术当中重复构成的概念。学生观察生活中的重复物品，为课堂师生共同探讨重复图案的组成奠定基础。此环节不仅解释了重复整齐的物体为什么更吸引人的核心问题，并且透过现象看本质，洞察生活的奥妙。

二、项目启动

(一) 驱动问题的提出

　　1. 教师把学生带进超市，通过观察各种货架的摆放方式，发现整齐的货架给人感官上营造出的效果是美观的、有秩序的。不整齐的货架给人的感官效果是杂乱无章的。通过这一发现，学生有了探究什么是整齐的欲望，激发了学习的兴趣。学生继续在超市观察不同货架物品的摆放后，互相采访，总结调查结果后会发现四个整齐的摆放规律。在此基础上教师再引导学生动手改造货架展台，并说明改造的原因和依据，从而强化调查结果在学生动手能力上的指导作用。

　　2. 驱动问题的意义和价值：为什么超市货品摆放整齐更吸引人？下面我们就带领大家从美术的角度去探究。基于小学生的认知探究水平，反复整齐出现的物体会给人视觉上带来强烈的秩序感和视觉冲击力。美术当中二方连续和四方连续的图案组成就是运用了这种重复排列的方式构图。通过观察基本型、股式、排列方向等构成要素,让学生在理性认知的基础上感受重复图案的美。

学生通过观察进行视觉思维的锻炼,通过自己的思维活动,探索视觉符号,增强对表象的认识,发展智慧,提高形象思维能力,促进逻辑思维发展。

(二) 学生分组

1. 科学的分组:构建热烈、有序的小组学习环境,科学的分组。小组规模不宜过大,一般8—10人,具体分组可以遵循"组内异质"及"组间同质"的原则。

2. 前期准备:安排小组合作学习之前,应该使学生明了学习目标和学习内容。

3. 小组分工(见图3-3-1):组内设信息员、记录员、分析员、汇报员角色。

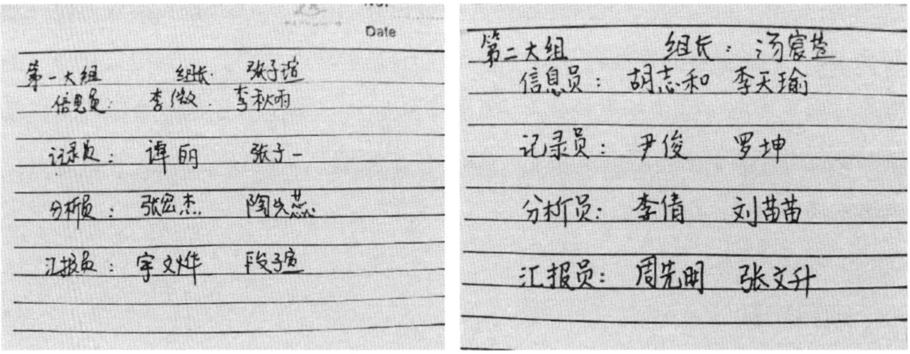

图 3-3-1 小组分工

信息员:负责搜集到重复图案的信息整理。

记录员:把信息员收集的信息记录在活动记录表中。

分析员:分析信息员搜集的信息是否正确。

汇报员:把小组记录的方案进行汇报。

这样,在课堂上每一个同学有了明确的任务安排,学习更加主动了,小组合作的气氛更浓了,小组合作的效果也更佳。这样可以增强他们的责任感,明白各自应承担的责任与义务。

(三) 项目管理

1. 老师适时、适度地介入小组学习。教师的角色不只局限于讨论的组织者，教师如果能适时适度地参与到学生的探讨之中，和他们一起学习，并指导他们如何发表自我见解，或者以自己的发言暗示学生如何发言，教给学生如何说出自己的观点，和学生一起讨论，逐渐培养学生发言的习惯和兴趣。指导小组成员在探究学习中如何分工合作，参与到学习中去，始终监控学生学习的过程，引导学习的方式。

2. 项目学习的过程中，我们运用项目评价时间线(见图3-3-2)全程管理。用评价来检验最终成果是否回答了驱动问题，这有助于项目学习活动的有序、高效开展。

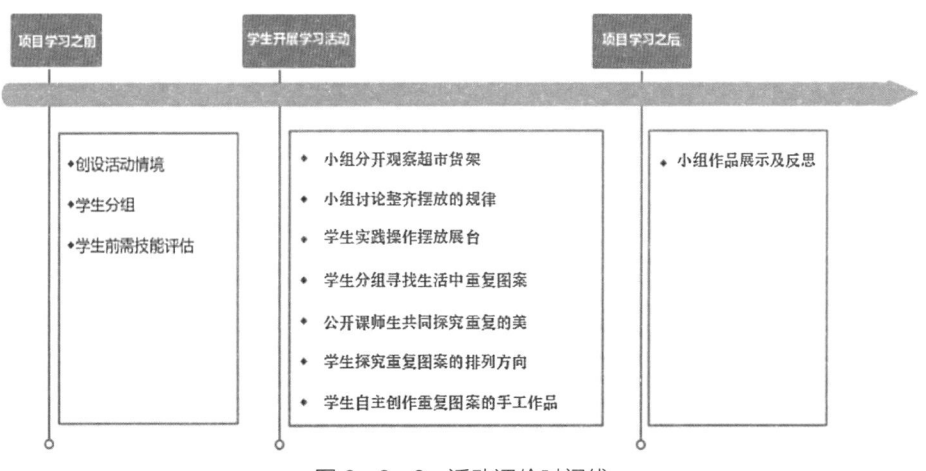

项目学习之前	学生开展学习活动	项目学习之后
◆创设活动情境 ◆学生分组 ◆学生前需技能评估	◆小组分开观察超市货架 ◆小组讨论整齐摆放的规律 ◆学生实践操作摆放展台 ◆学生分组寻找生活中重复图案 ◆公开课师生共同探究重复的美 ◆学生探究重复图案的排列方向 ◆学生自主创作重复图案的手工作品	◆小组作品展示及反思

图3-3-2　活动评价时间线

三、项目实施

便利店货架商品摆放看似毫无规则，实则暗藏玄机。逛超市已经成为了人们生活中不可或缺的一部分，人们已经习惯于去超市购买自己所需要的商品。享受超市给我们带来的便利的同时，人们也因为超市的布局不合理而需要长时间逗留于超市而苦恼。有序有规律的摆放商品在视觉上给顾客最直接的感官刺激，可以快速让顾客找到商品。老师通过综合实践活动和介绍美术学科重复图案，引导学生发现陈列商品的艺术性,通过生活中的美育传授,开发学生智力,培养他们的观察力、想象力、创造力,培养他们对美的感受力和欣赏能力,提升其审美兴趣,端正其态度,同时也培养他们的不同个性、思想情操和人格。

(一) 项目方案设计

为什么超市货品摆放整齐更吸引人?围绕驱动性问题我们设计了项目实施流程图(见表3-3-1)和项目学习地图(见图3-3-3),首先以生活中的问题为切入点,引导学生分组观察研究物体的摆放规律,接着通过美术课堂师生共同探究重复图案,最后用手工作品作为展示和评价。

表3-3-1 项目实施流程图

项目环节	具 体 内 容	时间安排
项目准备	1. 分组 2. 观察生活中的重复排列	1课时
项目实施	第一阶段:为什么摆放整齐的货品更吸引人? 1. 观察各种货架 2. 总结摆放规律 3. 改造蔬菜展台 4. 寻找生活中的重复排列	2课时
	第二阶段:重复的美课堂探究 1. 生活中、大自然中、古代社会中的重复现象 2. 重复构成的元素:基本型、骨式 3. 学生自主探究重复图案的排列方向 4. 重复构成的颜色搭配	1课时
	第三阶段:创作重复元素的手工制作 1. 学生分组准备材料 2. 分组制作手工制作	1课时
项目展示	1. 装饰画 2. 纸盘、纸杯画 3. 帽子、围巾 4. 其他类	1课时

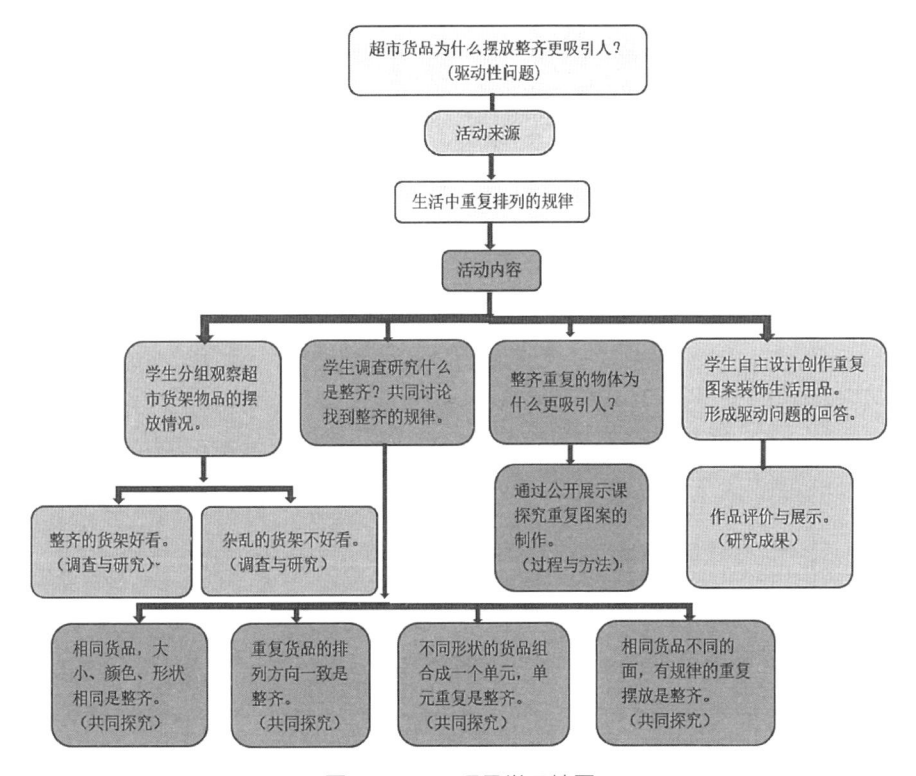

图 3-3-3 项目学习地图

(二) 项目实践过程

项目学习正式开始,学生在老师的引导下按照实施计划开展学习实践。

第一阶段(1 课时):

1. 老师带领学生在超市里分组观察各种货品摆放

(1) 此阶段把五年级的学生按班级分为 4 个小组,每个小组 10 名学生,每个组一个小组长负责统计观察结果和带领学生寻找观察物品。学生带着驱动问题去观察超市各种各样的货架。在去超市之前,学生以为超市货架的物品都是整齐摆放的,可是有了此次带着问题去观察后,大部分学生都能发现,超市货品的摆放不一定都是绝对整齐的,有些看似整齐的货品其实仔细区分也有不整齐的地方,于是,学生们得到了结论一:整齐有规律摆放的货品更好看,更方便寻找。没有规律摆放的货品,不美观,也不方便寻找。

(2) 教师带领学生来到食用油展台,发现同样的物品,看起来一样的摆放方式,两边展台一个整齐,一个不整齐(见图3-3-4)。

图3-3-4 超市货品摆放场景

2. 学生探究:整齐——有什么规律可循吗?

探究过程:

(1) 学生来到超市里促销展台相对集中的区域观察,教师提问:"在这些展台里,所有货品都是整齐摆放的吗? 哪个最整齐?"学生观察后发现,有的促销展台货品里夹杂了别的商品,造成了局部不统一的效果,于是大部分学生选择了一组白酒展台。教师引导学生仔细观察他们的颜色、形状,学生观察总结规律一:同类货品,大小、颜色、形状相同才整齐(见图3-3-5)。

(2) 教师带领学生继续在超市里寻找不同排列规律的展台,来到洗发水展台以后教师引导:"这组洗发水有三个部分,左中右三大块分别是三款不同的洗发水,同学们看看,这三款洗发水的摆放都是整齐的吗?"有了上次的观察经验,其中一个小组的学生马上就发现,这个展台的洗发水左边的不整齐,中间的最整齐。老师接着说:"其实有个小细节让它们发生了变化,仔细看看它们的瓶盖部分?"孩子们忽

图 3-3-5　货品摆放规律一

然恍然大悟，终于找到了不同点。原来左边的洗发水瓶盖旋转方向不统一，这造成了局部不整齐的效果。同学们总结规律二：同类货品的排列方向一致才整齐（见图 3-3-6）。

图 3-3-6　货品摆放规律二

(3) 接着,师生来到洗面奶和面膜的组合展台,和上面两个观察对象不同的是,这次出现了不同的货品,不是单一一种货品了。教师提问:"这个展台整齐吗?"学生回答:"整齐。"教师:"不同物品摆在一起怎么会整齐呢?"其中一个学生举手说道:"一盒面膜和一支洗面奶组合成一个形状,然后这个形状不停重复。"教师引导学生总结规律三:不同类货品组合成一个单元,这个单元整齐的重复排列也很好看。

(4) 来到牙膏展台,教师提问:"这个造型很特别,是个心形,它好看吗?"学生答:"好看。"教师:"那它整齐吗?"学生说:"好像不整齐。"教师:"难道不整齐的货架也好看?"学生陷入了思考,教师继续提问:"同学们,虽然这个展台是心形的,但是其实只要有规律的重复的都叫作整齐,你们看看,这个货架到底是不是整齐摆放的?"学生回答:"牙膏虽然用不同的面组成了一个心的形状,但是它也是一层一层数量递增和递减的规律,所以是整齐的。"在老师的引导下,学生总结规律四:同类货品不同的面,有规律的重复摆放整齐好看(见图3-3-7)。

图3-3-7 货品摆放规律四

3. 学生寻找生活中的整齐重复造型

学生回到学校以后,教师布置课后调查作业:观察自己身边和生活中有规律的整齐摆放的物体。这一环节的实践目的是为了让学生更好地熟悉生活中的重复规律。经过学生从身边的衣食住行各个方面观察研究后发现,窗帘、窗户、栏杆、自动门等等,很多物体里都含有重复排列的元素,整齐的美无处不在。学生经过在超市里总结提炼了整齐排列的规律以后,在做此项调查的时候,还学会了纠错,生活中有些看似整齐重复的物品或者装饰品,有些小细节不统一破坏了整体的美观,没有达到整齐排列的效果(见图3-3-8)。

图3-3-8 学生在生活中发现重复元素和排列方式

4. 评选"发现小达人"

通过在超市和生活中的观察和寻找,学生分组整理搜集到的重复排列图案和各种形式。通过欣赏图片资料和口头介绍结合的方式,师生共同评价。每个组评选"发现小达人"。把发现美的过程变成激励学习的动机,激发学生学习兴趣。评价表见表3-3-2。

表3-3-2 学生学习效果评价表

评 价 要 点	10分	5分	1分	评 分
收集重复排列的图片的数量	10个以上	6—10个	1—5个	
找到摆放的规律	3个以上	2—3个	1个	

第二阶段(1课时):

与重复排列知识相关的美术课程——《重复的美》活动实录,探究重复图案的制作方法和过程。

1. 情境导入

学生对生活中的重复排列有了一定的认识之后,老师通过视频、图片的引导,帮助学生发现大自然、古代社会中的重复元素。把重复这一概念升华到历史文化中,增加知识点的深度与厚度。

教学实录片段:

师:欢迎来到陈老师的美术课堂,今天我们的课堂要闯三关,对于答题闯关成功的小朋友将有神秘的荣誉。你准备好了吗?特别棒!

咱们进入第一关,看一看。

师:仔细观察。这是中华人民共和国成立70周年阅兵仪式的画面(见图3-3-9),看完画面中解放军叔叔他们的服装和动作以后,你有什么感受呢?

图3-3-9 阅兵队伍中的重复排列

生:整齐、震撼。

师:表扬你第一个发言的勇气。他们的表情和动作一致,感觉特别整齐是不是?是呀,一样的服装、一样的动作,多次的重复出现在我们的视觉当中,我们的视觉就会有强烈的冲击力。其实这就是我们今天要学习的课题——重复的美。让我们一起到重复图案里探索其中的美妙吧。

师：什么是重复呢？谁能总结下？

生：可以不断地多次出现的物体。

师：你回答得太完整了，表扬送给你！

老师总结概念。师：其实这些重复的美就藏在我们的大自然里（图片（见图3-3-10)配音乐欣赏）。它们有哪些图案在重复呢？

图3-3-10 大自然中的重复排列

生：孔雀的羽毛是重复的。蜜蜂蜂巢是重复的，还有植物当中有序排列的图形。

师：是呀，大自然中的重复真是无处不在，与我们如影随形。

师：其实我们的祖先早在5 000多年前就发现了这种美（配古典音乐欣赏），并且把它用在了生活用品当中。我们看看这是新石器时代的人纹彩陶盆，它重复的是什么图案？

生：一个小人的图案。

师：人形图案沿着陶碗的边缘一个一个地有序整齐地排列，让这只朴实无华的陶罐因为图案变得妙趣横生。

古人还会把重复图案运用在哪些地方？

生：建筑物上有重复图案，还有服装、布料上也有（见图3-3-11）。

图3-3-11 古代物品中的重复元素

师：那时光转回到我们现在，我们的生活中还有重复的美吗？

找一找，你身边有重复图案吗？

生：栏杆、吊灯、教室里的桌椅。

师：今天陈老师也带来了很多我们生活中的日用品，谁上来说一说？你看到了什么？

生：我看到了一把伞，这上面重复了很多个不同颜色的原点，有规律，而且很漂亮。

师：我要表扬这位同学，是个非常有勇气的孩子，愿意和我们分享他的感受。谁愿意再上来指着说一说？

生：灯笼上有树叶在重复，在布料上有重复图案，容器上有雨伞图案。

师：同学们肯定还在思考。跟着陈老师再来到我们的生活中去看一看，也许有意外惊喜。

师：墙纸上有重复的美，重复的是什么？脚印。油脂伞上重复的是什么？帽子上重复的是什么？还有建筑的屋檐、阳台、瓷砖。瞧，我们的万里长城也使用了重复元素，石桥上的狮子、容器的花纹也是重复的，这是超市里整齐摆放的水果，看了这么多的图案，你们发现了什么？重复的美有什么特征？

板书：整齐，有规律。

2. 实践学习

教师通过展示各种实物，让学生看一看、摸一摸，让学生通过触觉、视觉、听觉等方式掌握重复图案的构成元素，为手工创作打下理论基础。

教学实录片段

师：成功进入第二关，学一学。这是两幅重复图案，把它的图案单独拎出来，这两个物体在我们的美术课上有着相同的名字。他们都叫作基本型。

什么样的图形可以作为基本型呢？你看到了什么图案？

生：太阳、树叶、蝴蝶……

师：其实我们看到的任何图形都可以把它作为基本型。

什么情况下我们可以一次得到许多相同的图案呢？

生：剪、贴、画。

师：老师带来的这个作品是运用了什么方法？

生：拓印。

师：现在你们来看看老师是怎么剪贴、拓印的？

让生欣赏老师准备好的示范视频，老师说步骤。瞧，相同的基本型就出现了（见图3-3-12）。

师：接下来，我们要认识——骨式，谁来猜一猜骨式在图案里有什么作用？

生：固定基本型的位置。

师：正是因为骨式，我们才可以把基本型整齐有规律地放进去，形成我们重复的图案。

下面我来找找这些图案对应哪种骨式？（见图3-3-13）

图 3-3-12　重复构成中的基本型

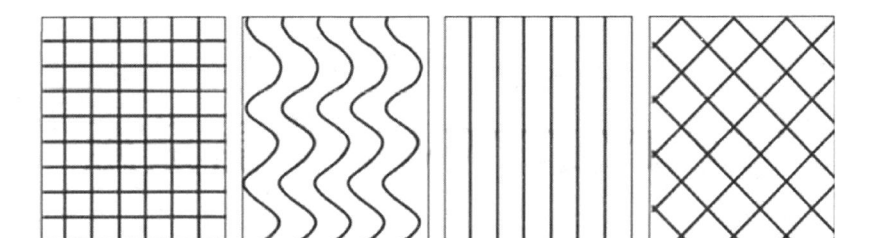

图 3-3-13　重复构成中的骨式

3. 活动探究：学生自主探究排列方向

教师引导，让学生指出骨式中出现的小问题：没有摆整齐（见图3-3-14）。

教学实录片段：

师：这幅图案有什么问题吗？

生：不整齐。

师生一起总结：我们还要注意基本型的排列方向，朝向分别可以是上、下、左、右。

师：除了同向排列，还可以根据轮廓来确定排列的方向：顺时针、逆时针。

下面我们小试牛刀试一试。老师请每个组来按照任务单来摆一摆，试一试。你还能找到其他的排列方式吗？

生分组讨论，动手尝试。

师：你用了什么方向来排列的？分组说一说。

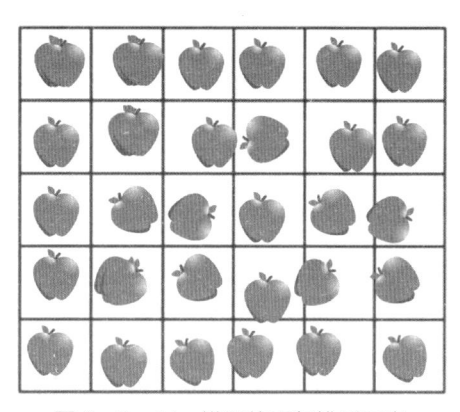

图 3-3-14 错误的重复排列图案

老师展示他们的成果：有的沿着中心点，形成一个圆，向周围扩散来摆；有的向左边排列，有间隔，按骨骼线摆放；有的一左一右排列。

师生总结：对立方向、反转方向、旋转方向。

师：排列方式有很多种，课后同学们可以继续去探索（见图 3-3-15）。

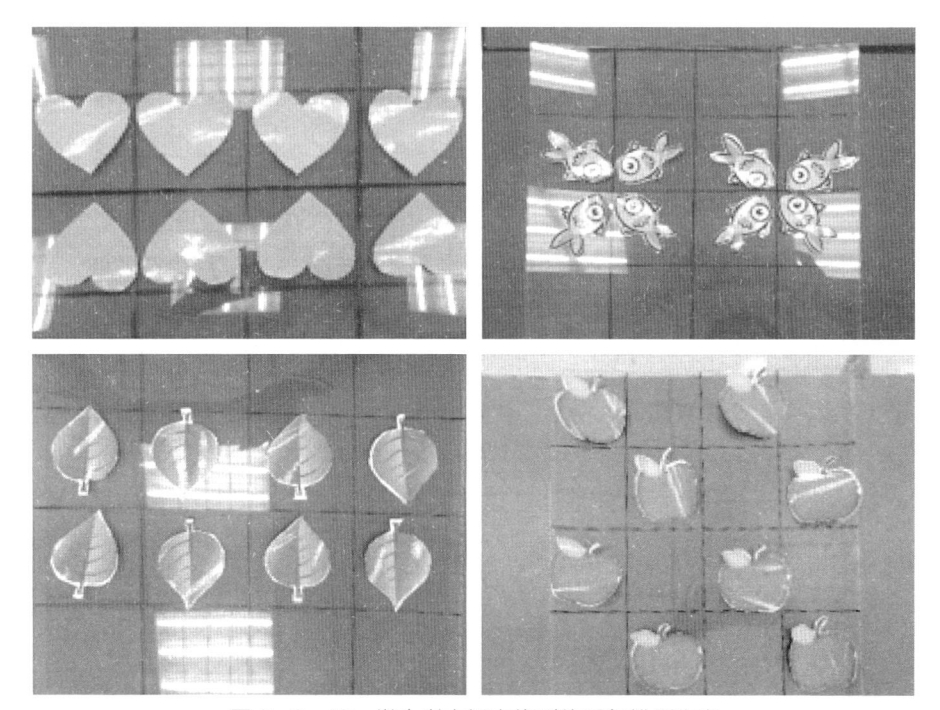

图 3-3-15 学生自主探究找到的重复排列方向

4. 色彩的作用

教学实录片段

师：艺术家也特别喜欢这样的重复的美，把它运用到了艺术作品中（见图3-3-16）。

图3-3-16　艺术家作品里的重复元素

这是20世纪波普的代表人物，美国的艺术家安迪霍沃尔的作品，这幅作品重复的是人物头像，有什么不同吗？

生：颜色不同。

师：在重复图案里我们还可以用颜色进行重复，让人感觉这个图案时而活泼，时而冷静，时而可爱。

师：中国艺术家也把这个元素运用到了他们的作品里，很有趣味。我们的小朋友也不甘示弱。瞧，他们的作品多有意思呀！（PPT播放图片）

5. 作品欣赏

祝贺大家，现在成功进入第三关：做一做。

老师示范鸡蛋托装饰画——把鸡蛋托变成一朵花、一幅画。

第三阶段(1课时)：创作重复元素的手工制作

1. 学生分组准备材料
2. 分组制作各种手工制作(见图3-3-17)

图3-3-17　学生探究与制作

四、项目成果展示与评价

通过《商品摆放的秘密》跨学科项目学习,学生们对重复排列的艺术形式和表现方式有了更深的认知和体验。"美术源于生活,为生活服务。"构建生活化的美术教学,是我们在现代教育思想指导下的一种理想追求。把美术与学生的生活、学习及事件活动联系起来,使美术教学"生活化"。比课堂教学活动更多地关注与生活的链接,并期待这种关注和联系能更好地提高课堂教学的实效性,实现学生全面发展和教师的专业共成长的目标。让学生在特定的情境中进行实践体验,在活动中感悟道理,体验情感,反思自己的所为,规范行为。

注重美术课程与学生生活体验的紧密联系,学生在积极的情感体验中学习美术,以此引导学生去观察生活、感悟生活、创造美好生活,在实际生活实践中领悟美术的独特价值。

此次项目学习成果主要有以下两大类：

成果一：货物摆放作品

学生在超市把不整齐的货架重新排列摆放（见图3-3-18）。在摆放的过程中学生自己思考观察到的整齐的规律，怎样摆放才整齐，怎样整齐才好看。学生之间分组互评，拓展思维，开发学习兴趣。

图3-3-18 学生实践操作改造前后的展台

成果二：手工制作作品

每个学生都利用学习到的知识制作了各种各样的设计作品，教师通过开展览会的方式，让每个学生得到展示自己的机会（见图3-3-19、图3-3-20、图3-3-21、图3-3-22）。本项目学习让学生充分了解了重复图案在生活中的运用，从驱动问题出发，探究超市货品为什么整齐摆放更吸引人，发现好看是因为整齐有规律，最后通过在课堂上详细讲解重复图案的各种相关知识，让学生从生活中发现美，创造美。

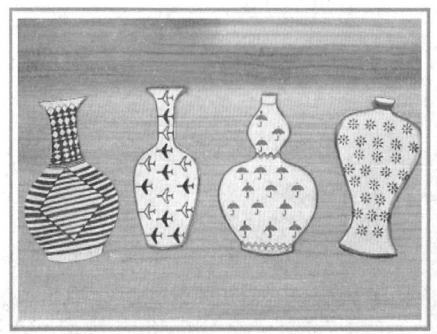

图3-3-19 纸质花瓶、纸盘

图 3-3-20 纸盘、纸杯

图 3-3-21 帽子、扇子、油纸伞

图 3-3-22 围巾、灯笼

评价方式是由教师评价、学生互相评价和学生自我评价三种评价方式组合(见表3-3-3)。采取打分制,让学生感受设计的作品给人带来的感染力。

表3-3-3 手工实训体验评价表

学生姓名：　　　　第　　组　　　　　　　　　　　作品主题：

评价内容	评价标准 ★★★★	评价方式		
		自评	他评	
			小组/组长	教师
仪容仪表	着装干净整洁,符合规范	是/否	是/否	是/否
	面容干净精神,符合岗位要求	是/否	是/否	是/否
	手部清洁,不留长指甲,不涂指甲油	是/否	是/否	是/否
	不在教室吃零食	是/否	是/否	是/否
材料准备	认真收集、备齐上课所需材料、工具	是/否	是/否	是/否
	材料、工具摆放整齐,取用有序	是/否	是/否	是/否
课堂用语	用语礼貌规范,吐字清晰明确	是/否	是/否	是/否
	语音语速语调适宜	是/否	是/否	是/否
学习品质	有强烈的探究欲,学习主动、专注	是/否	是/否	是/否
	遇问题能提出合理意见,并解决	是/否	是/否	是/否
	操作台整理整洁有序	是/否	是/否	是/否
	小组分工明确,合作默契	是/否	是/否	是/否
	乐于与同学一起探究,积极讨论	是/否	是/否	是/否
	能够进行客观自评	是/否	是/否	是/否
	能够对别人的作品进行中肯的评价	是/否	是/否	是/否
作品效果	作品完整,能很好地表现主题	是/否	是/否	是/否
	能正确、灵活地运用所学技法	是/否	是/否	是/否
	构思新颖有独创性,作品美观牢固	是/否	是/否	是/否
评价汇总：□(40个是)优秀　　□(30个是)良好　　□(20个是)还需努力					
体验要点及努力方向：					
建议：					

五、项目反思

(一) 项目经验

本次项目学习遵循生活逻辑,试图以学生的眼光看世界,在内容上彰显生活气息,与学生的联系也更为密切。这个变化给了教师更多的教学自由。学生原有的模糊认识或错误判断在生活实际中得到了矫正,所学知识也必将被自觉用于生活。课堂知识需回归生活经验,课堂理性要达成实践智慧,课堂情感需贯穿生活感悟。要让学生从熟悉的生活情境和感兴趣的事物出发,把生活问题美术化、美术问题生活化,以此激发学生的学习兴趣,为学生提供观察和实践美术的机会。同时,要让学生学会运用美术知识去解决生活中的问题,培养美术素养,体会到美术就在自己身边,感受到美术学习的趣味和作用,体验到美术的魅力。

架起课本与生活的桥梁,是跨学科类项目学习的基本途径,驱动问题是激发学生的原动力,生活中的问题具有形象性和启发性,从学生比较熟悉的生活情境出发,引出课题,学生会觉得美术知识实实在在存在于生活中,处处都有美术,增强学习动机和学习信心。

1. 培养了学生对美术的兴趣,丰富了学生的课余生活

参加本次项目学习的同学都有这么一个感受:以前画画只是应付老师的作业,有时甚至是为了向爸爸妈妈"交差"。但通过项目学习,他们意识到他们不再是被动的,而是变成主动地学习,他们能够自觉完成学习,而且还能头头是道地向同学介绍他所学习到的知识。项目学习小组的建立的好处在于,它为许多喜欢美术的同学深入学习美术创造了一个平台,增强了他们的美术素养,从而激发他们对美术学习的信心和决心。

从素质教育的角度丰富了学生的课余生活,他们的生活不仅限于课堂上,让他们意识到学习的乐趣,更有兴趣学习了。

2. 加强教学中师生的双边关系,确立学生的主体地位

改变教师是课堂教学中唯一主角的现象,提倡师生间保持情感交流和平等关系。教师鼓励学生进行综合性与探究性学习。项目学习将美术与其他学科的联系,与学生生活经验的联系,培养学生的综合思维和综合探究的潜力,是对学生学习方法的研究,引导学生以感受、观察、体验、表现以及收集资料等学习方法,进行

自主学习与合作交流。

　　3. 增加了学生社会实践的机会，拓展学生知识面

　　跨学科项目学习既是课堂教学的继续和延伸，又是它的变异和拓展。项目学习有其自身的教学规律，在培养和提高学生素质方面，它具有自我独特的优势。它区别于一般的综合实践课、美术课，以美术教育的手段开拓学生心灵、智能、创造力和创新潜力。它在扩大学生的知识面，丰富学生的精神生活，发展其个性特长，培养学生美术才能等方面，都具有课堂教学不可替代的作用。开展跨学科项目学习是具有简单再创作的新型教学活动，在本次项目学习中，我带领学生进入超市，走出校园，寻找身边的普通事物。当然，项目学习活动还可以更加丰富多彩，扩大更多课堂的空间，带领学生走出课堂，与实践相结合。这样能更有效地增强学生的审美感知潜力。

(二) 问题与改进

　　1. 教师要多种教学手段辅助引导

　　在本次项目学习案例中，对于物品的几种排列方式，学生在超市货品的摆放中较容易理解，但是如果要从图案的角度来学习，就有很多方面要注意了。比如：两个图形之间的间距、方向、颜色，不同的排列得到的效果也不一样。让学生理解重复的图案这个概念并认识到图案如何才能美观这一点比较重要。可以用到更多种现代化教学手段，比如 VR 动态视觉效果的设备。

　　在教学过程中，学生往往会被重复的规律所局限。在完成作业时，思路不开阔，或者设计的作品不整体，出现散、乱的问题。针对这种情况，需要指导学生搜集大量的平面构成图案和生活中、大自然中的重复现象，这有效地开拓了孩子们的设计思路。在以基本形进行重复排列的时候，要考虑到颜色、间距、方向等有规律的变化。可以变一种，也可以几种一起变。这样画面效果才会丰富生动，才能真正开发学生的学习思维，而不是让学生只学会某一项美术技能。

　　2. 作品参展

　　这次作品完成之后，在校园内用 KT 版以画展形式展览，效果良好。在展览之前，优秀作品已经被拍成电子版，期望以后能在更多网站上进行展示。

3. 小组成员稳定性

项目学习开始时每个班级感兴趣的孩子都过来参加,人员多而杂。因为从每个班挑选成员,存在课余时间的不稳定性,有些孩子出现缺席现象。应该对项目学习成员进行考核筛选制,留下一些稳定和认真学习的组员,制定固定的学习时间和课堂纪律制度。

总之,这次项目学习对老师和学生而言,都是收获大于付出,理性的知识寄托于感性的情感中,并得到升华。期待将来会有更多项目学习的实践机会,让我们的孩子能够真正地培养和展示自己的核心素养,使我们的学生掌握扎实的21世纪所需要的解决问题的能力、判断能力、沟通能力。

(南昌市东湖区右营街小学　陈　瑶)

第四章

项目学习：依托概念理解，播撒文化基因

依据泰勒的课程四要素理论，项目学习应包括学习目标、研究问题、实践支架和学习评价四部分内容。学习目标是项目学习设计的第一要素，我们在构建项目学习目标时，抓住了大观念或核心概念这一重要内容进行设计，以求概念的理解、素养的提升。我们把"理解六侧面（解释、阐明、应用、洞察、神入和自知）"渗透到项目学习活动设计中，因为这样可以帮助我们弄清所需的理解、必要的评估任务和最有可能促进学生理解的学习活动。

教育部在《关于全面深化课程改革 落实立德树人根本任务的意见》中提出"核心素养"的概念之后,广大教师关于如何培养核心素养的思考接踵而至。为了让核心素养落地,东湖教师以项目学习为抓手,做了一些实践与探究。

依据泰勒的课程四要素理论,项目学习应包括学习目标、研究问题、实践支架和学习评价四部分内容。学习目标是项目学习设计的第一要素,我们在构建项目学习目标时,可以抓住大观念或核心概念这一重要内容进行设计,以求学生理解概念和提升素养。

本章节以红色文化、古色文化为主题的三个项目学习案例,其驱动问题不约而同地指向了概念理解,凸显了项目学习的思想性、实践性和地域性。利用身边的学习资源开展项目学习,学生学习起来更有亲近感、话语权。我们应把"理解六侧面(解释、阐明、应用、洞察、神入和自知)"渗透到项目学习活动设计中,因为这样可以帮助我们弄清所需的、必要的评估任务和最有可能促进学生理解的学习活动。简而言之,理解不能靠陈述事实,需要循序渐进的探究行动和有针对性的评价量规来支撑。

本章共三个项目学习案例:滕王阁保育院的"我眼中的滕王阁"、东湖幼儿园的"家乡是片红土地"以及东湖小学的"念念不忘的八一精神"。南昌的古色文化是东湖少年成长的沉淀池,幼儿在高阁实地理解、阐明"层"概念,在动手实践中应用、洞察"层"概念,在潜移默化中学习,传承古色文化。南昌的红色文化是东湖少年成长的营养剂。没有传承,再丰厚的精神财富也难有价值;没有光大,再伟大的精神血脉也难以传承。八一精神以坚定信念、听党指挥、为民奋斗、百折不挠、敢为人先、勇于创新为主要内涵。东湖少年作为南昌的小主人,依托项目学习理解"八一精神"和"红土地",在学习行动中播撒红色基因,传承红色文化。这种多感官的参与、多任务的驱动有效地促进了活动的体验、概念的理解和素养的提升。

第一节　实践智慧 1：我眼中的滕王阁

一、项目简介

项目名称	我眼中的滕王阁	适用年级	幼儿园大班
项目类型	跨学科项目学习	项目时长	11 课时
涉及领域	社会、科学、艺术、语言、健康		
项目概述	滕王阁的古代建筑是保育院"滕王阁印象"院本课程的一个生成活动。"滕王阁印象"院本课程源于幼儿的兴趣生成花纹、动物雕像、建筑和滕王阁的故事等一系列活动。当发现幼儿对滕王阁的层数感兴趣时,我们以"滕王阁有几层"为驱动问题,通过谈话、调查问卷、实地参观、绘画和建构等方式开展了"我眼中的滕王阁"项目学习,帮助幼儿自主建构有关"层"的概念。		
驱动问题	滕王阁有几层?		
项目学习目标	领域目标	社会领域: 1. 初步了解滕王阁的文化,萌发热爱家乡、热爱民族之情。 2. 懂得遵守公共秩序,文明参观滕王阁。 科学领域: 1. 认识滕王阁的基本结构和特征,了解建筑中"层"的概念。 2. 知道有序地观察建筑的结构,能独立或与同伴合作解决问题。 语言领域: 能大胆、清楚地表达自己的观点,懂得倾听他人。 艺术领域: 1. 感知滕王阁主阁的对称、颜色之美。 2. 能用绘画、建构等形式表现对层的理解。 健康领域: 能徒步登上滕王阁,锻炼腿部肌肉力量和耐力。	
	学习品质	积极主动、坚持不懈、认真专注、勤于思考、敢于创造、乐于分享	
项目成果	产品形式	实物、照片和视频	
	展示方式	幼儿绘画作品展板、建构作品照片	

续 表

学习评价	过程评价	1. 幼儿能否有序观察建筑的基本构造。 2. 幼儿能否大胆、清楚地介绍自己的想法和作品。 3. 幼儿能否与同伴、老师一起发现、分析和解决问题。
	结果评价	1. 幼儿能否用语言、绘画、建构等方式表现对层的理解。 2. 幼儿能否运用有关层的经验数出生活中建筑的层数。
项目资源	滕王阁景区、图片、绘画和建构材料、一体机等设备及网络资源	

滕王阁是江西南昌的地标和名片，文化内涵丰富、品格高雅，承载了古典建筑、传统艺术、名人轶事、诗词歌赋等文化经典，是中华优秀传统文化的杰出代表。南昌市滕王阁保育院位于明清时期滕王阁旧址，毗邻现在的滕王阁风景区，受到滕王阁文化的长期浸润和无形影响。我们以幼儿的兴趣和探索为推动力，借助地方资源滕王阁开展项目实践活动，丰富幼儿对"层"概念的理解。

二、项目启动

(一) 幼儿问题：滕王阁有几层？

当带孩子参观滕王阁时，他们站在瑰玮绝特的滕王阁脚下，惊叹着"滕王阁好高哦""滕王阁真好看""滕王阁有红色、绿色"等。幼儿除了对滕王阁美的关注外，还讨论着滕王阁的层数。有的说滕王阁有五层；有的说滕王阁房顶上还有一层，一共六层；还有的说地下室和台阶都算，有八层……大部分幼儿根据滕王阁建筑的结构和特点来划分层数，但由于每个年龄段的孩子认知水平和生活经验不同，对层的理解也不一样。

(二) 幼儿任务单："我眼中的滕王阁"亲子调查表

为了充分发挥家长资源，帮助幼儿积累有关滕王阁的经验。我们制定了亲子调查表，请家长带着幼儿一起参观滕王阁，引导幼儿有序观察滕王阁，记录幼儿的语言(见表4-1-1)。

表 4-1-1 "我眼中的滕王阁"亲子调查表

班级：　　　　姓名：	记录人：　　　　时间：
我喜欢滕王阁的什么地方(图片)	我为什么喜欢(孩子的原话)
说一说滕王阁建筑是什么样子的？有哪些部分组成？他们是什么颜色和样子的？(家长记录幼儿原话,也可鼓励幼儿用绘画的形式记录)	

(三) 幼儿分组：探索滕王阁的古代建筑

当发现幼儿对滕王阁的层数感兴趣时,我们以幼儿的兴趣和探索为推动力,基于幼儿的认知经验和建构水平,借助地方资源开展学习滕王阁传统文化的活动。通过前期亲子调查的结果,选择对滕王阁建筑感兴趣并有一定认知经验的幼儿,组建滕王阁建筑项目学习小组,以谈话、调查问卷、实地参观、绘画和建构等方式开展滕王阁的建筑项目学习。

三、项目实施

围绕"滕王阁有几层"这个驱动问题,教师引导幼儿从对滕王阁层数的讨论到关注整个滕王阁的建筑特点和结构,从而丰富幼儿对建筑中"层"的认知,激发幼儿对滕王阁的兴趣和自豪之情,让他们尝试用自己喜欢的方式表达对文化的喜爱和认识,认同并热爱中华民族的传统文化。

(一) 制定计划：明确任务安排,有序推进研究

为了明确项目进程,使项目科学有效地开展,提高项目实施的执行力,我们制定了整个项目的具体开展内容与安排(见表 4-1-2)。

表 4-1-2 项目计划表

环 节	具 体 内 容	时 间
项目准备	1. 制作亲子参观滕王阁记录表 2. 彩印滕王阁挂图 3. 提供滕王阁模型、绘画和建构等材料	1 周
项目启动	1. 亲子调查滕王阁 2. 师幼谈话：滕王阁是什么样子？ 3. 第一次绘画：我眼中的滕王阁 4. 师幼参观滕王阁并讨论：滕王阁有几层？ 5. 贴层数 6. 第二次绘画：我眼中的滕王阁 7. 师幼讨论并绘画：生活中哪些有层？ 8. 第一次搭建滕王阁 9. 第二次搭建滕王阁 10. 绘画"滕王阁"和"我的保育院" 11. 第三次搭建滕王阁	8 周
项目展示	幼儿参观滕王阁记录表、绘画、建构等作品展板	1 周

除此之外，我们根据任务梳理出项目学习的研究方向，预设了项目学习内容，并在此基础上绘制出项目学习地图(见图 4-1-1)。

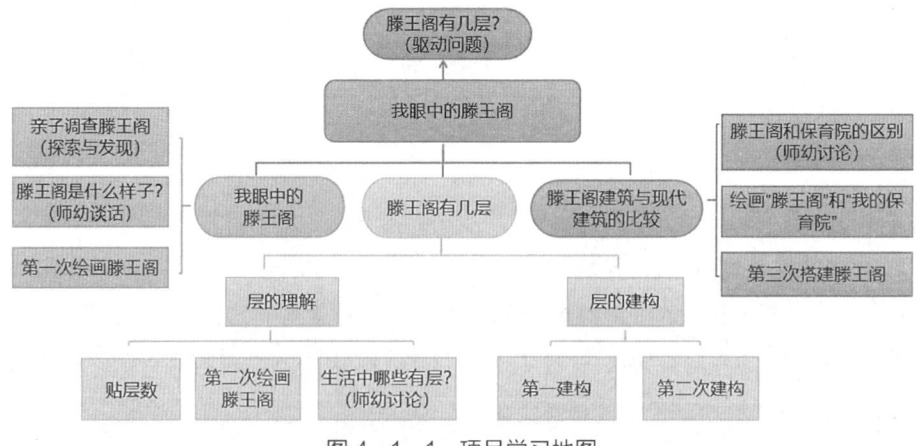

图 4-1-1 项目学习地图

(二) 小组探究：利用多元化表征，助推幼儿多角度探索

基于项目研究地图，我们追随孩子们的兴趣，通过绘画、建构等多元化表征方式带领孩子们进行了小组探究,孩子们针对"我眼中的滕王阁"探究过程就此展开。

第一阶段:我眼中的滕王阁

1. 实地参观

为了在实地参观中充分挖掘幼儿的兴趣点,我们制定了亲子调查问卷,家长和孩子们通过文字、图片、绘画等形式将喜欢的地方记录下来,共同完成了"我眼中的滕王阁"调查问卷(见图4-1-2)。通过调查问卷,我们发现孩子们有关注到滕王阁的建筑特点,高高的楼梯、尖尖的翘角、直直的柱子和屋檐上的花纹都是他们感兴趣的地方。

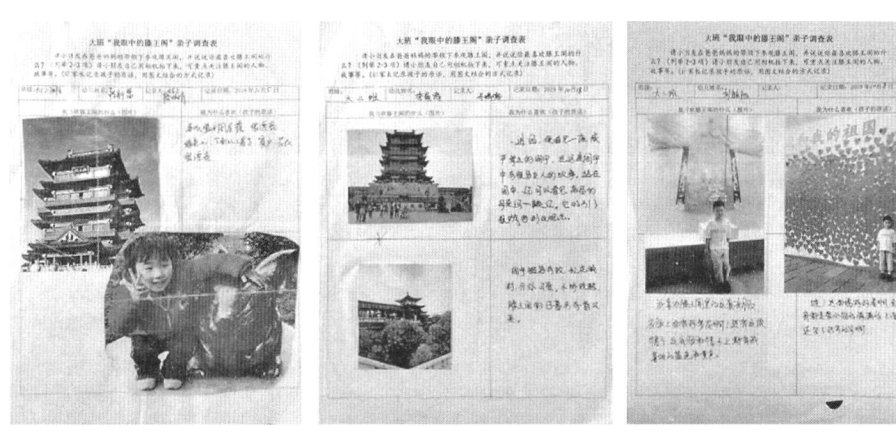

图4-1-2 "我眼中的滕王阁"亲子调查问卷

2. 师幼谈话:"滕王阁的主阁楼是什么样子的?"

亲子参观滕王阁结束后,孩子们围着滕王阁挂图展开了热烈的讨论(见图4-1-3)。

老师:滕王阁是什么样子的?

——我发现滕王阁有花纹

——我看到滕王阁旁边有雕像

——有尖尖的角

——每层的屋檐下面有花纹

……

图4-1-3 师幼谈话

3. 第一次绘画:"我眼中的滕王阁"

在充分讨论了"你看到的滕王阁是什么样子的"之后,幼儿拿起画笔把自己眼中的滕王阁画下来,希望能更清晰地展现自己的观点,和同伴进行比较。

老师:你画的滕王阁是什么样子的?和我们说一说。

魏诗宜(见图4-1-4左):我画的滕王阁有红色和绿色,还有灰灰的墙,我们几个小伙伴一起去参观滕王阁。滕王阁太美了,我们都舍不得离开。

万子毅(见图4-1-4右):我的滕王阁是彩色的,它的楼梯好高,屋顶还有两只神兽,门口也有(神兽)。红红的栏杆、尖尖的翘角我很喜欢。

图4-1-4 幼儿分享

在幼儿的分享中,他们从滕王阁的颜色、建筑结构和特点等方面用语言和绘画的形式表达了滕王阁的美,抒发了自己内心的喜爱之情。幼儿在关注美的同时,也关注到了滕王阁一些特征(见图4-1-5)。

在幼儿绘画作品中,我们可以看出,大班幼儿在滕王阁的绘画表征上存在一些差异,有的画出了尖尖的翘脚,有的画出了灰色的楼梯,有的画出了红色和绿色相间的阁楼,有的画出了长长的围栏。在绘画"我眼中的滕王阁"过程中,幼儿都尝试着将自己所看到的画出来,他们能够画出滕王阁一些比较明显的特征,并用自己理解的绘画方式表达出来。

谈话活动结束后,老师们根据活动过程中幼儿的表现和作品,分析发现幼儿对层的理解各不相同,于是决定围绕"滕王阁有几层"这个驱动问题继续深入探讨(见图4-1-6)。

图 4-1-5　幼儿第一次绘画作品

图 4-1-6　教师研讨　　　　　　图 4-1-7　师幼讨论

第二阶段：滕王阁有几层

1. "层"的理解

第一次亲子参观和绘画滕王阁后，幼儿们围着滕王阁挂画又开始叽叽喳喳地讨论起来(见图 4-1-7)。

片段一：滕王阁的"层"与什么有关

老师：你认为滕王阁有几层呢？数给我看看，好吗？

——有6层，地面算一层，楼梯第二层，第三层在进门的地方，第四层有门，第五层有门，第六层有牌匾。

——有4层，可以进去的大门算第一层，上面有围栏的算第二层、第三层、第四层。

——我觉得有5层,楼梯算第一层,进门的算第二层,上面有围栏的是第三、第四、第五层。

——我觉得有2层,从大门到第二层,上面上不去。

……

老师在一旁认真地倾听幼儿的讨论,在幼儿的讨论中,"滕王阁到底有几层"这个有趣的问题引起了老师的注意,老师加入了讨论,想深入了解他们是如何数出这些层数的。

为了更清楚地了解幼儿对"层"的想法,老师提供了数字贴纸,让他们用数字贴纸记录滕王阁的层数(见图4-1-8)。

图4-1-8 数字贴纸记录的层数

在充分讨论了"层"的概念之后,幼儿拿起画笔把滕王阁的层数画下来,希望能更清晰地展现自己的观点,并和同伴进行比较(见图4-1-9)。

图4-1-9 幼儿第二次绘画作品

从上述讨论、贴纸和绘画作品可以看出,幼儿对建筑物的"层"概念有自己的思考和理解,具有自己的朴素认知。

(1) 大部分幼儿认为,建筑物的"层"概念与建筑物的走廊、屋檐、屋顶、门窗等结构相关的,但是他们之间也存在分歧。有的幼儿认为地下室算作是一层;有的幼儿认为地下室不能算一层,因为上面才是滕王阁有用的部分;有的幼儿把屋顶算作一层,有的幼儿没算,因为在数楼房的层数时,不能算屋顶。

(2) 有的幼儿另辟蹊径,将建筑物的"层"的概念与人的关系联系起来,认为有门的地方才有人住,才能称得上一层。

(3) 还有的幼儿找到另外的划分标准,按照颜色来区分滕王阁的层数。

片段二:生活中哪些东西有层?

在讨论了"滕王阁有几层"这个问题之后,教师引申出生活中还有哪些东西有"层"的问题,希望通过事物的类比,拓展幼儿对"层"的理解。

教师:生活中哪些东西有层?

魏诗宜:房子有层,屋顶是三角形的,房子是长方形的,两个叠在一起就是层。

万子毅:砖块,两块砖叠起来就是两层,好多砖叠起来就好多(层)。

聂希言:冰激凌,有双层冰激凌。

周一墨:游泳圈(游泳圈有层?)嗯,两层的(游泳圈)。

黄炫杰:海浪也有层。

在"生活中哪些东西有层"的绘画(见图4-1-10)中,幼儿通过常见事物的类比,进一步丰富和抽象了"层"的概念。幼儿认为,物体之间高度的叠加就是"层",明晰了"层"是高度概念,不是水平的概念,加深了对"层"的理解。

2. "层"的建构

片段一:第一次搭建滕王阁

滕王阁到底是什么结构呢?"我觉得我们得用积木搭一搭,才能知道。"有幼儿提出了这样的建议。于是,老师在建构室的墙上挂上了一张滕王阁的大幅挂画,方便幼儿在搭建的时候随时观察。

从幼儿搭建作品(见图4-1-11)中可以看出,幼儿用垒高和架空的方式表现

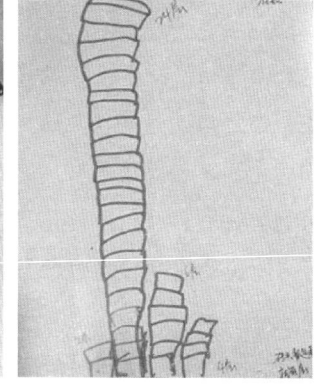

图 4-1-10 幼儿的绘画作品

层是高度分割,且用柱子支撑上下两部分,这说明他们对层的概念有了一定的理解。

图 4-1-11 幼儿第一次建构作品

图 4-1-12 滕王阁建筑模型

片段二:师幼参观滕王阁

为了方便幼儿更细致地观察滕王阁的建筑,老师从滕王阁博物馆借来了一个滕王阁的立体模型,幼儿们围着滕王阁的模型(见图 4-1-12)细细观察,并讨论起来。

——这个模型和画上的滕王阁很不一样呀,原来有这么多面!

——每一面都不一样。

——画上的滕王阁是正门,我发现滕王阁的后面要长一些。

"原来滕王阁有好几个面,每个面是什么样子的?"孩子们十分好奇。

为了帮助幼儿进一步观察滕王阁的特征,感知整体结构,丰富幼儿的建构经验,我们决定和幼儿一起实地参观滕王阁(见图4-1-13)。

图4-1-13 实地参观

老师:滕王阁有几个面?我们围着它走一圈,看看旁边和正面的滕王阁有什么不一样?

——从侧面看得更仔细些,有三块牌匾,尖尖的屋顶是三角形的,顶上是凸起来的。

——侧面的屋顶是三角形的,我猜对面也有一个。

——滕王阁右边有门,对面肯定也有门

——屋檐下面有花纹,像钢琴的琴键(从侧面观察)

……

我们围着滕王阁走了两圈,从不同的角度观察滕王阁的结构,又带孩子们去四楼看了历代滕王阁修建—摧毁—重建的视频,帮助幼儿积累建构的经验,最后又参观了地下室的历代滕王阁模型。

片段三:第二次建构滕王阁

参观后,我们与幼儿回顾了参观的过程,再次观看了搭建的视频。孩子们再次投入搭建中。这一次,孩子们用建构的方式对滕王阁整体建筑的显著特点进行表征(见图4-1-14)。

教师分析幼儿的作品:

图 4-1-14　幼儿第二次建构作品

用架空、平铺的技能搭建,讲究对称结构;用横、竖交叉摆放的方法平铺柱子,有助于提高稳定性;部分幼儿关注到滕王阁建筑自下而上是由大到小的。

幼儿发现问题:

1. "滕王阁"很容易倒

2. 圆柱体积木材料不够

幼儿的解决办法:

1. 用更多的、粗的柱子可以更稳固。

2. 可以用厚的长方形木板取代圆柱体积木,起到支撑作用;或者用多个细的圆柱体积木放在一起组合成粗的圆柱体积木。

在建构后的讨论环节,幼儿们提出一个问题:"我们搭建的不像滕王阁。"滕王阁有斜斜的屋顶、翘翘的屋檐,还有方形的牌匾,而我们的作品都没有。我们决定引导幼儿将滕王阁与现代建筑进行观察、比较,以便其进一步了解滕王阁的细节特征。

第三阶段:滕王阁建筑与现代建筑的对比

1. 师幼讨论:滕王阁和幼儿园有什么不一样?

老师:滕王阁和我们的幼儿园有什么不同?

——滕王阁主要是绿色和红色,幼儿园主要是黄色、白色、绿色。

——滕王阁的窗户是一小块一小块地连接在一起,变成很好看的花纹,幼儿园的窗户是小小的、方方的。

——滕王阁门口有神兽,幼儿园门口没有狮子。

——滕王阁每隔一层都有屋檐,我们没有,最顶上才有(屋檐)。

——滕王阁用柱子支撑,不晓得幼儿园是用什么支撑的。

……

从幼儿的剪贴作品(见图4-1-15)中，我们可以看出幼儿能够画出滕王阁建筑明显的建筑特点：弯弯的翘角、有花纹的门窗、斜斜的屋顶、红色的柱子、灰色的砖墙和地下室，还有高高的楼梯和周围景观……

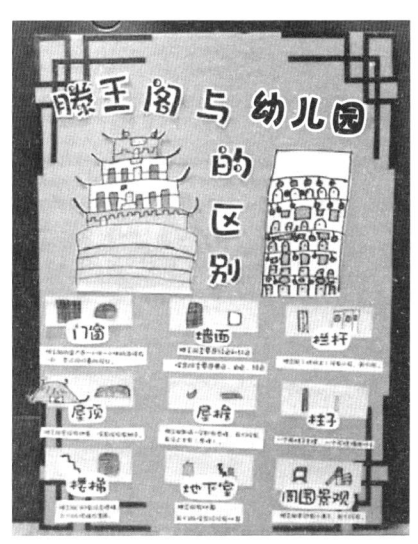

2. 第三次搭建滕王阁

通过与现代建筑的对比，幼儿更加明晰了滕王阁古代建筑的典型特征，于是幼儿又开始第三次搭建滕王阁。

幼儿更加注重选择多种形状的积木来表征滕王阁的古代建筑特征(见图4-1-16)，用三角形积木表征滕王阁的屋檐，用薄木片表征滕王阁的楼梯、翘角和围栏，用方形的厚木块表征滕王阁的牌匾……最后，他们一起合作搭建了属于他们的滕王阁(见图4-1-17)，作品中较完整地表征了滕王阁建筑的显著特点。

图4-1-15 滕王阁与幼儿园的区别

幼儿对滕王阁的特点逐渐清晰，从语言、绘画、建构等多种表征方式建构与表

像滑滑梯的屋檐 　　　像钢琴键的屋檐 　　　围栏

翘角 　　　楼梯 　　　牌匾

图4-1-16 滕王阁典型特征的建构

| 正面 | 背面 | 右面 | 左面 |

图4-1-17 幼儿的滕王阁建构作品

现自己对层、对滕王阁建筑特点的理解。教师相信儿童是有能力的学习者，尊重幼儿的想法，关注幼儿每次活动中提出的问题，通过提供材料、挂图、实地参观等方式支持幼儿，促进其自主发展。

四、成果展示

整个项目，幼儿用语言、绘画、建构等多种表征方式表现对层的理解和对滕王阁建筑特点的了解。在每一次活动中，教师都利用拍照、摄像、录音等方式记录幼儿的学习成果，将整个项目学习的过程制作成展板，幼儿的绘画和建构作品制作成作品集，并附上幼儿的语言，呈现过程性成果。

成果一：项目学习过程展（见图4-1-18）

图4-1-18 项目学习过程展

我们将整个项目学习开展情况做成展板,供幼儿、教师一起交流、学习,让更多教师了解项目学习,吸引更多教师参与其中。幼儿情绪愉悦,积极参与,全面发展,看到自己的作品感到非常自豪,也体验到与同伴合作的乐趣(见图4-1-19)。

图4-1-19　幼儿欣赏项目学习过程展

成果二:绘画作品集——我眼中的滕王阁(见图4-1-20)

图4-1-20　幼儿绘画作品集

我们将幼儿三次绘画的滕王阁建筑作品制作成"我眼中的滕王阁"绘画作品展。

在第一次绘画中,幼儿对滕王阁有了整体的了解,体现出他们对滕王阁的楼层、颜色、翘角、楼梯等特征的关注。第二次绘画作品中,我们发现幼儿对建筑物的

"层"概念有了自己的思考和理解。有的认为建筑物的"层"概念与建筑物的走廊、屋檐、屋顶、门窗等结构相关的;有的将"层"与人的关系联系起来;还有的用颜色划分层数。在第三次的绘画中,幼儿将建筑物的层的概念和特征都一一表现了出来。在讨论"生活中哪些东西有层"的问题中,幼儿逐渐明晰层是高度的概念,而不是水平的概念。

成果三:建构作品集——我搭建的滕王阁(见图4-1-21)

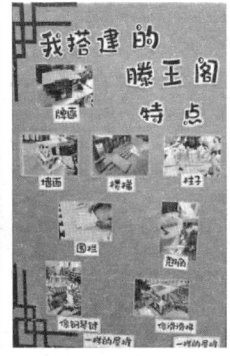

图4-1-21　幼儿建构作品集

幼儿用各种形状的积木、易拉罐、卷纸筒和纸板等建构材料搭建滕王阁,用垒高、架空等建构技能呈现"层"是高度分隔,且用柱子支撑上下两部分,对层的理解越来越明晰。以图片的方式展示幼儿的建构作品,并附上幼儿的语言,记录幼儿的探究过程和表现形式。

成果四:"幼儿与滕王阁的故事"海报(见图4-1-22)

图4-1-22 幼儿故事海报

家长和孩子一起用图文并茂的形式记录着这段学习的过程,有他们与同伴一起合作的经历,有想办法解决问题的过程,还有与老师、同伴、家人分享活动过程的喜悦以及完成作品的成就感等等。过程中,孩子们的专注、坚持、努力、创新、敢于探索和尝试等学习品质都深深吸引着我们,时刻印证着"儿童是有能力的学习者"。

五、项目反思

整个项目学习过程,从调查、谈话和绘画中了解幼儿眼中的滕王阁的样子;从"滕王阁有几层"这一驱动性问题出发,用讨论、贴数字方式探讨对"层"的理解,实地参观和建构活动表现"层"的概念;最后在观察、比较、绘画和建构中构建对滕王阁建筑特点的认知。

(一)效果分析

1. 懂得倾听幼儿的兴趣和需要

教师通过启发性提问、提供滕王阁挂图、带幼儿实地参观、提供建构材料等多种方式支持幼儿的探索活动。教师懂得倾听、观察和记录幼儿,有初步的观察意识,对大班幼儿建构水平、绘画水平以及认知能力有了一定的了解。同时,教师也收获了家长们的感谢与支持,并一同见证了幼儿的成长和喜悦。

2. 充分尊重幼儿的多元表征

在滕王阁的建筑特点项目学习中,我们以幼儿的兴趣和探索为推动力,基于幼儿的认知经验和建构水平开展实地参观、谈话讨论、绘画、建构等系列活动。在这些过程中，幼儿运用了语言讨论、绘画表现、积木建构等多种方式来表达自己的理解，提升观察与交流的整体能力，逐步增强建筑结构的空间概念发展，综合运用了形状、空间、数量等多种数学知识，同时也认识和熟悉各种不同的材料和工具，增强表现和创造能力。同时，在教师和幼儿共同分析、讨论、回顾、展示这些表征方式的时候，幼儿又进一步促进了思考和拓展他们的探索活动。

3. 注重发展幼儿的关键能力

在幼儿运用多种表征方式过程中，他们的观察力、语言表达、空间感知、问题解决和合作等能力在不断提高。他们能专注、有序地观察建筑的基本结构，会清晰地表达自己的想法和描述建筑的特点。在建构过程中，出现了"太高容易倒""怎么搭一个又高又稳的滕王阁""翘角怎么做"等一系列问题，教师鼓励幼儿多观察、勤思考、共交流，尝试独立或与同伴一起解决问题，其解决问题的能力和合作能力有了一定的提高。在活动中，幼儿的坚持、专注、认真等学习品质得以体现。

4. 扎实开展项目团队教研

一次次项目实施推进和成果展示，离不开整个项目团队扎实的教研。在院领导的大力支持和指导下，我们每周开展 1—2 次项目学习活动，在将近一个小时的项目学习时间，教师用手机、录音笔、一体机等设备记录活动过程。在每次活动结束后，团队的教研给予教师彼此之间思想的碰撞和启迪，有效促进项目学习的实施。

（二）下一步设想

此次项目学习，幼儿积极参与，教师全身心投入。但在整个项目实施中仍存在一些问题，比如没能充分调动大班全体幼儿的参与，缺少分组学习与探究；项目实施中缺少对幼儿情感态度的关注等等。因此，在下一阶段的项目学习中，我们应努力做到：

1. 多渠道全员参与，实现项目成果多样性

项目学习中，根据幼儿的兴趣和已有认知，组建研究小分队开展子项目学习，

进行不同内容、不同层次的深入研究。在分组研究的基础上,加强多路径探究实施方式,注重幼儿的多元表征,从而充分调动全体幼儿参与,有效地实现项目成果的多样化。

2. 多维度实施评价,实现幼儿全面发展

"儿童是有能力的学习者",幼儿之间是存在个体差异的,教师应更多关注幼儿的学习过程,从知识技能、过程与方法和情感态度等多种维度对幼儿进行分析和解读。为幼儿建立个人学习档案,从横向分析整个项目进程中幼儿的整体水平和接受能力,比较幼儿之间的差异;从纵向分析幼儿个体发展水平,进行个别化观察和指导。同时,利用儿童发展检核表、父母访谈、教师观察案例和幼儿自评等多种方式对幼儿进行评价,形成多维度评价模式,促进幼儿全面发展。

(南昌市东湖区滕王阁保育院　谢　芳　彭慧颖　邹　红)

第二节　实践智慧2:家乡是片"红土地"

一、项目简介

项目名称	家乡是片"红土地"	适用年级	幼儿园大班
项目类型	跨学科项目学习	项目时长	7课时
涉及领域	语言、社会、科学、艺术		
项目概述	江西是一片红色的土地,这不仅是说其地理特点,还因为江西是红色革命的摇篮。我园地处南昌市中心地域,周边有许多红色资源,例如:八一南昌起义纪念塔、方志敏广场、朱德旧居、南昌红色记忆展示馆等,我们可以利用这些资源开展系列红色教育活动,让孩子们身临其境地感受中国波澜壮阔的革命史、艰苦卓绝的奋斗史、可歌可泣的英雄史,这是我们作为江西人最宝贵的精神财富。		
驱动问题	为什么我们江西被叫作红色的土地?		

续　表

项目学习目标	领域目标	语言领域： 1. 加深对江西红色历史、景物的认知，能大胆讲述自己收集的革命英雄事迹。 2. 了解家乡英雄的故事。 3. 愿意用图画和符号表现事物或故事。 社会领域： 1. 体验各种红色文化纪念馆，激发对革命先烈的崇敬之情。 2. 活动时能与同伴分工合作，遇到困难能一起克服。 科学领域： 1. 通过给地图涂色，了解我国不同土壤分布的地区，进一步巩固江西是红土地的认识。 2. 尝试在红色种植园中种植易成活的小植物。 艺术领域： 1. 能用多种工具、材料或不同的表现手法表达自己的感受和想象。 2. 学唱红色歌曲，并进行简单的表演。 3. 对红色物件感兴趣，能用各种材料尝试制作、表征。
	学习品质	勤学好问、专注投入、合作分享
项目成果	产品形式	图画、照片、任务单、美工作品
	展示方式	红色文化任务单、绘画红色革命教育基地展、红土泥塑展
学习评价	过程评价	设计《幼儿评价表》是围绕幼儿学习品质和学习能力制定出相对应的评价指标，进行过程性评价
	结果评价	幼儿能否说出江西为什么会叫做红色的土地，通过语言、绘画等方式表现
项目资源		周边红色教育基地、中国土壤分布图、空白地图、八一南昌起义纪念塔图片、绘画纸和笔、彩泥等

红色文化对国家发展至关重要，习近平总书记指出，文化是一个国家、一个民族的灵魂，文化兴国运兴，文化强民族强。他还多次强调，要把红色资源利用好，把红色传统发扬好，把红色基因传承好，就要从幼儿做起，培养一代有理想、有本领、有担当的社会主义接班人，国家就有前途，民族就有希望。

二、项目启动

江西作为革命老区，其特有的红色文化具有重要的教育价值，红色文化中有许多生动感人的故事、朗朗上口的童谣、旋律优美的歌曲及意义深远的物件等。基于幼儿的身心特点,引导幼儿在生活与游戏中感知、体验红色文化,在幼小的心灵中播下红色基因的种子,具有重要的意义。

(一) 以幼儿的问题作为学习起点

2019年是中华人民共和国成立70周年,在国庆节的前夕,全国掀起了爱国主义教育的热潮,家长们抓住了这一契机,带着孩子们去井冈山、瑞金等红色革命教育基地游玩,孩子们经常在成人的口中听到"江西是红色的土地、红色的摇篮"这样的评价,于是产生了"为什么我们江西会被叫作红色的土地"的疑问,并把这个问题带到幼儿园询问老师和同伴,项目组的教师们跟随幼儿的兴趣,将幼儿的问题作为学习的起点展开研究。

幼儿期是人一生发展的关键期,是为后续学习和终身发展打下良好素质基础的启蒙时期。驱动问题的提出与解决能够帮助孩子养成好奇、好问、好探究的习惯,形成合作互动、克服困难、勤学好问等良好品性,同时,对提升文化和道德素养,培养热爱祖国、热爱家乡的情感,也都有着重要的作用。

(二) 以同伴的带动开展分组探究

之所以说"江西是片红土地",有地域特点和革命发源地两方面的因素,为此,我们教师将项目划分成了"红色土地"和"红色摇篮"两个子任务,孩子们根据自己的感兴趣的话题,自由选择伙伴组队成两个项目小组进行信息的收集。分组过程中,我们发现由于幼儿园的孩子年龄比较小,从众心理严重,大多数孩子选择任务时比较盲目,往往跟随自己平时玩得比较好的同伴一起。因此,教师根据幼儿平时表现,选出了班上两位能力较强、具有一定影响力和带动性的孩子作为两个项目小组的组长,让他俩带领其他孩子共同完成子项目的探究。

三、项目实施

我们整合了园本课程资源,在发挥原有办园特色的基础上推动项目研究,尝试以"为什么我们江西会被叫作红色的土地"为主题开展项目学习,引导幼儿在生活与游戏中感知、体验、探究红色文化,从而达到红色精神启蒙、红色基因从小进行传承的目的。

(一) 方案制定

为了明确项目进程,使项目开展得更加科学有效,提高项目实施的执行力,我们制定了整个项目的推进的时间与安排(见表4-2-1)。

表4-2-1 项目计划表

环节	具体内容	时间周期
准备阶段	幼儿了解和调查红色文化的背景	两天
实践阶段	幼儿开展项目研究、教师搜集幼儿研究过程资料	两周
展示阶段	幼儿展现项目研究成果	一周

为了解决驱动问题"为什么我们江西会被叫作红色的土地",我们将项目分解成"红色土地"(地理位置)和"红色摇篮"(红色文化)两个子任务。根据幼儿直观、具体形象思维为主的特点,在项目准备阶段,以亲子调查的形式,向孩子发放任务单(见表4-2-2),要求家长和孩子共同完成任务单时,家长只能从旁协助为孩子提供他们所需要的照片或图片,真实记录孩子的原话,不能把自己的意愿强加于孩子,这便于教师了解孩子的原有经验和最初的理解。

表4-2-2 幼儿项目学习任务单

内容		指标(请在合适的选项下面做记号)	备注
红色土地		江西土壤的颜色: 红 ● 黄 ● 紫 ● 棕 ● 黑 ● □ □ □ □ □	家长记录孩子勾选这种颜色土壤的理由(孩子的原话)
红色摇篮	红色基地	我去过的红色基地: 无　1个　2—4个　5个及以上 □　□　□　□	(请列举出自己去过的红色基地名称)可以剪贴照片或图片
	红色英雄	我知道的红色英雄: 无　1—3个　4—6个　7个及以上 □　□　□　□	(请列举出自己知道的红色英雄名字)可以剪贴照片或图片

我们预想从最显性的答案入手,引导孩子去发现江西土壤的颜色。提问"除了这个地理原因之外,还有什么其他原因吗?",从而激发孩子深入探究红色革命的发展史。但是这段红色革命的历史离孩子的生活比较遥远,他们较难理解。于是,我们想从孩子们感兴趣的英雄人物故事、参观革命基地两方面去帮助孩子了解革命事件,通过看一看、听一听、摸一摸、说一说、唱一唱等多种方式,将红色文化的形成变成一个个短小的故事、一首首好听的歌曲、一次次有趣的探秘。

根据项目的逐步分解,我们梳理出项目学习的研究方向,制定了项目学习地图(见图4-2-1)。

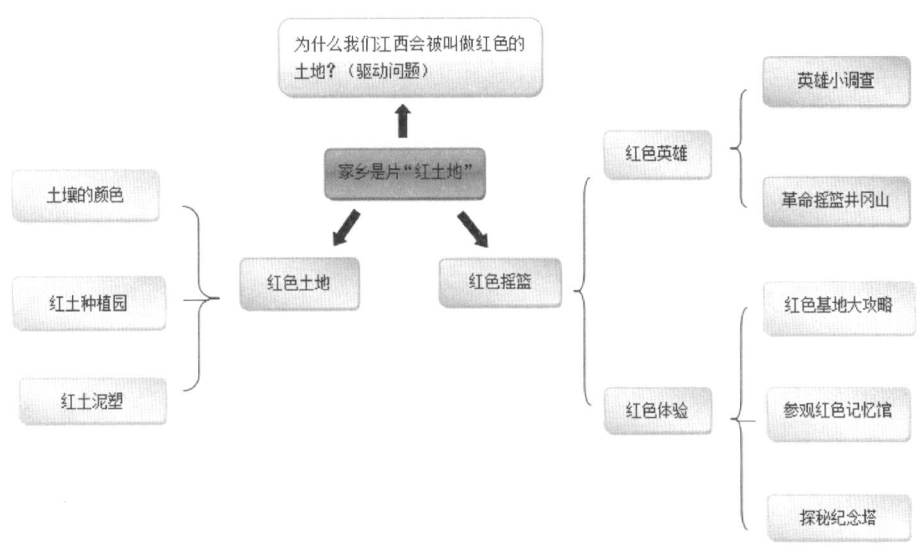

图4-2-1 项目学习地图

(二) 项目实践

根据反馈回来的任务单,我们发现孩子们对于"江西的土壤是什么颜色的""为什么会是这种颜色"的回答五花八门。有的说:"是黑色的土地,我看到我家种花的土都是黑色的。"有的说:"是黄色的,我去乡下看到的是黄泥巴。"有的说:"泥土都是脏脏的颜色。"还有的说:"是红色的,爷爷说是被烈士的鲜血染红的。"

而对于江西的红色基地,孩子们列举的最多的是八一广场,红色英雄只知道毛主席,对于其他革命英雄都不是很了解。针对孩子们的情况,我们决定从孩子最能直观感受到的、最熟悉的地方和人物着手,引领孩子有目的地进行探究,开启一段红色之旅。

1. 红色土地

(1) 土壤的颜色

江西的土壤究竟是什么颜色的?第一个项目小组的孩子与家长一起通过翻阅书籍、网络搜索等途径去寻找答案,并在科学活动中进行交流和分享。

小辰:我去梅岭玩的时候,看到山断开的地方的泥巴是那种红褐色的,和小区里看到的泥巴颜色不一样。

雨熙:爷爷说,我们江西在打仗时牺牲了很多人,是这些烈士的鲜血把泥土染红了,江西是片"红土地"。

玥玥:我和妈妈在网上查了,我们中国有五种颜色的土壤,江西所在的就是红土区域。

昊阳:对的,我查到的也是这样说的。说是因为土里有某些矿物,好像是铁什么的,所以就是红色的。

结合孩子们的讨论,教师在一体机上出示我国不同土壤分布的地区图,引导孩子观察后,教师小结:我国的幅员辽阔,土壤的颜色也不尽相同,有红土、棕土、黄土、黑土、紫色土五种颜色。我们江西所处的正是红土区域,这是因为我们江西降水丰沛,土壤下渗水流性强,土壤中钾、钠、钙、镁积存少,而铁、铝的氧化物较丰富,所以土壤颜色呈红色,土质酸性较强,土性较粘。随后,我们在区域活动中投放了中国的空白地图,让孩子们通过给地图涂色,了解我国不同土壤分布的地区,进一步巩固江西是红土地的认识(见图4-2-2)。

(2) 红土种植园

孩子们在科学活动中了解到,由于红土分布地区气候条件优越,光热充足,生长季节长,适于发展亚热带经济作物、果树和林木,土地的生产潜力很大。因此,我们江西也是稻米、茶、甘蔗的主要产区。根据红土的这些特点,我们在幼儿园开展红土种植园活动,利用班级的种植角让孩子种植一些易成活、便于观察生长的小植物(见图4-2-3)。

图4-2-2 区域活动"土壤的颜色"

图4-2-3 观察种植角

(3) 红土泥塑

我们利用红色的黏土、橡皮泥等材料,让幼儿开展泥塑活动。枪炮、坦克、战斗机等成为孩子们喜欢制作的物品,孩子们还合作将这些物品布置成战场的情景,自主开展游戏活动。

2. 红色摇篮

第一版块：红色基地

(1) 探秘纪念塔

八一南昌起义纪念塔是南昌的地标建筑之一，也是孩子们比较熟悉的红色教育基地。为了能够更全面地认识八一南昌起义纪念塔，第二个项目小组的孩子与家长共同收集了八一南昌起义纪念塔的故事、图片，还实地去参观了八一南昌起义纪念塔（见图 4-2-4）。

图 4-2-4　纪念塔的秘密

在探秘纪念塔活动结束后，孩子们围绕纪念塔挂图展开了热烈的讨论（见图 4-2-5）。

图 4-2-5　师幼讨论：我最喜欢纪念塔的什么

老师：你们最喜欢纪念塔的什么地方？

奕然说：我最喜欢塔顶的那把枪，那把枪太帅了。

静松说：我觉得纪念塔上最了不起的是那几块浮雕，用石头雕刻出这么多人的画，那该多难哪。

昊阳说：我最喜欢八一军旗，因为军旗是在南昌诞生的。

在充分了解了纪念塔的由来、造型特点和意义之后，幼儿拿起画笔把自己眼中的纪念塔画了下来。还设计了一款自己心中的纪念塔，他们说要在纪念塔上装饰彩色的花，送给那些英雄们的。孩子们通过绘画、搭建等方式，呈现自己对纪念塔的了解(见图4-2-6)。

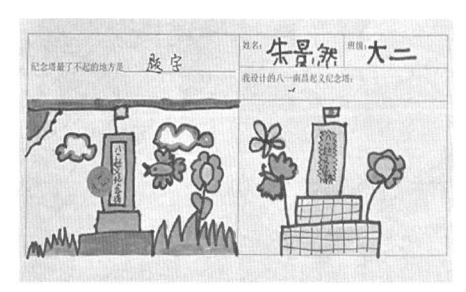

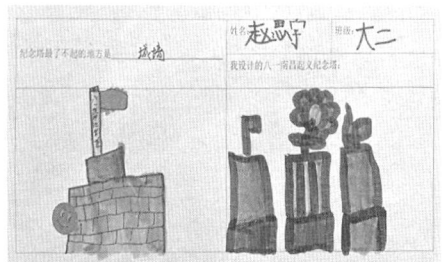

图4-2-6　我心中的纪念塔

(2) 参观红色记忆馆

南昌是军旗升旗的地方和人民军队的诞生地,为了让孩子们了解"红色革命"的发展史,我们组织孩子参观南昌红色记忆展示馆,并在参观前向孩子发放任务单(见表4-2-3),让孩子参观时更加有针对性。

表4-2-3 参观红色记忆馆任务单

红色记忆馆哪里红? (用照片或绘画形式表现出自己认为"红"的2—3个地方或物件)		
时间:	姓名(或学号):	班级:

参观中,孩子们一进入场馆,就被一整面红墙吸引。

瑞轩问:这面墙是红色的。这上面的数字是干什么的呀?

讲解员阿姨:这是一面"时间墙",那些数字代表了年月日,随着这些代表时间的数字逐步亮起,记录了中华人民共和国建立过程中的一些重要时刻。

瑶瑶发现了场馆里有许多红旗:这里为什么这么多红旗?

讲解员阿姨:小朋友观察得真仔细,我们馆就是以"红旗"为主线,划分了"红旗源""红旗谱""红旗颂""红旗扬"四大主题。

跟随讲解员的介绍,孩子们参观展示馆内陈列各类物件、展品、图片1 000余件,通过"精神墙"了解"井冈山精神""八一精神"等红色精神的内涵,在"英模人物墙"前聆听英模人物的先进事迹。孩子们通过与历史"对话",进一步感受到江西红色文化的形成过程,体会到不畏困难、迎难而上、战胜困难的红色革命精神(见图4-2-7)。

回到幼儿园后,孩子们进行讨论,把任务单上面的内容分类、总结,选取自己认为最具代表性的照片贴在海报上,教师和孩子们共同制作"红色记忆馆哪里红"海

图 4-2-7 社会实践"红色记忆馆"

报,并将海报投放到阅读区,在区域活动时跟好朋友讲一讲红色记忆馆的"红"故事(见图4-2-8)。

(3) 红色基地大攻略

我园地处南昌市中心地域,周边有许多红色教育基地,例如:八一南昌起义纪念塔、方志敏烈士纪念馆、朱德军官教育团、南昌红色记忆展示馆、朱德旧居等,这些红色基地在距离幼儿园的什么位置,哪个是最具江西红色文化的代表呢?我们请幼儿自由结伴组成若干小队,选择去探寻参观不同的红色教育基地,每队一张任务单(见图4-2-9),让孩子们通过实践

图 4-2-8 海报"红色记忆馆哪里红"

活动(见图4-2-10),了解我们周边红色基地的大致位置,并用自己喜欢的方式绘制去红色基地的路线。

图4-2-9　红色基地大攻略任务单

图4-2-10　实践活动"红色基地我知道"

回到幼儿园后,每队的幼儿叽叽喳喳地讨论起来。他们把各自分工的红色基地名称、照片、路线、时间、英雄、标志物等资料进行了汇总(见图4-2-11)。

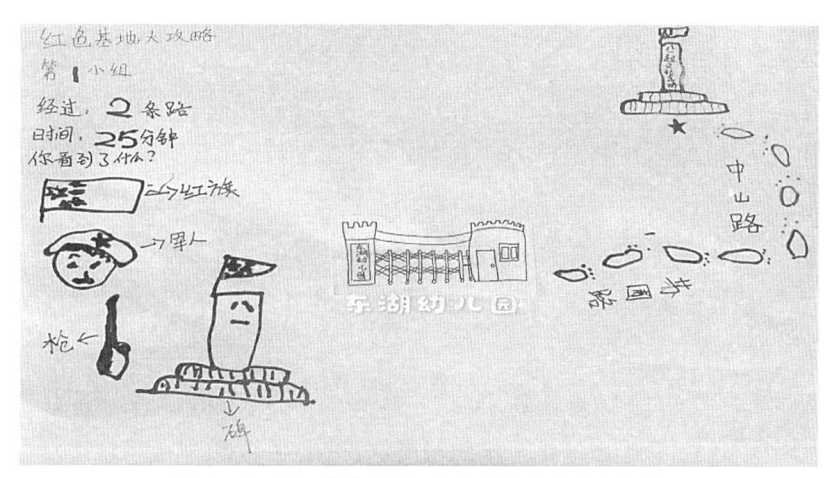

图4-2-11 幼儿绘制:红色基地大攻略任务单

随后,教师组织幼儿进行交流分享,每小队里选出一位做代表,来介绍一下自己的任务单,讲讲去了哪个红色教育基地,它在哪里,从幼儿园走过去经过了几条马路、需要多少分钟,基地中你看到了什么,有哪些英雄,最吸引你们的地方在哪里。根据幼儿分享,评选出最具代表性、最受欢迎的红色教育基地(见图4-2-12)。

图4-2-12 最受欢迎的红色基地

第一队：我们去的是八一南昌起义纪念塔，它在八一广场，我觉得它能当红色基地的代表，它是为了纪念南昌起义修建的，是我们南昌的标志。

第二队：我们去了方志敏广场，它在三经路的顶头，方志敏是我们江西人，而且就在南昌牺牲的，我觉得它应该是江西红色基地的代表。

第三队：我们组去的是红色记忆展示馆，它在象山路上。我们觉得它最能代表红色基地，你们看，它的名字就叫"红色记忆馆"，里面还有许多红色的东西，最符合要求。

第四队：我们小分队到了朱德军官教育团，它离我们幼儿园很近，穿过小巷子就到了，朱德后来成为了我们中国的元帅，很厉害哟！所以我觉得这个可以成为红色基地的代表。

经过各队代表的发言和拉票，孩子们用贴纸的方式进行投票，最后票数最多的"红色记忆展示馆"被选为最具代表性、最受欢迎的红色基地。

第二版块：红色英雄

(1) 英雄小调查：亲子互动

为了更全面地了解江西的革命英雄们，我们请孩子们与家长共同去完成"英雄调查表"(见表4-2-4)。在完成调查表的过程中，孩子们知道了英雄的名字、英雄的故事，对于革命英雄们有了初步的了解。

表4-2-4　英雄小调查"我最崇拜的英雄"

姓名：	班级：
我最崇拜的英雄(照片)	说说他的故事(家长记录)

通过调查表知道了毛泽东、朱德、方志敏等人物的故事。在活动中，幼儿大胆地进行分享和介绍。周末孩子跟着家长去江西革命烈士纪念堂参观，认识了更多的江西英雄，聆听了更多的红色故事，进一步感受到革命先烈英勇无畏、不怕牺牲的伟大精神(见图4-2-13)。

图 4-2-13 英雄故事

(2) 革命摇篮井冈山

井冈山上红旗飘,孩子们通过"朱毛会师"的故事,知道了井冈山是我党创建的第一个红色革命根据地,并建立了工农红军。在艰苦的战争年代,红军战士吃着红米饭、南瓜汤,靠着坚定的信念和顽强的意志打了胜仗;如今,孩子们通过听听"红军的故事"、尝尝"红米饭、南瓜汤"、唱唱"井冈山下种南瓜"等活动来忆苦思甜,学会感恩,缅怀先烈,铭记这段峥嵘岁月(见图4-2-14)。

图4-2-14 革命摇篮井冈山

四、项目成果展示与评价

实施多途径探究后,幼儿的内在经验也经历着不断重组、拓展与改造,红色基因也在其心中悄悄地发芽。探究过程中,孩子和同伴一起经历了各种人、事、物的碰撞,也获得了一种成长。幼儿以任务单、绘画、泥塑等形式与同伴交流在此次项目活动中所获得的学习经验,加深幼儿对红色文化的认知。教师也通过《幼儿评价表》(见表4-2-5),结合幼儿在生活中的表现、学习品质和学习能力的提升等方面表现,对照评价指标进行评价,为后期方案的调整提供依据。

表4-2-5 幼儿评价表

项 目	观 察 线 索 提 示	记 录	分 析
探究兴趣与专注力	1. 有多少幼儿参与		
	2. 幼儿的情绪状态		
	3. 幼儿是否对红色文化感兴趣		
	4. 幼儿是否有成功感与满足感		

续 表

项　目	观察线索提示	记录	分析
探究能力与方法	1. 能否发现问题，提出问题		
	2. 能否做出合理的猜想，提出假设		
	3. 能否通过观察、比较、归纳等方法进行操作		
记录与表达	1. 能否运用符号、图画、图表等各种方式进行记录		
	2. 能否运用记录进行交流，表达是否清晰准确		

1. 成果一：红色文化任务单

整个项目实施，围绕"为什么我们江西会被叫作红色的土地"这一驱动问题逐步推进，通过调查、讨论、参观、总结、提升等方式进行信息的收集、知识的梳理、经验的提升。孩子们从第一次对任务单内容一知半解，到第二次对红色土壤、红色基地、红色英雄信手拈来，从最开始的害羞到现在乐于向其他人分享自己的成果(见图 4-2-15)。孩子们在项目学习中一点点明晰，"江西是红色的土地"不仅仅是因为江西的土质特点，更多的还是由于江西是中国共产党领导武装革命的起始地，南昌起义打响了武装反抗国民党的第一枪、井冈山是中国共产党创建的第一个农村革命根据地并建立了工农红军……在这些革命事件中，许许多多的革命英雄在江西流血牺牲，为江西打上了深深的红色烙印，进而凝聚成为江西独具特色的红色文化资源。

2. 成果二：绘画红色革命教育基地展

我们鼓励幼儿运用各种形式、创意绘画出红色革命教育基地，制作有关于革命教育基地的主题故事，如"胜利的号角""八一起义纪念馆""井冈山""井冈山革命烈士碑"等(见图 4-2-16)。此外，我们通过搭建平台鼓励幼儿进行图画的分享、交流，使其成为既可呈现幼儿自主学习结果，又能推动师生共享、同伴学习的交流平台。

3. 成果二：红土泥塑展

项目研究小分队自行设计了"朱毛会师""南昌保卫战"等泥塑活动。

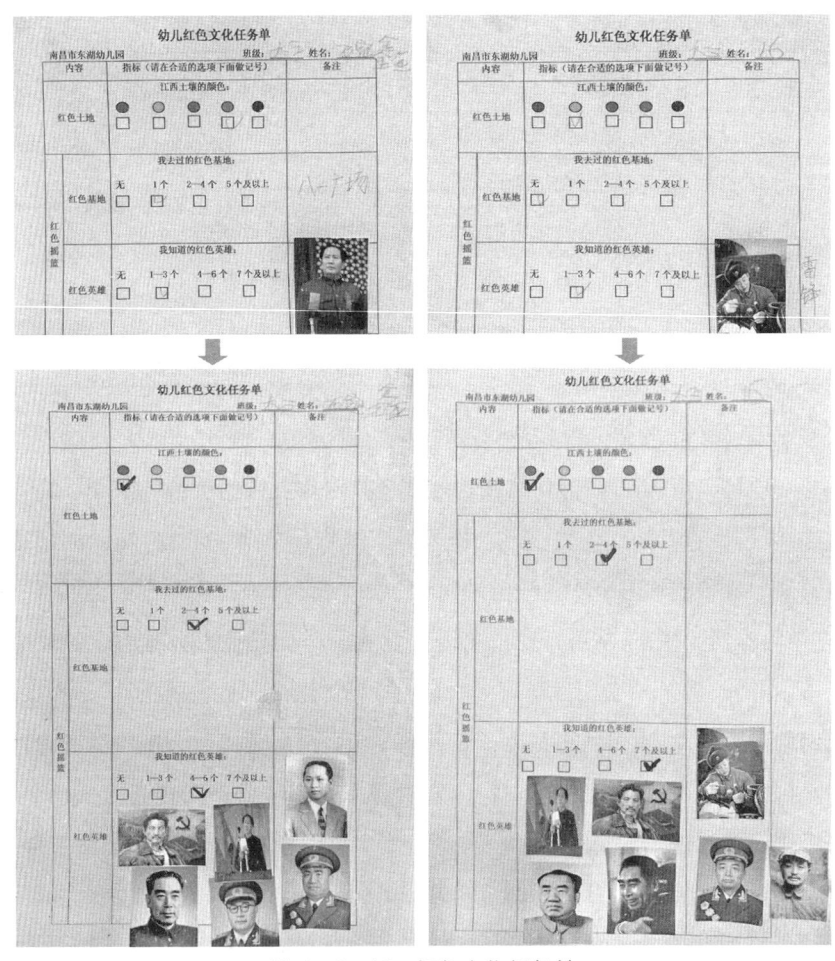

图 4-2-15 红色文化任务单

图 4-2-16 红色革命教育绘画展

在泥塑活动时,奕然扮演朱德、吴阳扮演毛泽东,他们俩演绎起来"朱毛会师"的故事。

奕然说:毛泽东同志我们终于见面了。

吴阳说:是呀,朱德同志。

两人开心得哈哈大笑了起来,然后用卡片小人相互拥抱(见图4-2-17)。

图4-2-17 "朱毛会师"　　　　图4-2-18 南昌保卫战

这时玥玥建议四个人来一场"南昌保卫战"的故事吧!

语涵说:我是吹号手,滴滴叭叭滴滴答,滴滴叭叭滴滴答……

玥玥说:同志们,跟着我一起冲呀!

玥玥使劲摇晃着手中红旗,嘴里一直喊着冲呀! 冲呀!

奕然说:不好,有子弹过来了,大家注意掩护。

吴阳说:现在是最好的时机,大家往前冲呀!

四个人开心地说:"我们胜利喽! 胜利喽!

在一片欢声笑语中他们结束了南昌保卫战的游戏(见图4-2-18)。

五、项目反思

由于我们是第一次开展项目学习活动,对这种方式还比较陌生,往往会用固有的主题活动方式套用到项目学习中来,形成穿新鞋走老路的局面。但是,随着项目推进,与专家多次交流探讨及受同行启发,教师的教育观念开始发生了转变,对项目学习的认识也更加深入。

(一) 项目经验

1. 以问题的解决为推手,不断调整项目研究内容。本次项目学习的问题来源于孩子们在江西境内旅游后产成的疑问,教师及时关注到孩子们的问题,组织前期经验调查和讨论分析。根据孩子们的任务单,教师制定了项目研究的框架,开始预想从土壤的颜色、革命摇篮、红色体验三方面来解决问题。后来经过专家的指导,教师对驱动问题"江西为什么会被叫作红色的土地"进行再次分析,觉得从地理和人文两个方面来解决问题,脉络会更加清晰,于是便调整为"红色土地"和"红色摇篮"两个子项目。此后,教师将问题进一步具体化,将两个子项目设计和规划为若干个不同研究方向的子项目和学习内容。在确定"红色摇篮"这个子项目的内容时,我们选取了具有代表性的革命事件——南昌起义和井冈山根据地,来体现江西是革命摇篮的内涵。但是这些革命事件对于幼儿园的孩子来说比较难理解,我们就从孩子熟悉的八一南昌起义纪念塔等入手,结合革命物件、英雄人物来帮助孩子理解。"革命摇篮井冈山"版块里,我们最初设计的是"黄洋界保卫战"的故事,但是在实践过程中,我们发现"朱毛会师"更具历史意义,于是调整了故事内容,加深孩子对红色革命的了解,达到解决驱动问题的目的。

2. 以小组为单位收集信息,促进幼儿交流分享。在项目过程中,幼儿尝试分组合作,从探究任务和伙伴的选择,探究过程中的调查、资料收集,到作品的多元表达与分享,都以小组为单位进行,避免了重复的工作。在分享交流环节,大家都愿意把自己收集到的资料介绍给同伴,把自己的想法表达出来,这改变了以往教师说得多、幼儿被动听的局面。

(二) 问题与改进

在项目学习过程中,不仅幼儿随项目学习成长,教师也随项目学习改变,形成

一种彼此促进的良性互动关系。但是,我们也发现了一些问题:

1. 问题不够聚焦。由于我们套用了以往主题教育活动的模式,在项目研究内容的选取上,都是将五大领域中与红色文化相关的活动融合进来,导致内容过杂,像一个红色教育的大拼盘,并不是聚焦驱动问题的层层深入来开展研究。例如:打击乐活动"井冈山下种南瓜"与问题的密切度就不是很高,可以舍弃或是作为井冈山版块的延伸活动来开展。教师要善于在过程中不断发现孩子出现的新问题,及时作出调整和取舍,使项目的推进始终围绕问题的解决进行。

2. 观察不够细致。在项目实践中,教师只注重了形式的多样化,对于大胆交流的孩子能够记录下他们的语言,但是,对不爱发言、胆小内向孩子的观察不够细致,未能关注到孩子私下之间的对话和行为,对孩子不能形成全面的评价。项目组的教师也可以进行分组,分别进入孩子的项目小组,对孩子的言行展开跟踪观察与记录,确保掌握大多数孩子的第一手资料。

3. 成果不够丰富。项目成果展示的内容比较单一,都是美工类的作品,且放置在班级零散的角落。孩子在项目进程中的过程性照片没有收集呈现出来。今后,我们要注重过程性资料的收集,用固定的墙面或版块展示孩子收集的信息、开展项目学习的成长轨迹、收获,从而形成一定规模的展示。

(南昌市东湖区东湖幼儿园　朱　梅　钟鸣丽)

第三节　实践智慧3:念念不忘的"八一精神"

一、项目简介

项目名称	念念不忘的"八一精神"	适用年级	五年级
项目类型	跨学科项目学习	项目时长	8周
主要学科	综合实践	涉及学科	道法、语文

续　表

项目概述		2014年,我校正式授牌为"中共工农红军南昌'八一'红军小学"。作为南昌市唯一一所"红军小学",我们以此次项目学习为契机,引导孩子以英雄人物为榜样,寻访红色足迹,体验爱国情怀,从中探寻感悟什么是"八一精神"。学生在合作、探究的环境中学习,形成主动发展的主体意识,培养善思好问、合作探究、主动沟通、勇敢表达的能力,促进学生全面并富有个性化地发展。
驱动问题		"八一精神"的内涵是什么?
项目目标	学科知识与技能	综合实践学科: 1. 通过搜集资料、实地参观等方式了解南昌城中的"八一"元素及相关历史,试着用不同方式展现。 2. 培养孩子搜集资料、整理资料的能力,并试着从中发现问题,在小组合作学习中尝试解决问题。 语文学科: 在学习与红色精神有关文章的同时,加深孩子对红色精神的认识,从而感悟归纳出"八一精神"的内涵。 道德与法治: 通过此次项目学习,结合本学科相关内容,培养学生高尚的道德情操,形成正确的价值观和积极的人生态度。
	21世纪技能	团队合作能力、有效沟通能力、解决问题能力
	价值观念	在重温革命先辈的光辉事迹的同时,让学生培养爱护文物的意识及爱祖国、爱家乡的情感,进而形成正确的价值观和积极的人生态度。
项目成果	产品形式	课堂展示、学生作品展示(八一印迹图片展览、八一红色场馆实地探访成果展等)、视频展示(体验过程)
	展示方式	红色诵读,绘画、手抄报等作品展示
学习评价	过程评价	借助相关的评价表,采用学生自评、生生互评、教师评价相结合的方式进行评价。
	结果评价	根据过程评价结果,采用星级评定与操行评定相结合的方式。
项目资源		南昌的红色旅游资源、《红色江西》教材

"八一精神"对于孩子而言可能只是课本上的一段话,而通过此次项目学习的层层递进,孩子们在重温革命先辈的光辉事迹的同时,感受到它的内涵,并在生活实践中将念念不忘的"八一"精神转化为实际行动。

二、项目启动

(一) 提出驱动问题,促进深度学习

2014年5月30日,我校正式授牌为"中共工农红军南昌'八一'红军小学"。走进校园,就能看见习近平总书记为全国红军小学的题词——"托起明天的太阳",亲切的七字叮咛让我们时刻不忘习总书记的殷殷嘱托;抬头望去,刘云山书记为我校亲笔题词——"中国工农红军'南昌八一红军小学'"矗立于教学楼之上,在阳光的照耀下显得格外醒目,整个校园流淌着红色气息。这些都将激励东小学子铭记革命历史,传承红色基因,坚定革命信念,做红色的东小人!

2018年两会期间,习近平总书记在参加山东代表团审议时再次强调,爱国主义教育要加强,要让孩子们知道自己是从哪里来的,红色基因是要验证的。因此,作为南昌市唯一一所"中国工农红军南昌'八一'红军小学",我们将以英雄人物为榜样,寻访红色足迹,体验爱国情怀,引导学生探寻什么是"八一精神","八一精神"包含哪些内容。"八一精神"在不同的时代有着不同的意义,学习感悟这种精神,对孩子的成长有着极其重要的意义,不仅能帮助他们树立人生理想,树立更好的民族自尊心、自信心和自豪感,而且能培养他们的责任感,寻找身边的榜样,获取成长正能量。

在探究过程中,我们将与道德与法治、语文和综合实践等学科进行目标链接:

1. 让学生通过重温这段历史岁月,明白现在的幸福生活来之不易。

2. 培养学生的实践能力和创新精神,指导学生更有效率地进行团队合作,在合作中发现问题、解决问题。

3. 在项目学习过程中,培养学生爱护文物的意识,向英雄人物学习无私奉献、百折不挠、团结奋进的精神,并通过行动来传承"八一精神"。

(二) 学生分组合作,探究个性发展

在项目学习过程中,以学生为中心,激发学生内在学习动力,提高学生的学习兴趣,通过自主制作任务单、实地研学等多元化表征方式带领同学们进行分组探究。教师将从合作意识、规范意识、探究能力等几方面把学生分成四组,使学生在合作、探究的环境中进行学习,形成主动发展的主体意识,提高善思好问、合作探究、主动沟通、勇敢表达的能力,以促进学生全面并富有个性化地发展。

(三) 项目管理,让学习更有效

分组学习与管理能够充分发扬每个学生的个性,让每个学生的优点都能够尽情地得以展现,也能够让内向的同学在潜移默化中受到影响。在项目学习中,老师要善于利用分组对学生进行管理,让学生的主体地位更加明确,因此设计《小组进展报告与评价表》(见表4-3-1),这不仅让学生有效地参与项目学习,也能提高自身的素养。

表4-3-1 《念念不忘的"八一"精神》项目学习小组进展报告及评价表

小组名称:	我的姓名:
我们组正在做的一些具体工作,这些工作为完成活动任务产生了很好的效果,它们包括:	
我有一些具体的建议,可以用来提升任务的完成质量,这些建议是:	
在完成这个活动中,我学到了下面的知识和方法:	
我们小组合作的学习中,我们的成功、不足之处。 成功之处: 可改进之处: 改进方法:	

三、项目实施

根据本项目的学习目标,整合校内外学习资源,围绕"探寻'八一精神'内容"这一驱动问题,让孩子在重温革命先辈的光辉事迹的同时,向英雄人物学习无私奉献、百折不挠、团结奋进的精神,并通过行动来传承"八一精神",以此激发孩子们爱祖国、爱家乡的情感。

(一) 集思广益 制定计划

"八一精神"是什么?

1. 南昌起义,不仅诞生了一支伟大的人民军队,更是铸就了伟大的"八一精神"。

2. "八一精神"就是坚定信念、听党指挥、为民奋斗、百折不挠、敢为人先、勇于创新。

3. 到现在,这种精神依旧激励着孩子们,帮助她们树立坚定的信念,敢于拼搏,为实现中华民族的伟大复兴而不断奋斗。

为保障项目进程,提高项目实施的执行力,根据本项目学习的驱动性问题——"八一精神"是什么,我们共同制定了整个项目的具体开展内容与安排(见表4-3-2)。

表4-3-2 《念念不忘的"八一"精神》项目计划表

环 节	具 体 内 容	时 间
项目准备	1. 结合驱动问题,涉及学科教师根据本学科课程标准和教学内容,选择适合本次项目式学习的本学科课程内容。 2. 观察班级中哪些学生探究意识强、动手能力强,挑选部分参与学习的学生。	第一周
项目启动	第一阶段　了解"八一精神"的由来 1. 自主设计探究任务单 2. 分组收集资料,集体汇报交流 第二阶段　寻找身边的"八一"印迹 1. 生活调查,了解身边的"八一"印迹 2. 资料展示,课堂汇报交流:什么是"八一"精神 第三阶段　实地研学,感悟"八一精神" 1. 分组制作参观记录表 2. 分小组实地参观 第四阶段　多种形式,展示"八一精神" 1. 课堂交流收获,再谈"八一精神" 2. 展示学习成果	第二至六周
项目展示	图片、绘画等作品展板,校园文化展,节目展示	第七周
项目资料汇编	收集学生参观照片、绘画和学习任务单等资料,撰写项目案例并进行资料汇编。	第八周

除此之外,我们根据任务梳理出项目学习的研究方向,预设了项目学习内容,并在此基础上绘制出项目学习地图(见图4-3-1)。

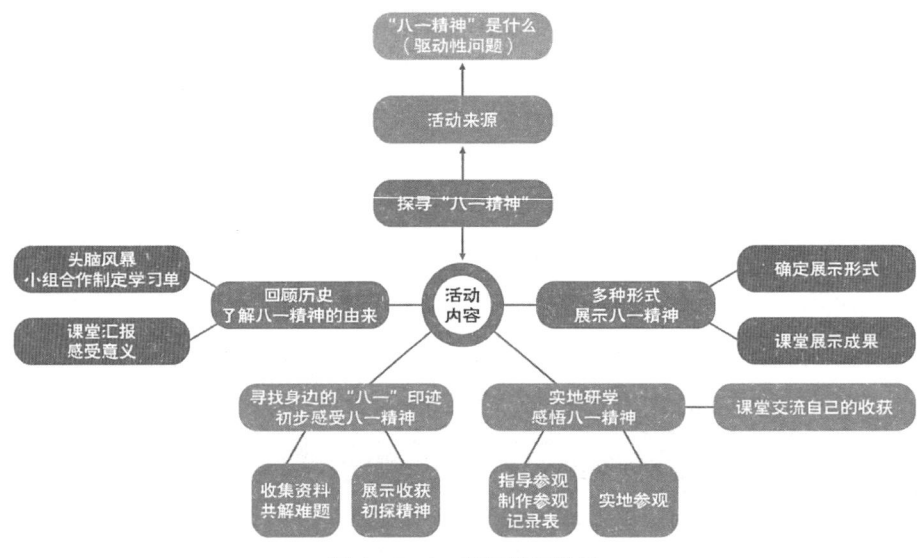

图4-3-1 项目学习地图

(二) 小组探究,集体展示:由表及里,多角度探索,领悟精神内核

基于《道德与法治》课程中提出良好品德是健全人格的根基,是公民素质的核心。语文课程标准中指出的应重视情感、态度、价值观的正确导向,培养学生高尚的道德情操,形成正确的价值观和积极的人生态度。

第一阶段:了解"八一精神"的由来

任务:了解"南昌起义"这段光荣历史,初步感受"南昌起义"的意义。

1. 头脑风暴,制定小组学习任务单

为了激发学生内在的学习动力,提高学习兴趣,学习前教师组织学生们进行了一次关于本次探究学习的头脑风暴。

场景一:

老师:同学们,你们知道"八一精神"吗?

生1:是革命精神。

生2：是红色精神。

生3：是与"南昌起义"有关的精神。

了解历史是探寻"八一精神"的起始阶段,在这个阶段,让学生身临其境去感知历史有助于调动学生的学习积极性,将被动接受型学习转化为主动参与型学习,更利于激发学生的道德情感。

场景二：

老师：要了解"八一精神",你们想了解哪些与之有关的信息?

生1：为什么要进行"南昌起义"。

生2："南昌起义"发生在什么时候。

生3："南昌八一起义"的经过。

生4：哪些革命先辈参加了"南昌起义"。

生5："南昌起义"中有什么革命故事。

生6："南昌起义"有什么影响。

根据学生们的疑问,制作设计探寻任务单(见图4-3-2)。将24名同学分为4个小组,每组6人。各小组领取1—2个自己想探寻答案的问题,根据小组分工设计相关任务单,进行上网搜集资料(见图4-3-3)。

图4-3-2　学生分组制定任务单　　图4-3-3　学生制作的探寻任务单

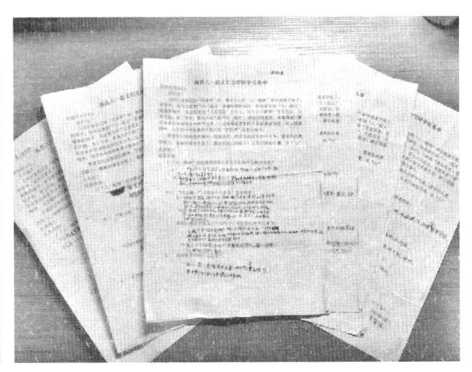

2. 课堂汇报,感受"南昌起义"的意义

学生们把搜集到关于南昌起义的相关资料在课堂上进行汇报。通过调查资料,同学们了解到当时人民的困苦生活,为了反抗反动派的暴行,继续革命,中国共产党决定以武装斗争的形式反抗。通过学习学生们明白了革命的意义所在,更是体会到革命前辈没有被困难吓倒,用行动去抗争的伟大精神(见图4-3-4)。

图4-3-4 《"八一精神"的由来》课堂交流汇报

第二阶段:寻找身边的"八一"印迹

任务:寻找南昌城中的"八一"印迹,初步感受"八一精神"。

1. 收集资料,共解难题

"八一"是南昌这座英雄城不朽的标志。请学生们通过实地探访,与长辈交流等方式了解南昌城中与"八一"有关的地方。

学生们了解到南昌有八一起义纪念馆、八一广场、八一大道、八一大桥、八一中学、八一公园、八一商场等带有"八一"印迹的地点。

场景三:

老师:为什么南昌城有这么多"八一"印迹?

生1:因为"八一起义"在南昌举行。

生2:希望大家要学习"八一"精神。

生3:"八一"代表过去的历史。

生4:"八一"精神在我们生活的方方面面。

新的时代赋予了"八一精神"新的时代内涵,我们继承和弘扬"八一精神"不能只是一句口号,而是要在自身工作实践中努力践行,积极探索创新、敢闯敢试,只有把红色基因融入我们的行动之中,我们拥有的信念才会更牢固。

2. 展示成果,领悟精神

老师组织大家进行"八一"印迹展览活动,把课前收集的"八一"印迹的图片,资料进行展示,并了解这些地点在解放前和解放后,以及现如今的变化原因。

场景四:

老师:这些包含"八一"印迹的地方发生了哪些改变?

生1:以前的旧址很破旧,现在看上去很现代。

生2:现在这些地方有的是为了纪念"八一"起义。

生3:随着时间的推移,这些地方有很大的变化,现在看上去更好了。

老师:这些翻天覆地的变化是因为什么?

生1:是因为国家变得更富强了。

生2:是因为南昌人民在为这座城市不断奋斗,努力让她变得更美更好。

生3:如果没有革命先辈为我们开创新环境,我们的城市也不会有这么多、这么大的变化。

接着老师补充有关资料(习总书记关于"八一起义"的讲话资料),引导孩子提炼感受革命先辈"勇敢、坚强、奋斗、守纪"的"八一精神"(见图4-3-5)。

图4-3-5 《寻找身边的"八一"》课堂交流汇报

最后,组织学生将搜集到的与"八一"有关的图片进行甄别、汇总,通过喷绘,在学校文化长廊展示与"八一"有关的图片。图片展览分为两部分:"历史篇"与"现在篇"。图片内容包含南昌八一起义纪念馆、八一广场、八一大道、八一大桥、八一中学、八一公园、八一商场等,以时间轴呈现八一南昌的古与今。

"八一精神"产生于"八一南昌起义",南昌这座英雄城处处都留有革命的印迹。作为英雄城的接班人,我们了解到"八一精神"是一代代革命先辈的坚定信念,是他们百折不挠、敢为人先的精神品质,是经历过战争历练后传承至今的革命精神。这些精神品质值得我们珍惜,并将其内化于心,外化于行。

第三阶段　实地研学,感悟八一精神

任务:分小组参观八一起义纪念馆、八一起义纪念堂、八一起义纪念塔,实地感悟"八一精神"。

此活动分为三个部分:一是指导孩子如何进行参观,制作参观记录表;二是带领孩子进行实地参观;三是课堂交流自己的收获。

如何有效地进行实地参观? 参观的经历,孩子们都有过,有的甚至可以说是经验丰富了。但是,我们这一次的参观和他们之前的很多参观都是不一样的。因此,进行参观前,我组织孩子们进行了一次讨论:如何参观才是有效的?

场景五:

师:参观的经历相信大家有很多,哪位同学来说说我们这次参观应该怎么做呢?

生:要先确定参观的时间和参观的人员。

师:这次参观我们以小组为单位,时间就本周末,具体时间由小组长和组员确定好就可以了。还有吗?

生:参观前要了解参观的地点所在,并选择合适的交通工具。

生:参观前还要了解该参观地的参观注意事项。

生:带好手机、相机等记录工具,方便记录。

师:同学们说得很好,老师要提醒大家最重要的是要注意安全,每个小组要有一位家长陪同。刚才我们说的都是参观前的准备工作。那么我们去参观的内容又是什么呢?

通过这样启发式的交流,孩子们积极地参与讨论,明白了参观前的准备工作有哪些。

接着,我让孩子们结合此次参观的任务——感悟"勇敢、坚强、奋斗、守纪"的"八一精神",思考应如何进行参观。经过交流讨论,孩子们知道了,在参观时应寻找与"勇敢、坚强、奋斗、守纪"的"八一精神"相关的人物及事迹,并记录下来(见图4-3-6)。这样一来,孩子们参观的目的就明确了。最后,为了方便交流,我和孩子们共同制定了一份参观记录表(见表4-3-3)。

图4-3-6 《如何进行实地参观》课堂交流

表4-3-3 小组参观记录表

小组参观记录表			
组　　长		参观时间	
小组成员			
参观地点			
参观目的			
参观记录			
结　　论			

参观时要求孩子先认真观察,并牢记我们参观的任务,把相关的资料拍下来或是录下来,回来后再小组进行交流,共同完成收获。(见图4-3-7)

第四阶段　多种形式,展示"八一精神"

任务:分小组结合自己的感悟进行展示

此活动分为两个部分:一是指导孩子确定本小组的展示形式;二是进行课堂

图4-3-7 孩子们参观八一起义纪念馆

展示。

对于感悟的"八一精神",孩子们应该怎样进行展示才是有效的呢?

如果只是让孩子准备展示,我想孩子们一定会觉得迷茫,无从下手。因此,在进行展示之前,我引导孩子们思考:你要展示的内容是什么?打算用什么形式来展示?

场景六:

师:谁来说一说我们应该展示什么内容呢?

生:与"勇敢、坚强、奋斗、守纪"的八一精神有关的资料。

师:这些查找到的资料,应该说随处可见,网络、纪念馆都有,所以仅仅展示资料行吗?

生:不行。

师:能不能吸引大家来看哪?

生:好像不行,这些资料纪念馆更多更丰富。

师:那我们到底应该展示什么内容呢?

生:自己参观后的感想。

生:应该围绕一个主题,例如我们可以只展示"八一精神"中与"勇敢"有关的东西。

在老师的引导下,孩子们经过认真思考,明白了自己所要展示的绝不是搜集来的资料,更多的应该是自己的感悟。"坚定信念、不屈不挠、勇于开拓、敢为人先"的"八一精神",是留给我们的宝贵精神财富,激励着我们战胜一切艰难险阻,从胜利走向胜利。

而关于展示的形式,孩子们想到了手抄报、制作PPT、讲故事、朗诵、画画等。经过进一步的交流探讨,孩子们明确了以下几点:

1. 展示的内容为学习过程中搜集到的与"八一精神"有关各方面的资料,获得各方面的体会和感悟。

2. 展示形式既可以用口头的方式,如演讲、朗诵自己创作的诗歌(见图4-3-8)、散文等作品以及谈感悟体会等;也可以用书面的方式,如手抄报(见图4-3-9)、绘画(见图4-3-10)、制作PPT、撰写调研报告等;还可以以行为的方式,如情景剧表演等;甚至可以是多种形式的融合。

图4-3-8 孩子们创作的"八一精神"主题诗歌

图4-3-9 孩子们制作的"八一精神"主题手抄报

图4-3-10 "八一精神"主题绘画

3. 选择何种形式进行展示要切合本小组成员的具体情况。例如：小组里缺乏唱歌、舞蹈等特长的同学，就不要硬是采用这样的形式展示学习成果，而要选用更适合本小组学生个性特点的形式。

4. 以小组为单位展示学习成果，要求全员参与，各小组要派出一位主持人主持本小组的展示活动。

当孩子们对展示有了这样的认识后，进行展示就有了明确的方向。然而在准备展示的过程中，他们依然离不开教师的指导。比如学生主持人活动质量的高低直接关系到能否调动起全班学生的积极性，确保全员参与成果展示活动，直接影响到学习成果展示活动的成败。因此，教师对成果展示活动主持人的指导十分重要。

在老师的指导下，有的小组制作了相关的 ppt 并配以自己感悟的解说词；有的小组以朗诵诗歌的方式展现；还有的表演了自己改编"八一起义"的情景剧。

孩子们的展示虽然还是略显稚嫩，但是他们用自己的方式展现出自己对"八一精神"的感悟与传承。以此为契机，我们在全校各个中队举行了红色诗歌诵读活动。同时，我们还成立了八一英雄人物故事宣讲团(见图4-3-11)，利用全校晨会、班队会时间，向全校师生宣讲八一英雄的故事，让"八一精神"开放在每一个孩子的心间。在此基础上，向全校师生发出倡议，开展"寻找身边具有'八一精神'的榜样"活动，利用每月一次的"班级好人榜"学习身边的榜样，每周小红娃广播站栏目"时代好少年"刊播，学校德育展板呈现"魅力小红娃"先进事迹展示，使得"八一精神"盛放在校园的每一处，引导孩子们用"八一精神"规范自己的言行，做新时代的好少年。

图 4-3-11 "八一英雄故事"宣讲

四、项目成果展示与评价

经过多路径的深入探究后,学生的内在经验也经历着不断重组、拓展与改造。探究过程中,学生走进场馆感受、倾听,为了共同的任务分工、合作,获得了质的成长,尤其是对于"八一精神"有了更深入的认知和感受。我们通过多种方式呈现这次项目学习的成果。

1. "八一"印迹图片展览

通过课前的实地探访,与长辈交流,网上资料搜集等方式了解到南昌的"八一"印迹后,学校组织一次"八一"印迹展览活动,将各年级学生搜集到的与"八一"有关的图片进行汇总。通过喷绘,在学校文化长廊展示与"八一"有关的图片,图片展览分为两部分:"历史篇"与"现在篇"。

图片内容包含南昌八一起义纪念馆、八一广场、八一大道、八一大桥、八一公园等,以时间轴呈现八一南昌的古与今。

学校红色讲解员负责介绍此次展览活动,各年级分批前往参观学习。

表 4-3-4 八一印迹成果展示评价表

评 价 内 容	自 评	互 评	教师评价
能明确活动要求,搜集的图片与"八一"印迹有关	☆☆☆☆☆	☆☆☆☆☆	☆☆☆☆☆
在搜集图片过程中,能积极地提出问题,克服困难并寻求解决问题的方法	☆☆☆☆☆	☆☆☆☆☆	☆☆☆☆☆

续表

评 价 内 容	自 评	互 评	教师评价
能探寻图片背后的故事或查找相关资料	☆☆☆☆☆	☆☆☆☆☆	☆☆☆☆☆
能主动与他人交流搜集的图片资料	☆☆☆☆☆	☆☆☆☆☆	☆☆☆☆☆
在交流中,对"八一"精神有初步的认识	☆☆☆☆☆	☆☆☆☆☆	☆☆☆☆☆

(说明:以上每项评价分三个等级,五星为优秀,四星为良好,三星为加油。)

认识一座城,感悟"八一精神"。南昌是一座英雄城市,东湖小学作为南昌市唯一的红军小学,有义务引导红军小学的小红娃们走进英雄城市,去了解其古今历史,这也是对"八一精神"的一种初探。

2."八一"红色场馆实地探访

用好身边的资源,将行万里路与读万卷书结合起来,引导学生对"八一精神"和红色文化有更全面的认识。

组织参观红色场馆走读活动(见图4-3-12)。红色场馆选择南昌最有代表性的三个:南昌八一起义纪念馆、南昌八一广场和江西省博物馆。分年级进行实地研学,聆听场馆讲解员对"南昌八一起义"的历史介绍,了解革命先辈的英勇奋战的事迹,对"八一精神"有进一步体会。

图4-3-12 参观红色场馆

走进红色场馆,去聆听解讲员讲述红色历史故事,去感悟老一辈传递的"八一精神",让心灵得到启迪。

表4-3-5 "八一"红色场馆实地探访成果展示评价表

评 价 内 容	自 评	互 评	教师评价
参观前,能做好各项准备,明确参观目的	☆☆☆☆☆	☆☆☆☆☆	☆☆☆☆☆
参观时,能认真倾听讲解,做到文明参观	☆☆☆☆☆	☆☆☆☆☆	☆☆☆☆☆
在参观过程中,能主动思考,积极地提出问题	☆☆☆☆☆	☆☆☆☆☆	☆☆☆☆☆
完成小组参观记录表,了解革命先辈的英勇事迹	☆☆☆☆☆	☆☆☆☆☆	☆☆☆☆☆
能主动与他人交流参观时的收获	☆☆☆☆☆	☆☆☆☆☆	☆☆☆☆☆

(说明:以上每项评价分三个等级,五星为优秀,四星为良好,三星为加油。)

3. 红色诗歌诵读

此次诗歌诵读,分两个篇章:经典篇和原创篇。经典篇要求学生选择表现八一红色精神的作品进行诵读,原创篇要求学生把此次学习了解到的人物、故事创编成诗歌,并进行诵读展示。此活动分作品、诵读两类评奖,通过学校微信公众号进行展示,进一步激发学生的成就感,并进行持续探究的兴趣。

表4-3-6 红色诗歌诵读展示评价表

评 价 内 容	自 评	互 评	教师评价
能明确活动要求,根据要求查找与"八一精神"相关的资料	☆☆☆☆☆	☆☆☆☆☆	☆☆☆☆☆
在活动过程中,能主动与他人交流、合作	☆☆☆☆☆	☆☆☆☆☆	☆☆☆☆☆
能听取别人的意见,不断完善自己的方案	☆☆☆☆☆	☆☆☆☆☆	☆☆☆☆☆
遇到问题时,能克服困难,积极寻求解决的方法	☆☆☆☆☆	☆☆☆☆☆	☆☆☆☆☆
能积极与他人交流活动感悟	☆☆☆☆☆	☆☆☆☆☆	☆☆☆☆☆

(说明:以上每项评价分三个等级,五星为优秀,四星为良好,三星为加油。)

我手写我心,我心述我情。学生通过诵读、创作"八一精神"的红色作品,进一步感受"八一精神"。(见图4-3-13)

图 4-3-13 诵读红色经典

4. 寻找身边具有"八一精神"的榜样

"八一精神"可概括为"勇敢、坚强、奋斗、守纪"八个字。作为南昌八一红军小学的一员,我们具有得天独厚的红色土壤,经过长年累月的熏陶,同学们为自己是一个小红娃而感到自豪,身边涌现了不少勇敢、坚强、奋斗和守纪的好榜样。我们利用每月一次的"班级好人榜"学习身边的榜样,每周小红娃广播站栏目"时代好少年"刊播,学校德育展板呈现"魅力小红娃"先进事迹展示,使学校处处浸染着学习好少年、好榜样的氛围,让学校的每一面墙都会说话,让学校的每一处都成为"八一精神"沃育的土壤。

表 4-3-7 寻找身边具有"八一精神"的榜样成果展示评价表

评 价 内 容	自 评	互 评	教师评价
能明确活动要求,根据要求寻找具有"八一精神"的榜样	☆☆☆☆☆	☆☆☆☆☆	☆☆☆☆☆
在活动过程中,能主动与他人交流、合作	☆☆☆☆☆	☆☆☆☆☆	☆☆☆☆☆
遇到问题时,能克服困难,积极寻求解决的方法	☆☆☆☆☆	☆☆☆☆☆	☆☆☆☆☆
在寻找过程中,能发现身边榜样的典型事迹,与他人交流自己的想法	☆☆☆☆☆	☆☆☆☆☆	☆☆☆☆☆
能积极与他人交流活动感悟	☆☆☆☆☆	☆☆☆☆☆	☆☆☆☆☆
我的收获:			

(说明:以上每项评价分三个等级,五星为优秀,四星为良好,三星为加油。)

"八一精神"内涵丰富,在我们的校园也有很多自强不息、吃苦耐劳的同学,同学们通过寻找身边的榜样,见贤思齐,为"八一精神"注入新的内涵。

五、项目反思

荀子曰:"不登高山,不知天之高也;不临深溪,不知地之厚也。"学校组织学生探寻"八一精神"的项目学习活动不仅让孩子们受益匪浅,也让我们教师收获了许多的自我思考。在活动过程中,指导老师不是为了教而教,而是让学生由"要我学"转变成为"我要学"的适合学生身心发展规律的项目式学习。

1. 因材施教,利用知识牵引

指导老师以我校"红军小学"作为特色,将红色文化精神相关知识的所在背景、环境、信息传授给学生,让学生有了强大的内驱动力。接着,学生在教师有效的知识牵引下,分小组自主探究整个活动。在整个活动过程中,学生全程参与,经历了探究过程,整个过程中学生的内化的效能性得到了最大的提高,从而达到项目学习的最终目的,因材施教,让学生从获取知识的外化转为内化。

2. 自主探究,提升学科整合

小组活动过程中,学生能够主动从项目中提炼出研究的问题,通过上游知识、后续知识以及跨学科知识的整合,在互相学习、发现问题时,从查阅资料入手,到请教专家,再到最后把材料进行整理、筛选、分类,都受益匪浅。而指导老师帮助学生对学科认知建构和发展方式重新组织,也让学生的探究有了明确的方向。

3. 循序渐进,注重评价过程

参观过程中,部分学生遇到操作困难,不能有效借助任务单来顺利完成任务驱动,出现畏难情绪。幸运的是,在活动过程中,指导老师能够迅速在了解学生的实际困难和需要之后,进行快捷和有效的指导,帮助学生继续参与活动。同时,老师还特别注重过程性评价。因为过程性评价是贯穿于整个学生活动的始终,是整个学生活动必不可少的组成部分。老师要想提升学生学习效果,就必须采取一定的评价策略和方法。在活动进展中,指导老师针对学生学习活动的表现,运用了多种评价方法,使整个活动过程的实施,有不同维度的体现。

此项目还可继续深入实施,例如孩子在学习中对英雄人物的故事非常感兴趣,我们还拟成立一支英雄人物宣讲团,让他们向低年级的同学们宣讲八一英雄的故事,进一步扩大此次项目学习的影响力。

总而言之,项目学习是一种重要的教学方法,能够让学生掌握学术技能和知识,培养未来成功所需的技能,更好地应对生活和社会的挑战。

(南昌市东湖区东湖小学　万　莹　曹雯璐　吴冬梅　皇甫海燕　王美云)

第五章

项目学习：基于好奇思量，演绎真我创想

心理学家认为：好奇心是个体遇到新奇事物或处在新的外界条件下所产生的注意、操作、提问的心理倾向。好奇心是个体学习的内在动机，它具有认知性特征，能够引发个体的探索行为；也具有情感性特征，可以使个体从探索中获得愉快的体验。我们要重视孩子在学习过程中的那些可贵的思考，包括对问题与任务本身的好奇心，让他们基于好奇思量，立足项目实践，演绎真我创想。

项目学习是基于真实情境和问题的跨学科学习方式,是培养学生综合素养的重要途径。在项目学习的实施进程中,我们务必重视孩子在学习过程中隐含的那些可贵的"思考",包括对问题与任务本身的"好奇心",让他们基于好奇思量,立足项目实践,演绎真我创想。

心理学认为,好奇心是个体遇到新奇事物或处在新的外界条件下所产生的注意、操作、提问的心理倾向。好奇心是个体学习的内在动机,它具有认知性特征,能够引发个体的探索行为,也具有情感性特征,可以使个体从探索中获得愉快的体验。

本章节的三个项目学习案例,其驱动问题不约而同地指向了好奇思量,凸显了项目学习的趣味性、实践性和创造性。依托真实的学习任务开展项目学习,可以引领孩子亲历求知的过程,进而促进孩子的"思考"和"交往"。孩子在好奇心的驱使下表现出来的观察、提问、操作、坚持、积极情绪等也有助于项目学习的有效实施。

本章共三个项目学习案例:出新幼儿园的"小学在等我"、育新学校教育集团青桥校区的"未来的房子"以及豫章小学教育集团爱国路校区的"'小眼镜'越来越多"。好奇心是人类的天性,对于孩子来说,一旦面临新奇的、神秘的事物,就会产生三种形式的探究行为:感官探究、动作探究、言语探究。项目学习案例"小学在等我"通过这些探究行为,依托"我心中的小学""我眼中的小学"和"我上小学了"三大版块引领孩子了解周围事物,丰富孩子项目学习体验。项目学习案例"未来的房子"通过这些探究行为,依托"探究未来房子的功能""想象未来的房子"和"设计未来的房子"三大版块不断强化孩子的项目实践,丰富孩子的项目体验。项目学习案例"'小眼镜'越来越多"依托问卷调查、数据分析、实践应用和成果推介等活动引领学生查找缘由、分析对策。这样的学习有助于培养他们在真实情境下解决综合问题的必备品质和关键能力,进而促进他们综合素养的提升。

第一节　实践智慧 1：小学在等我

一、项目简介

项目名称	小学在等我	适用年级	幼儿园大班
项目类型	跨学科项目学习	项目时长	12 课时
涉及领域	语言、社会、科学、艺术、健康		
项目概述	到了大班下学期，孩子们渐渐明白自己即将步入小学，孩子们对小学充满好奇，例如小学是怎么样的，小学和幼儿园有什么不一样的地方。他们对即将到来的小学生活既向往又害怕，于是项目组老师抓住问题关键，围绕小学生活作为学习主题，让孩子通过小组式项目研究，推动孩子利用工具资源进行多路径的项目学习。		
驱动问题	小学是什么样？		
项目学习目标	领域目标	健康领域 1. 知道珍惜时间，合理有计划地安排好自己的时间和事情。 2. 学会自我服务，养成不拖拉的好习惯，做好入学心理和生理准备。 语言领域 1. 能完整描述心目中的小学，并清晰表述对入学的好奇与担忧。 2. 尝试运用图像、文字、符号等形式表达自己的意思。 社会领域 1. 初步了解小学学习和生活的主要内容，发现小学与幼儿园的不同。 2. 体会自己已经长大，激发幼儿对小学生活的向往与憧憬。 科学领域 1. 通过观察比较，发现学习用品的特征，学会按类有序整理的方法。 2. 能用数学、图画、图表或其他符号记录自己的探索结果。 艺术领域 1. 尝试用多种表现手法表达眼中的小学，并愿意与他人分享、交流。 2. 能大胆自信地表现自己对即将上小学的积极态度与自豪感。	
	学习品质	培养幼儿积极主动、认真专注、敢于探究和尝试、团队合作等学习品质	
项目成果	产品形式	项目设计方案、项目实施方案、幼儿作品、采访记录、调查表	
	展示方式	成长纪念墙、成长影集、宣传海报	
学习评价	过程评价	幼儿在活动中善于观察和思考，学会记录和整理，感悟和内化	
	结果评价	进行成果收集、整理、展示，幼儿相互分享感受	
项目资源	学校、社区、家长、专家、采访设备、照片、视频、录音、PPT、表格		

经过三年的幼儿园生活,大班孩子就要迈进小学的大门,就孩子而言,小学毕竟是一个陌生而又富有诱惑力的地方;就教师而言,面临的则是如何为孩子解除疑虑,如何满足孩子热切的期望,激发孩子对小学生活的向往与憧憬,并从身心发展的诸多方面为他们进入小学作好充分的准备,实现从学前教育到小学教育的顺利过渡。

二、项目启动

(一)驱动问题:小学是什么样?

1. 从幼儿感兴趣的热点问题出发

到了大班下学期,孩子们渐渐明白自己马上就要离开幼儿园,即将步入小学,孩子们对小学充满好奇,总会相互讨论小学是怎么样的,小学好玩吗,小学和幼儿园有什么不一样的地方。项目"小学在等我"就是抓住孩子的兴趣点,从幼儿感兴趣的热点问题和自身发展需要出发,教师及时发现、捕捉,随时收集、记录,帮助幼儿确定项目学习主题,生成驱动性问题:"小学是什么样?"

2. 以幼儿的实际需求自主分组展开探究

基于驱动问题"小学是什么样",结合大班幼儿的认知水平和实际需求,将幼儿存在的各种问题进行初步的整理与分类,师幼共同形成了"我心中的小学""我眼中的小学""我要上小学了"三个项目组。在"我心中的小学"小组中,孩子说出自己的担忧,自己的好奇,想象自己心中的小学会是什么样的;紧接着在"我眼中的小学"小组中,孩子们通过去小学现场调查、阅读绘本等多种方式探索小学的奥秘;最后在"我要上小学了"小组中,教师根据幼儿感兴趣的热点话题,以及幼儿对入学的实际需求,再分出三个子任务"课间十分钟""书包的秘密""你好朋友",教师为幼儿创设真实情境,让幼儿通过真实的感知与体验,多角度、多路径的探究解决问题,建构新经验,以多种形式的作品,展现自己对小学的认知和向往。驱动问题来源于幼儿提出的真实问题,教师在活动中观察分析幼儿并及时提供适宜的策略,支持幼儿经验迁移,运用新经验,让幼儿对小学有一个全面的认识与了解,从幼儿身体、心理、知识与能力、行为习惯等全方面为他们进入小学做好充分准备。

(二) 学情分析

大班孩子即将迈入小学的大门。对孩子来说,小学是一个陌生而又富有诱惑的地方;对于老师而言,面临着为孩子解除疑虑,帮助他们做好入学准备的任务。向往小学又有所担忧是幼儿入学前较为普遍的心态,为此,不仅要了解即将面临的变化——小学与幼儿园的具体差异,还要建立如何应对"变化"带来的挑战,在这个项目学习中,教师需要适时适宜地创设环境,给幼儿提供大胆表述内心想法的机会,同时,通过实地参观、大调查等活动,让孩子初步认识小学的环境,了解小学生学习和生活的主要内容,减少对小学的陌生感、神秘感,帮助孩子建立如何面对这一变化的应对策略——认识"变化"的是什么,去除茫然失措的焦虑,为他们入小学做好心理准备,最终以健康愉悦的心理状态进入小学。

三、项目实施

迈进小学,对即将大班毕业的孩子们来说,是角色的转换与新环境的挑战,是新的旅程与体验。在本项目中,教师引导孩子们通过"问题收集""大胆畅想""探秘调查""现场参观"和"探索比较",让孩子初步感知了解小学生学习和生活的主要内容,引导孩子探索发现小学生活与幼儿园生活的不同之处,探秘解决心中的疑惑,为孩子入小学做好心理准备,对未来的小学生活充满期待。

(一) 计划制定:明确任务安排,有序推进研究

为了科学有效地推进各项目进程,提高项目实施的执行力,我们制定了整个项目开展时间与安排(见表5-1-1)。

表5-1-1 项目计划表

环 节		具 体 内 容	时间安排
准备阶段	我心目中的小学	1. 搜集幼儿对小学的担忧和畅想,制作成"问题树" 2. 幼儿根据兴趣进行分组,确立项目研究方向 3. 制作:上小学的路线	2课时

续　表

环　节		具　体　内　容	时间安排
项目实施	我眼中的小学	第一阶段：走进小学 1. 参观小学 2. 小记者行动：小学秘密大调查 3. 画一画、搭一搭：我眼中的小学	2课时
	我要上小学了	第二阶段：探索"课间十分钟" 1. 认识时钟 2. 探索：十分钟可以干什么 3. 设计：我的课间十分钟计划	2课时
		第三阶段：探索"书包的秘密" 1. 探秘：小书包、大调查 2. 游戏：小小文具店 3. 生活养成：我会整理小书包	2课时
		第四阶段：你好，朋友 1. 社会：我的好朋友 2. 记录：我最好的朋友 3. 设计：我的姓名牌	2课时
项目展示	成果	1. 绘画作品 2. 记录表 3. 成长影集 4. 主题展板 5. 拍摄视频	2课时

除此之外，我们根据任务梳理出项目学习的研究方向，制定了项目学习目标，并在此基础上绘制出项目学习地图(见图5-1-1)。

(二) 分组学习：利用工具资源，助推幼儿多路径探究

基于项目研究地图，孩子们根据自己的研究兴趣自主选择研究内容与小伙伴，分别组建了三个研究小分队。于是，三个研究项目的探究过程就此展开：

1. "我心目中的小学"项目小组

(1) 小学畅想"关于小学，我想知道……"

小学，对大班的孩子而言是熟悉的，又是陌生的。熟悉的是周边的人天天念叨着自己即将读小学；但陌生的是小学是什么样的，跟幼儿园有什么不同。随着时间

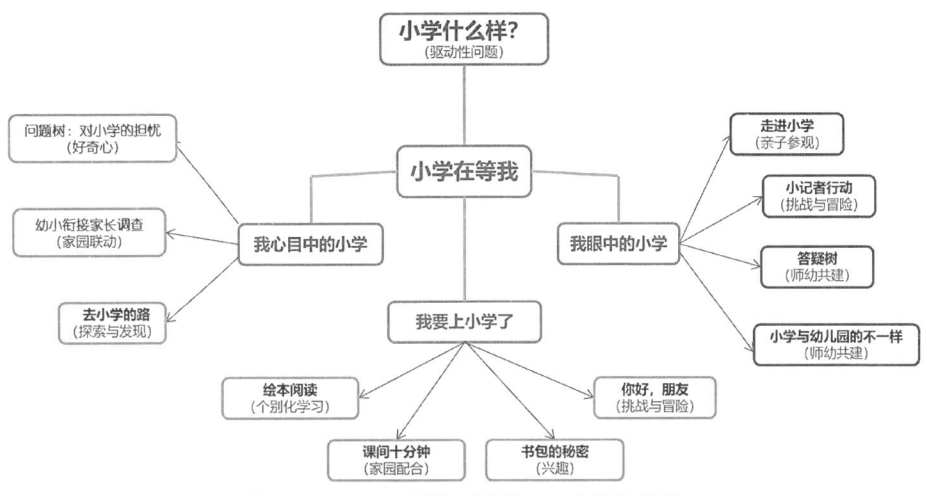

图 5-1-1　项目学习地图——小学在等我

的推移,孩子们对小学的向往和担忧越发多了。于是,我们采取线上讨论和线下记录的方式,引导孩子谈谈"关于小学,我想知道……",畅想"我心目中的小学"(见图5-1-2),并进行亲子记录,在家长的辅助下,将自己对小学的担忧以图画配以文字的形式记录下来,形成记录表(见图5-1-3)。通过孩子们天真稚嫩的语言,开始初步回应驱动问题"小学是什么样"。

(2) 问题树:对小学的担忧

教师将问题归类整理,制作成"问题树"(见图5-1-4),布置在墙面上。问题树的呈现,直射孩子的内心,让教师和家长更加清晰地了解孩子心目中的小学是怎样的,对小学的学习和生活又有怎样的担忧,使驱动问题更加具体化,这为后续的项目学习明确了方向,也为后期成果展示"答疑树"做了准备。

(3) 问卷调查:幼小衔接家长调查

项目学习不仅倾听孩子的心声,更想了解家长的想法。为了家园更好地配合以帮助孩子调整好心理状态、做好入学准备,我们对大班家长进行了问卷调查(见图 5-1-5),了解家长在幼小衔接方面的困惑,帮助家长了解幼小衔接阶段教师和家长应做的准备。

从问卷调查结果来看,现在的家长大部分更关注孩子的综合能力,如学习习

图 5-1-2 线上畅想"我心目中的小学"

图 5-1-3 "关于小学,我想知道……"记录表

图 5-1-4　问题树

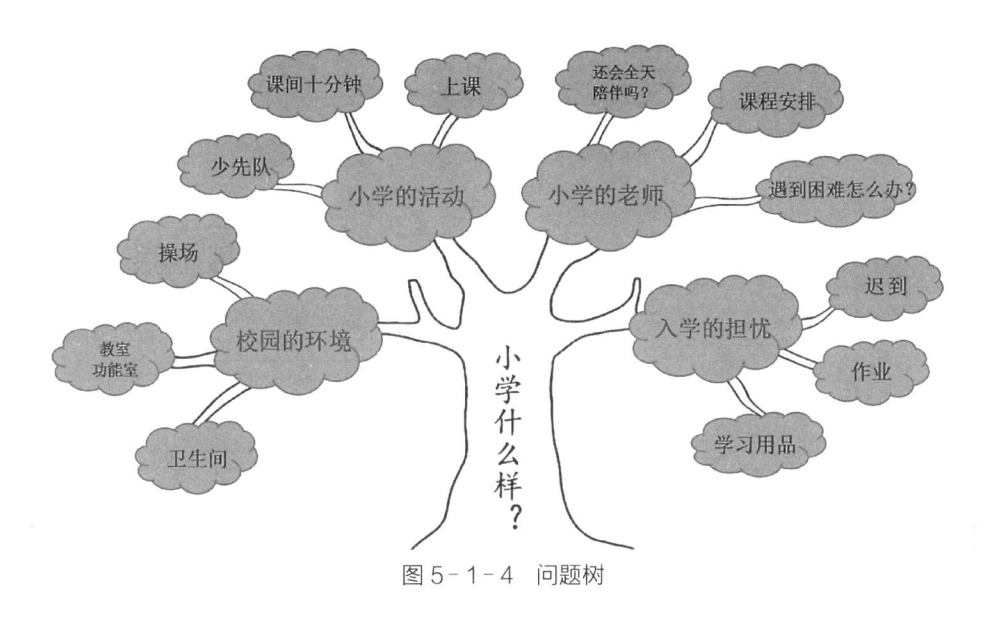

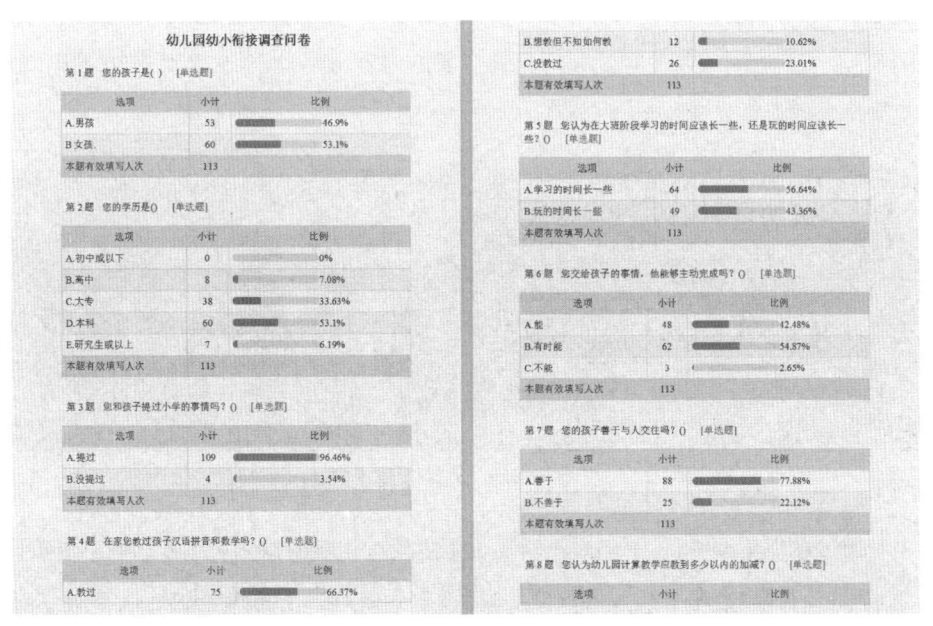

图 5-1-5　家长调查问卷：幼小衔接调查

惯、时间观念、自理能力、人际交往能力、适应环境、自我调整等等。这也为我们的项目推进提供了探索方向。

(4) 去小学的路

即将入学的幼儿应当知道自己的上学路线,了解在上学路上有关标识特征、交通安全和自我管理等方面的知识经验。因此,我们发动家长周末带孩子从家出发,去到离家最近的学校,带幼儿探索上学的路线,并引导孩子观察上学路上先经过什么地方,然后走到什么地方,最后路过什么地方,记住或拍摄标志性建筑或景物、商铺、标识等,与家长讨论上学路上的交通安全和注意事项,并尝试用简单的符号、图形来表征等,呈现简单的上学路线图。这也为后续项目学习打下了基础。

2. "我眼中的小学"项目小组

(1) 亲子参观:走进小学

项目组对"小学是什么样"产生好奇与疑问,这类问题单靠家长和教师的解释过于说教,并不利于孩子的主动参与项目研究。因此教师与孩子们就"问题树"上列出的对"小学的担忧",共同制作问卷调查表,由家长带着走出园门,走进小学(见图5-1-6),就对小学的担忧和问卷调查表的内容,面向小学生及其家长展开"小学秘密大调查"(见图5-1-7)。

图5-1-6 实地参观小学

通过参观与调查,孩子们对小学及小学生活有初步的认知与了解,对驱动问题"小学是什么样"也有了初步的理解。事后,教师鼓励孩子将调查的结果与同伴分享、交流,解除心中的担忧与疑惑,并将调查结果以图画表征对比的形式制作"一样不一样"和"我们不一样"在成果"小学什么样"上进行展示(见图5-1-8),直观形

图5-1-7 幼儿调查问卷：小学秘密大调查

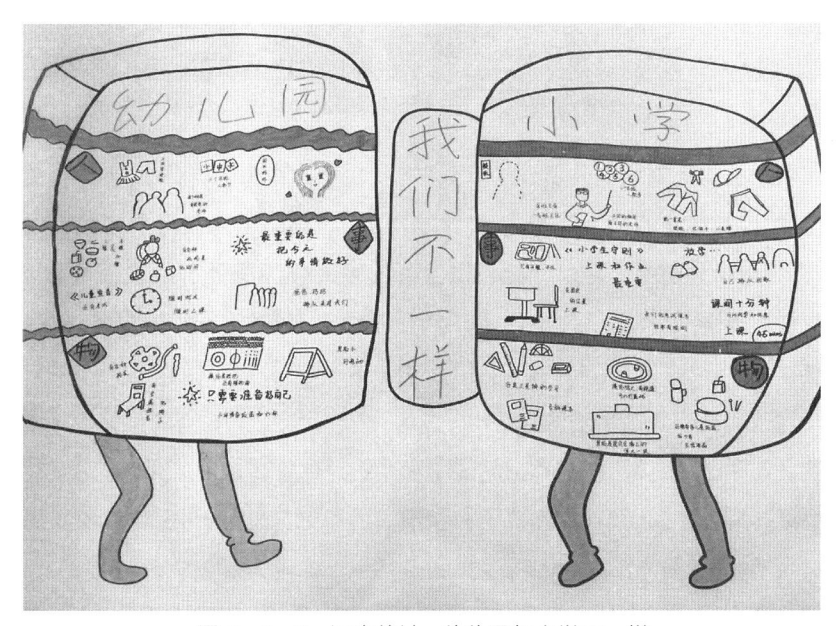

图5-1-8 调查统计：幼儿园与小学不一样

象地展示小学与幼儿园在人、事、物等方面的不同之处，如小学的学习内容、作息时间、学习习惯、校园环境、少先队活动等。

(2) 小记者行动：现场采访

借助参观小学社会实践活动，项目小组成员们实地查看小学，对小学的校园环境有初步的认知；走进教室，感知小学课堂教学模式与幼儿园的不同，了解真实的小学是什么样。同时抓住机会，教师鼓励孩子化身为"CXTV出新电视台"小记者，面向小学生、小学教师、小学生家长展开现场采访(见图5-1-9)，从生活、学习两方面和小学的哥哥姐姐交流谈心,将自己心中的疑惑与之交流,寻求答案,逐渐消除幼儿对小学的焦虑,激发幼儿对进入小学的渴望和兴趣。

图 5-1-9　小记者行动:现场采访

现场采访的模式给幼儿创设了真实的情境,大大激发了孩子主动参与活动的兴趣,实地感知小学的校园环境、小学课堂教学模式等等。通过与小学教师采访对话,孩子们进一步消除了对小学的心理恐慌,做好心理准备工作。教师帮助孩子收集参观照片资料、整理采访对话内容,为成果展示"入学早知道"做准备,同时规划"去小学的路"、制作"小学是什么样"和"我的小学计划"等内容,分别进行成果展示。

(3) 记录表:幼儿园与小学大不同

参观结束之后,孩子们都对全新的小学生活有了初步的真实体验,对参观前所存在的疑惑有所了解,教师鼓励孩子把参观后的所见与思考,用图像或绘画的表征形式记录下"幼儿园与小学大不同"(见图 5-1-10),通过探索比较的方式,引导孩子探索发现小学生活与幼儿园生活的不同之处,解决心中的疑惑。

(4) 答疑树:师幼共建

有疑问便有解答。孩子通过现场采访活动,将在小学采访到的答案进行梳理,与教师共同制作成果"答疑树",立于活动室门外,与其他分队和他班的孩子分享、交流自己对小学的了解,以帮助到更多的孩子了解"小学是什么样",树立共享意识。

3. "我要上小学了"项目小组

(1) 绘本阅读:个别化学习

班级图书区域中投放了许多关于即将入学内容的绘本(见图 5-1-11),孩子

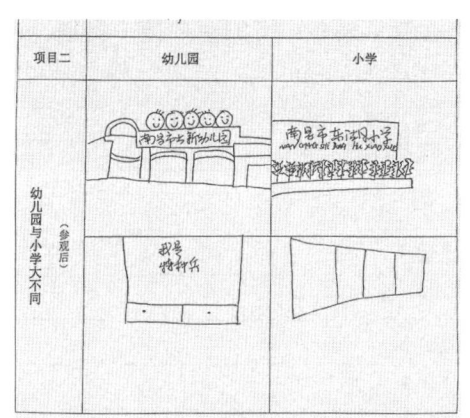

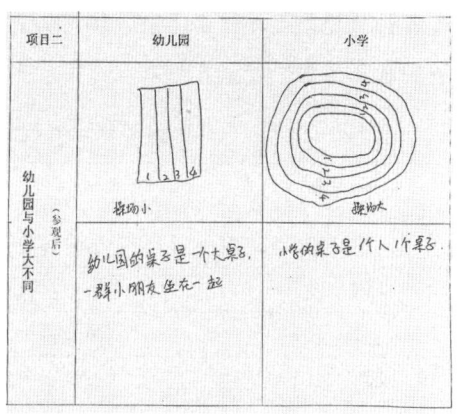

图 5-1-10　记录表"幼儿园与小学大不同"

们在实践参观小学后,更加激起了对小学生活的向往。孩子们通过阅读绘本,对小学生一天的学习与生活、行为习惯了解的更加全面。绘本阅读,不仅帮助其做好心理准备,还有效地培养孩子养成良好的学习意识。

图 5-1-11　绘本推荐

(2) 家园共育:课间十分钟

随着项目学习《小学在等我》探究的逐步深入,孩子们对小学的各种话题充满了好奇。我们从幼儿感兴趣的话题"课间十分钟"入手,孩子们针对"课间十分钟"展开了新的探秘之旅。

① 讨论会:课间十分钟是什么样的?

大多数孩子认为课间十分钟就是玩的时间,但课间十分钟只是玩的时间吗? 还需要做什么呢? 教师以"课间十分钟"为切入点,与孩子们讨论"十分钟有多长"(见表5-1-2)"十分钟可以做什么"(见表5-1-3)。问题一提出,孩子们展开了热烈讨论。

表5-1-2 实录:十分钟有多长

姓 名	回 答 内 容
妍 妍	十分钟应该比较长
洪 洪	十分钟有——长(用手比划着)
辰 辰	像玩具火车那么长
可 儿	十分钟可能就一点点吧
轩 轩	我们可以看看时钟上面的十分钟
哲 妍	唱两首歌的时间
洛 瑜	十分钟就是有10个1分钟嘛!

表5-1-3 十分钟可以做什么?

姓 名	回 答 内 容
越 越	十分钟可以堆一座纸杯山
妍 妍	十分钟可以听一个故事
洪 洪	十分钟可以用积搭一个城堡
可 儿	十分钟可以做早操
轩 轩	十分钟可以玩一个游戏

我们可以从孩子天真的回答中发现,他们有他们的想法,他们有他们对问题的见解,于是,我们与孩子共同设计游戏"十分钟有多长",让幼儿在游戏中来体验"十分钟可以做什么"。

孩子们通过游戏体验,让孩子深深地感受到,原来十分钟可以做这么多有意义的事。那么如何利用好这十分种呢? 你想怎么做? 引导幼儿大胆说出自己和想法和规划。小组商量设计自己的"十分钟计划"(见图5-1-12),尝试根据自己的需要合理有效安排课间十分钟,以便与小学生活衔接。同时,孩子们将此份作息时间带到各自家庭中,请爸爸妈妈共同帮助孩子养成良好的生活作息习惯,做好入学前的生理准备。

② 家园共育,共同培养孩子良好的生活习惯和学习习惯

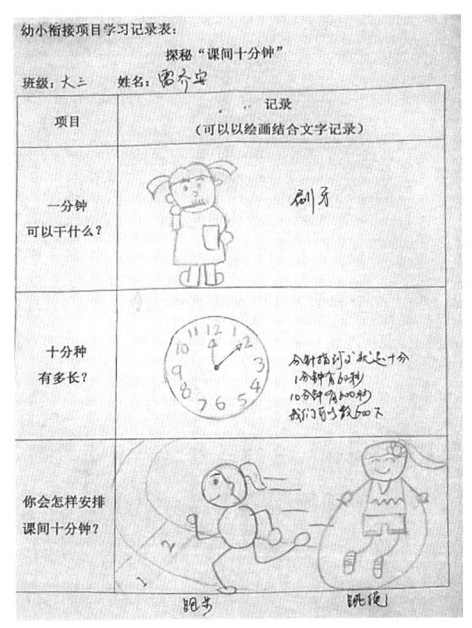

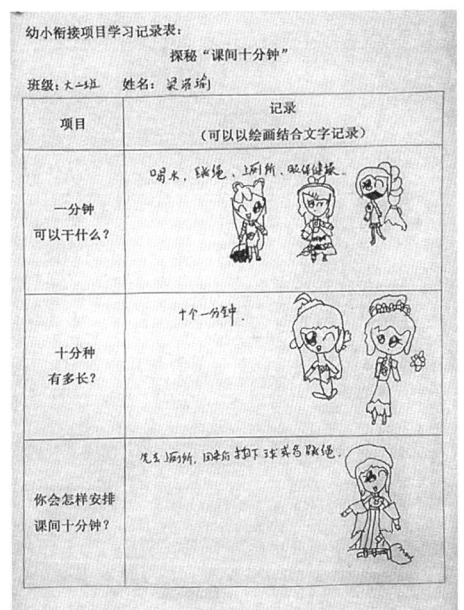

图 5-1-12　课间十分钟计划

教师和家长可有意识地布置孩子做一些力所能及的事,培养孩子的任务意识。尝试亲子制定亲子记录评价表(见表5-1-4),通过"好习惯印章"进行幼儿的自评和家长的评价,督促孩子养成良好习惯,形成积极的态度。

表 5-1-4　幼小衔接习惯养成亲子记录表

班级：　　　　　　　幼儿：　　　　　　　家长：

各位家长：
　　为培养孩子良好的生活和学习习惯,为入小学做好准备,通过孩子自评和家长评价的形式,帮助孩子养成良好的习惯。
　　1. 与孩子共同制作一份"一日生活作息时间表"。
　　2. 每天临睡前与孩子一起完成此表。
　　3. 完成得较好请打"☆☆",一般打"☆",如未执行打"/"。
注：此表以鼓励与引导孩子为主,请切忌不要强求孩子,避免孩子形成反感心态。

评价指标	内　容	月　日		月　日		月　日	
		幼	家	幼	家	幼	家
任务意识	能认真的完成家长布置的一项任务						
时间观念	基本能根据作息时间表开展各项计划						

续表

评价指标	内容	月 日		月 日		月 日	
		幼	家	幼	家	幼	家
主动表达	主动和父母交流一天中印象深刻的事情						
学会倾听	会认真倾听他人讲话，不随便插嘴						
整理物品	主动整理自己的物品，做力所能及的事						
阅读习惯	会主动阅读，并尝试讲述阅读内容						
主动交往	能主动的与周边人员交流						

孩子们也通过成果"十分钟有多长"向同伴介绍课间十分钟可以完成的内容，并设计"小学的一日生活安排时间表"。对课间十分钟的研究与探索，有利于促进幼儿养成良好的作息习惯，知道珍惜时间，合理有计划地安排好自己的时间和事情，提高做事效率，提升自理能力、逐步习惯独立整理和保管好自己的用品，养成不拖拉的好习惯，学会自我服务。

(3) 实践探索："书包的秘密"

有了对小学的认识，孩子对小学生活充满向往和期待，迫不及待地想尝试像小学生一样，带着红领巾、背着小书包去上学。"小书包里有些什么？"为此，我们开展小学生书包大揭秘，从不同的角度进行"小书包，大调查"(见图5-1-13)，共同探索书包的秘密，幼儿在探索中了解书包的结构和各部分的用途，知道小学生书包里要准备哪些物品，自己设计小书包(见图5-1-14)，懂得爱护书包，学习整理书包，培养有序整理文具、书本的好习惯，为即将进入小学做好准备。

收集一些自己认为上小学需要的学习用品，投放于区角——开设"小小文具店"，孩子们在游戏中，相互讨论每种文具的作用、正确的使用方法，一起讨论如何整理书包。

"这些铅笔盒有什么不一样？"一个孩子提出的问题，引发了同伴进一步进行探索，发现文具的不同之处，如形状、图案、材质、大小、厚薄、开启方式、内部构造等，最后师幼共同归纳整理这些发现，孩子们还自己动手尝试制作小笔筒、绘画小书包，设计小小名片等。

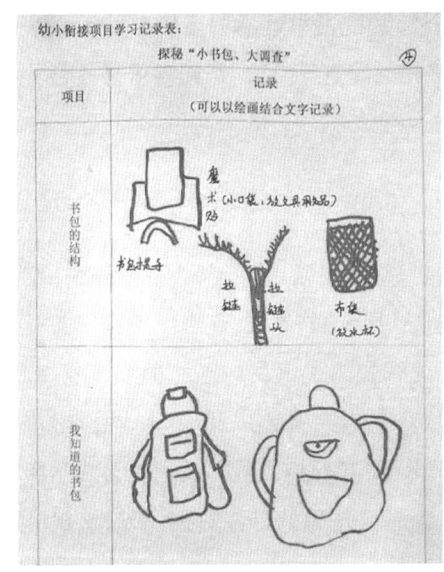

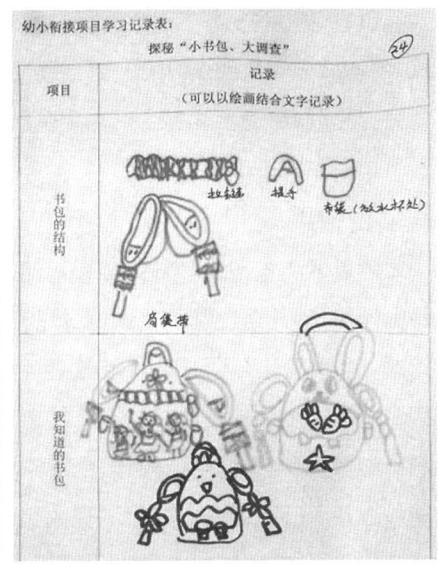

图 5-1-13 小书包、大调查

图 5-1-14 设计小书包

(4) 同伴交往：你好，朋友

孩子们马上就要上小学了，"离开了熟悉的伙伴，如何在一个新的环境当中结交新的朋友"是不少孩子对上学最担心的事，也是一些孩子入学后不适应的原因之一，考验的是孩子的交往能力。为此，我们特意开展了"你好，朋友"的探索活动。针对怎么和新朋友认识，孩子们展开系列探索，从身边的好朋友开始，开展"好朋友调查""说说我的好朋友""夸夸我的好朋友"，进而引导幼儿讨论结交新朋友的办法。通过幼儿自主交流，幼儿讨论"交友小妙招"，老师帮忙记录下来。

通过"你好,朋友"探索学习,师幼共同梳理"交友小妙招",用简单的图画表征形式,制作成"你好,朋友"小册,方便幼儿互相之间进行交流,帮助孩子提高社会交往能力,为顺利过渡小学的生活奠定基础。

四、项目成果

本项目的实施通过"个体思考、小组调查、探索发现、家园共育"的线索持续推进探索学习,幼儿通过"提问、调查、体验、总结、展示"的方式,逐渐向大家解答驱动性问题:小学是什么样。幼儿用自己可以理解的方式记录自己的探索过程,师幼共同将整个过程制作成展板、绘画、绘本、影集等成果,全方位展示"小学环境、小学生和小学教师、小学的学习内容、生活作息"等,更深一步了解了自己要为入学所做的物质准备和心理准备。项目过程的记录为最终成果的形成奠定了基础,提升了综合运用水平,实现了对小学生活的初步架构。

(一)成果一:成长纪念墙

1. 小学是什么样

小学到底是什么样?孩子们在"问题树"上写出自己的疑问,采取问卷调查、现场采访等形式,进行答疑,"问题树"最终变成了"答疑树"(见图5-1-15),创设"我心目中的小学""我眼中的小学""理想中的小学"主题展板(见图5-1-16),孩子们将采访和调查的结果以自己喜欢的方式,在主题墙上展示小学与幼儿园在人、事、物等方面的不同,孩子们也对小学有了初步的认知,消除了心理上的疑惑,做好了入学的心理准备。

2. 我的小学计划

在通过现场采访等方式对小学有了初步认知后,幼儿以图画或表格的方式记录自己的探索过程,教师与孩子共同设计"我的小学计划""去

图5-1-15 答疑树

小学的路"(见图5-1-17)、"小学的一日生活安排时间表""我的课间十分钟计划"(见图5-1-18)等,并制作成展板进行分享、交流。与此同时,鼓励幼儿在家按小学生的作息时间作息,家园共同配合,帮助孩子从生理上适应小学生的学习和生活。

图5-1-16 主题展板

图5-1-17 去小学的路　　图5-1-18 课间十分钟计划

3. 入学早知道

孩子在自己对小学有了充分的认知后,教师和孩子共同搜集入小学应做的准备资料制作成果宣传海报"入学早知道",鼓励幼儿大胆的向园内其他班级同伴、小区同龄孩子进行宣传与介绍,帮助更多的孩子了解小学,做好相应的准备工作。

将幼儿探究的结果,通过以上几大板块进行呈现,使得成果分享过程,成为师幼、同伴交流的平台,让幼儿充分体验到即将入学的新鲜感与好奇心。

(二) 成果二:成长影集

教师鼓励孩子将了解到的入小学前应做好的各项准备资料成果展示。同时家长收集孩子从出生—上幼儿园—即将入学的资料,以照片和文字的形式制作成《成长影集》,让幼儿感到自己的成长历程,激发幼儿向往上小学的美好愿望。

以"成长影集"的形式进行成果展示,让孩子们在体验成长的快乐与喜悦的同时,对自己的未来成长充满期待。"成长影集"呈现(见图5-1-19),也让孩子了解到进入小学是每个人的必须经历的一个阶段,面对小学生活的挑战,勇敢向前,迎接挑战。

图 5-1-19 成长影集

(三) 成果三:自制宣传海报

为让更多的同龄孩子了解"小学什么样",孩子们将自己对小学的认知和应做的准备工作自制成"我设计的名字""书包的秘密"(见图5-1-20)成果,以宣传海报的形式进行展示,并向其他孩子进行宣传和分享,让每一位孩子从生理和心理上不再害怕小学,不再为入小学而担忧,帮助同伴更加全面认识小学,同时也向爸爸

图 5-1-20 宣传海报

妈妈们呈现自己调查、探索的成果。

(四) 成果四：感恩成长，寄语未来

即将告别我们最爱的幼儿园，开启小学的新征程。在项目探究进程当中，孩子们深切感受到了老师、家长对自己成长的付出，感谢老师们三年来的谆谆教导；感恩家长们无微不至的照顾和温情相伴。家长和老师用视频或文字的形式送上祝福，家长寄语"写给即将成为小学生的你"(见图5-1-21)；老师寄语"快乐成长，未来可期"(见图5-1-22)，历届大班毕业生寄语"我在小学等着你"(见图5-

图5-1-21 家长寄语："写给即将成为小学生的你"

图5-1-22 教师寄语："快乐成长，未来可期"

1-23),让幼儿感受到自己的成长,激发幼儿向往上小学的美好愿望,憧憬未来的小学生活。

图 5-1-23　历届大班毕业生寄语:"我在小学等着你"

五、项目评价

(一) 过程性评价

在项目学习中,要实时把握孩子参与研究的情况,进行过程性评价,并根据情况随时调整,围绕"我心中的小学""我眼中的小学""我要上小学了"三个项目,按照相对应的项目学习目标展开评价。由于幼儿年龄特点,评价量表(见表5-1-5、表5-1-6、表5-1-7)建议亲子共同完成。

表5-1-5　"我心中的小学"亲子评价表

班级：　　　　　　　姓名：　　　　　　　时间：

评价项目	评 价 内 容	自评	家长评
积极自信	1. 幼儿知道自己即将成为小学生,对小学充满向往	☆☆☆	☆☆☆
善于沟通	2. 幼儿能与家长交流自己对小学生活的疑问或担忧	☆☆☆	☆☆☆
亲子合作	3. 幼儿能在家长的协助下查阅相关信息	☆☆☆	☆☆☆
乐于探究	4. 在家长的引导下,用自己喜欢的方式进行调查记录	☆☆☆	☆☆☆

表 5-1-6 "我眼中的小学"小组评价表

班级：　　　　　　　姓名：　　　　　　　时间：

评价项目	评价内容	非常满意	满意	还需改进
认真专注	1. 积极主动参与模拟小学体验活动	☆	☆	☆
解决问题	2. 能根据自己提出的疑问进行思考与调查	☆	☆	☆
	3. 能独立思考、发现问题、解决问题	☆	☆	☆
沟通协调	4. 乐于合作交流，尊重他人意见	☆	☆	☆
	5. 能与小学生进行交流提问、乐于探究	☆	☆	☆
敢于探究	6. 能用多种途径获取调查信息	☆	☆	☆
	7. 把小学的调查结果用图画形式记录	☆	☆	☆
	8. 探索比较，发现幼儿园与小学的不同	☆	☆	☆

表 5-1-7 "我要上小学了"项目评价表

班级：　　　　　　　姓名：　　　　　　　时间：

评价项目	评价内容	自评	互评	师评
创新能力	1. 知道珍惜时间，合理制定自己的时间计划	☆☆☆	☆☆☆	☆☆☆
团队合作	2. 能与教师、同伴合作完成宣传展板	☆☆☆	☆☆☆	☆☆☆
	3. 宣传展板主题突出，同伴能够理解	☆☆☆	☆☆☆	☆☆☆
自信表达	4. 对于同伴提出的问题能清晰解答	☆☆☆	☆☆☆	☆☆☆
	5. 大胆向其他同伴、小区孩子进行宣传	☆☆☆	☆☆☆	☆☆☆
自我服务	6. 学会分类有序整理	☆☆☆	☆☆☆	☆☆☆
积极态度	7. 经过项目学习，对小学生活充满期待	☆☆☆	☆☆☆	☆☆☆

1. "我心中的小学"：教师做好准备，确定项目研究方向，家长与幼儿共同查阅相关资料，做好准备工作，交流共享。

2. "我眼中的小学"：教师、家长根据计划，精心组织，让幼儿在活动中与同伴合作，善于观察和思考，学会记录和整理，在活动中体验感悟和内化。

3. "我要上小学了"：进行成果收集、整理、展示，幼儿相互分享感受。

(二)检查学习成果

1. 观察法：以自然观察为主，教师收集大量真实观察所获得的资料，提供丰富的反映幼儿发展状况的事实依据，采用文字描述、表格、录音、录像、照相等方式。

2. 访谈法：教师在日常生活中让幼儿表述自己的感受和经验，同时与家长进行交流，以便正确、全面地了解幼儿的发展。

3. 建立成长档案：对幼儿在较长时间内的发展进行观察与记录，收集并分析幼儿作品，经过整理后进行评价，以反映幼儿在一段时间内的学习过程与成长轨迹。

六、项目经验与反思

(一)效果分析

1. 抓住幼儿的好奇心

本次项目学习的问题，是基于幼儿的实际需求，由即将从幼儿园步入小学，从而产生的一系列的好奇与担忧，教师抓住幼儿的好奇心，确定驱动问题——小学什么样，组织全班幼儿进行问题研究，将幼儿存在的各种问题进行初步的整理与分类，确定了集中关注的三个热点问题，并将问题进一步具体化，设计为三个不同研究方向的探究学习内容。

2. 有效发挥幼儿的主动性

在项目开展过程当中，幼儿的学习主动性逐渐被调动起来，同时家长发挥协同作用，配合幼儿一起完成外出参观、实地调查、资料收集等内容。问题的提出、伙伴的选择、探究的过程、调查采访的方式、成果的展示设计与分享，都充分体现幼儿的自主性，探究过程充满了幼儿自身的体验与感悟。幼儿在教师、家长的共同支持下，学习经验也在不断丰富与提升。

3. 凝聚团队智慧，落实项目实施

项目学习是我们团队的第一次尝试，我们通过专项培训(见图5-1-24)、集体备课(见图5-1-25)、组织活动(见图5-1-26)、课后研讨(见图5-1-27)等多种方式，凝聚集体团队智慧，发挥教研团队的作用，落实项目学习的实施。从中我们也发现了以往不曾尝试的新的教学理念和教学方式，这些理念和项目学习的教学宗旨,与学前教育一直强调的自主学习、小组学习有很多相似,但项目学习的设计更为详尽、丰富、系统,项目学习实施的过程,也是教研团队学习与提升的过程。

图 5-1-24　专项培训　　　　　　　　图 5-1-25　集体备课

图 5-1-26　组织活动　　　　　　　　图 5-1-27　课后研讨

4. 家园共育,共同助推幼儿成长

对于教师来说,将基于项目的学习运用于教学,可以增加幼儿与同伴、与家长、与社会建立关系的机会,但是,对于幼儿园孩子来说,还需要一定的知识经验的储备,有些项目还需要家长、教师的支持与帮助,共同推进项目学习。项目学习的观念初步建立,但是要实践起来又是个新的开始,新的挑战。我们也将在幼儿园教育教学活动中努力进行尝试。

5. 特殊时期,线上项目学习:"探秘小学之旅——'云'游小学"

2020 年初,当我们正准备进一步推进大班项目学习时,突如其来的新冠肺炎疫情打乱了我们的计划，在这样一个特殊的时期，我们无法像以往一样手牵着手，一起参观小学，但这不能阻挡大班的孩子们对小学生活的亲近与向往。5月20日晚，出新幼儿园大班组教师组织各班孩子和家长在班级群中，开展项目学习"探秘小学之旅——'云'游小学"线上项目学习活动（见图5-1-28）。针对孩子们的兴趣，老师在线上开展线上项目学习研究，帮助孩子消除对小学的疑惑，满足孩子对小学的热切期望。

图5-1-28　线上项目学习"探秘小学之旅——'云'游小学"

老师引导孩子们进行"问题收集""大胆畅想""探秘调查""线上参观""探索比较",让孩子初步感知小学的环境,了解小学生学习和生活的主要内容,通过线上与孩子、家长的互动,引导孩子探索发现小学生活与幼儿园生活的不同之处,帮助孩子建立如何对这些变化的应对策略,为孩子入小学做好心理准备。

通过此次线上项目学习,孩子已对小学学习和生活有了初步的了解,家长对如何做好幼小衔接工作有了进一步的认知。幼儿园将和家长一起携手,共同为孩子升入小学做好准备,让孩子们以积极的心态憧憬未来的小学生活。

(二) 下一步设想

1. 尝试幼儿与教师共同制定项目评价标准

教师和幼儿共同制定评价的内容与标准,可以以幼儿的角度,用幼儿可以理解的方式,制定评价标准。评价的内容包括完整性、实用性等。各小组尝试汇报各成员在完成项目过程中遇到的问题、解决问题的方法和技巧等。小组之间对学习过程和成果进行自评和互评。最后教师进行总结性的评价。但是,这一设想需要幼儿有过一定程度的项目学习经验的基础上进行尝试。

2. 拓宽项目学习的评价广度

幼儿利用各种认知工具进行调查、资料搜集、分析研究,最终展示自己的研究成果。今后,除了关注外显的成果以外,更需要进一步关注幼儿在项目学习中的情绪情感体验、操作能力、语言表达能力、合作交往能力、创新能力等多方面的情况,开展动态的过程性评价。

3. 小学适度安排入学准备期

以往,幼小衔接都是幼儿园主动与小学衔接,随着社会各界对幼小衔接的重视,有些地方已经出台相关改革政策,实行"双向衔接",有些小学开始设立入学准备期,并主动与幼儿园进行沟通与衔接。可喜的是,我们东湖区也开始有了这种意识,期待在品质课程改革的进程中,幼小衔接能够幼小共建、合作共赢。

本项目中的驱动问题来源于幼儿、幼儿通过探索解决问题,最终回归于幼儿的社会生活,充分体现了"以幼儿为本"的教育理念。通过本项目的实施,孩子初步了解了小学学习和生活的主要内容,去除了茫然失措的焦虑,对未来的小学生活充满了憧憬。但是，幼小衔接是一个长期性的工作，本项目只是幼小衔接的一部分，我们还将继续延续项目学习的内容，为幼儿入学和今后的成长做好最全面的准备，让孩子们放心去飞，未来可期！

（南昌市东湖区出新幼儿园　刘文娟　章雯燕　陈春婷）

第二节　实践智慧2：未来房子

一、项目简介

项目名称	未来房子	适用年级	四年级
项目类型	多学科项目学习	项目时长	10课时
主要学科	语文	涉及学科	美术、综合实践、信息技术
项目概述	\"未来房子\"项目化学习是以统编教材四年级上册第二单元的科普文《呼风唤雨的世纪》为出发点，同时拓展阅读科普文《电脑住宅》思考从过去的住宅到现在的住宅变化，提出驱动性问题——未来房子是怎么样的，引导学生在畅想未来房子的迭代变化中感受科学技术的发展，唤起学生对美好未来的憧憬和对科学技术的探索与追求。		
驱动问题	未来房子是怎样的呢？		
项目目标	学科知识与技能	1. 语文学科：学习科普说明文说明方法的运用，感受科普文语言知识性、准确性、趣味性、条理性的特点。 2. 美术学科：自主运用不同材料、工具和表现手法表达自己的感受和想象。 3. 综合实践：能通过调查、访问的方式做小数据的调查并交流汇报。 4. 信息技术：检索信息和提炼信息的能力。	
	21世纪技能	培养学生创新能力、团队合作能力、沟通协调能力	
	价值观念	1. 学生对设计创想产生兴趣并乐于动手创作。 2. 愿意参与设计发布会，并全面展示自己的特点。	
项目成果	产品形式	手工的搭建实物、设计图和视频	
	展示方式	学生绘画作品、解说稿、建构作品、未来房子发布会	

续　表

学习评价	过程评价	学生自评表、学生互评表、教师评估表
	结果评价	未来房子设计发布会、未来房子发布会反馈表
项目资源	材料：科技图书、科技电影、绘画图纸、搭建材料 设备：拍照设备（如手机）、一体机等 信息：网络资源、各大楼盘 专家资源：项目指导老师、语文学科教师、美术学科教师、综合实践学科教师等	

　　语文课程是一门学习语言文字运用的综合性、实践性课程。在项目学习中，我们联系学生生活实际，基于学生的奇思妙想，启发学生创想开展学习活动，在实现语文学习目标的同时，提高其对自然、科技变化与问题的认识，从而提高语文素养。

二、项目启动

　　"未来房子"项目学习主要以语文学科、美术学科、综合实践学科的内容进行多学科之间的融合，锻炼学生在真实情景中提出问题，促进学生主动思考、探究并结合语文学科综合实践学习培养学生的探究能力，团队合作以及创新等能力。

（一）基于真实情境的驱动性问题

　　我们在学习了《呼风唤雨的世纪》一文后，拓展阅读科普文《电脑住宅》，学生初步阅读后说说阅读感受。有的学生说，高科技的房子太酷了，方便、实用。随后我们向学生展示过去的房子的图片，学生感受到过去房子破旧、简单、不牢固……再通过PPT展示现在房子的客厅或者卧室图片，引导谈自己的感受。有的学生说，现在的房子，宽敞、舒适、高大……随后教师向学生提出问题：如果你是一名建筑设计师，你看了过去的住宅、现在的住宅，你现在最想知道什么？在学生的讨论中提出驱动性问题：未来的房子是怎样的？

　　学生在学习《呼风唤雨的世纪》课文后，能初步感受到科学技术发展给人们的生活带来了巨大的变化，但是这种感受紧紧源于文本阅读后的初步体验。为了加深学生的阅读感悟，引导学生围绕"未来房子是怎样的"这一驱动问题进行探究有利于学生在畅想未来房子的迭代变化中感受科学技术的发展与人类生活的关系，同时唤起学生对美好未来的憧憬和对科学技术的探索与追求。在探究中促进学生主动思考、探究,并结合语文学科综合实践学习培养学生的探究能力、团队合作能力和创新能力等。

(二) 根据学习目标制定分组分工,培养团队合作能力

由于每个孩子的特长都不一样,因此我们进行了针对性的交错分组。根据孩子在画图、文案等方面的专长进行分配,每六个孩子分到一个组,给小组制定"项目团队协议"(见表5-2-1)希望同学们遵守契约精神,尽可能按最优的小组分工完成任务。

表5-2-1 小组协议分工表

组 员	分 工	合 作
组 长	负责协调小组成员之间分工,汇报。	1. 小组成员根据搜集到的信息和已有知识进行讨论,设计本小组的实验方案。 2. 汇报是小组形成统一的形式,可以和其他小组间交流讨论,也可以是每周讨论汇报。组长除了要汇报该小组的项目探究情况,还要找出探究进行中遇到的问题和困惑,以便在交流与合作环节及时处理这些问题和困惑。
信息员	负责搜集查找资料,进行资料的梳理。	
设计师	根据小组成员的畅想,做设计的美化。	
文 案	为小组内成员未来房子的设计,提供文案主题,负责未来房子的文案宣传。	
外 联	小组活动中负责小组与其他组的沟通及活动材料的准备等。	
观察员	观察记录小组成员在合作中的情况。	

把全班分成水平相当的若干组,实行组长负责制,把管理的任务落到一个个"小家长"的身上,使班级管理化整为零,这是班级管理的有效手段。同时,采取各种措施使小组合作成为班级的一种文化,从而促进小组成员之间同甘共苦,荣辱与共,互帮互助,互相督促,共同完成各种任务,成为学习的主人。

小组协议

1. 组员之间相互尊重、互相倾听

2. 按时完成自己负责的任务

3. 有责任,有担当,尽最大努力完成

附小组分工图(见图5-2-1)。

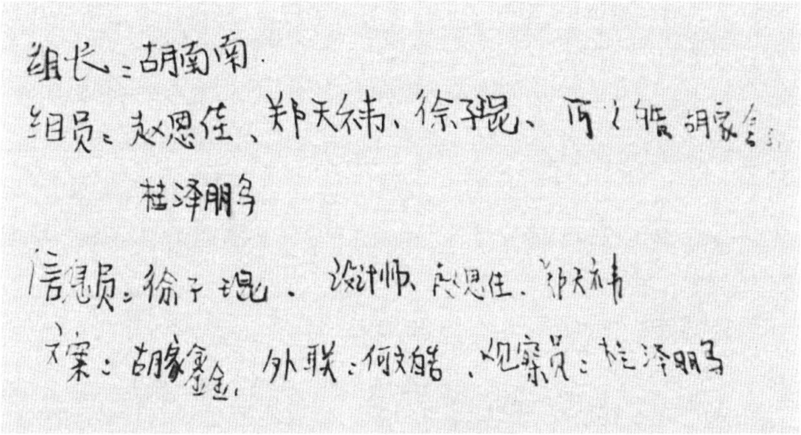
组长：胡南南.
组员：赵恩佳、郑天祎、徐子琨、何文皓、胡家鑫、桂泽朋
信息员：徐子琨、设计师：赵恩佳、郑天祎
文案：胡家鑫、外联：何文皓、观察员：桂泽朋

图 5-2-1　小组分工图

(三) 制定相应制度，确保项目按计划实施

1. 设计评估工具

在项目学习活动中，如何了解学生参与与研究情况，实时给予帮助是非常重要的。因此，我们从思考、参与、合作等多个维度设计了学生自评(见图 5-2-2)、互

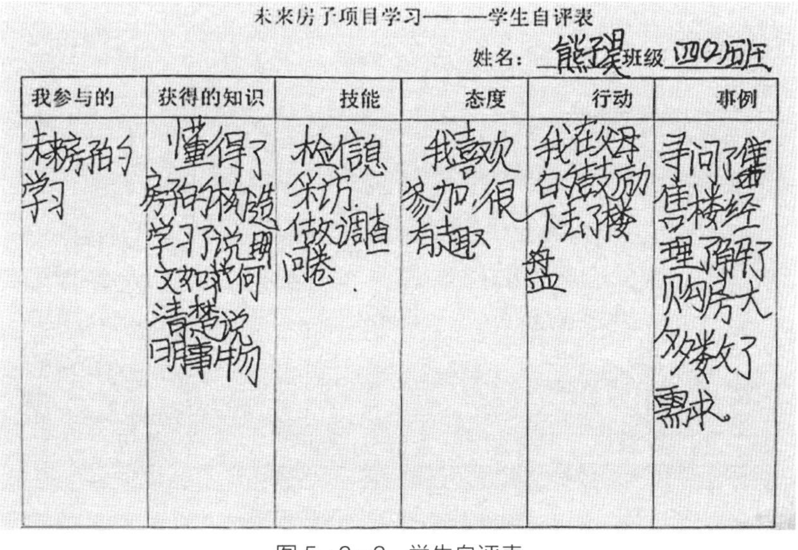
未来房子项目学习——学生自评表

姓名：熊子昊　班级 四(2)班

我参与的	获得的知识	技能	态度	行动	事例
未来房子的学习	懂得了房子的构造 学习了说明文如何清楚说明事物	检信息 采访 做调查问卷	我喜欢参加，很有趣	我在父母的鼓励下去了楼盘	询问了售楼经理，了解了购房大多数的需求

图 5-2-2　学生自评表

评(见图 5-2-3)和师评(见图 5-2-4)多方评价标准,形成较全面而又准确的评价表。

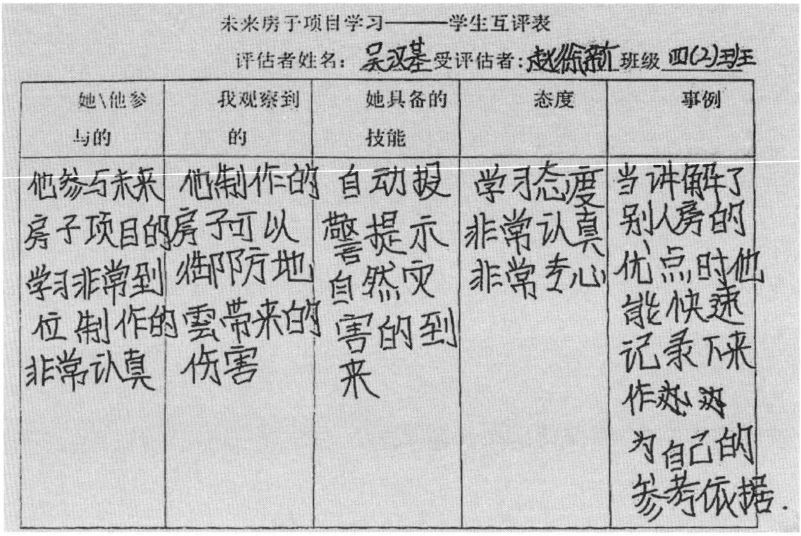

未来房子项目学习——学生互评表

评估者姓名：吴汉基 受评估者：赵俊新 班级 四(2)班

她\他参与的	我观察到的	她具备的技能	态度	事例
他参与未来房子项目的学习非常到位制作的非常认真	他制作的房子可以预防地震带来的伤害	自动报警提示自然灾害的到来	学习态度非常认真非常专心	当讲解了别人房的优点时他能快速记录下来作为为自己的参考依据.

图 5-2-3 学生互评表

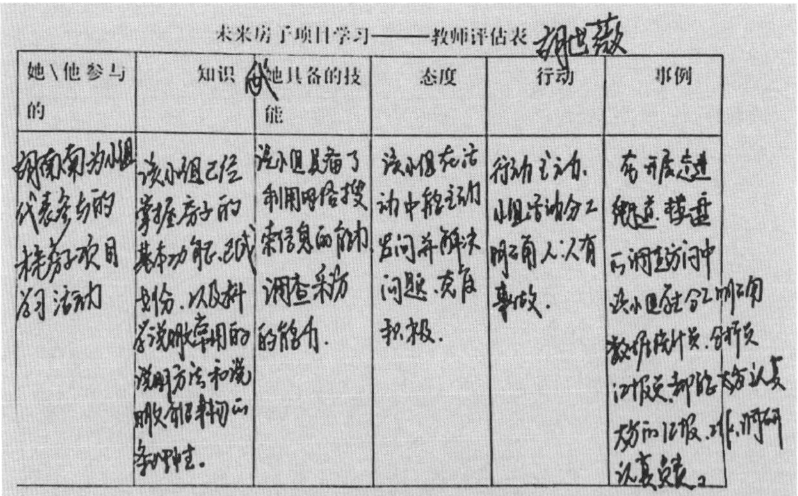

未来房子项目学习——教师评估表 胡世薇

她\他参与的	知识(和)	她具备的技能	态度	行动	事例
胡南南为小组代表参与的桃房子项目学习活动	该小组已经掌握房子的基本功能、组成部分、以及科学说明文章用的说明方法和说明文的科学性。	该小组具备了利用网络搜索信息的能力、调查采访的能力.	该小组在活动中能主动提出问题并解决问题,表现积极.	行动主动,小组活动分工明确,人人有事做.	在开展走进建筑工地访问中该小组分工明确,数据统计员、分析员、汇报员,都能认真地方汇报,非常认真负责。

图 5-2-4 教师评估表

2. 检验学习成果

对于学生来说，付出与收获是相辅相成的，在每个小组探究任务的过程中，我们运用了对比发现、采访调查等方式获取信息，根据学生的学习过程，设计多维的过程评价表，从学生的参与、知识、技能、态度、行动、事例等方面记录他们的学习历程，来激励、促进学生不断探索，激发创新精神。

在对学生探究成果的评价方面，结合项目学习的具体研究内容，我们设计了相应的成果反馈表(见图 5-2-5)。

未来房子设计发布会反馈表

填表人：肖锦阳　日期：2019.12/17

我最喜欢的（设计图纸、手工搭建、介绍）	我最喜欢的（讲解）	我认为不太好的	可以怎改进（建议）	你喜不喜欢我的设计？为什么？	备注（您想对我说的）
陈静怡的手工搭建	她讲解了房子的用途和一些特殊的作用 当发生地震的时候的有效的发出报警	有一些房子的功能讲解的不是很全面.	可以用一些模型来元当床.柜子之类的家具	喜欢，因为比较有创意.	你的手工搭建太好了.比较牢固.比较有特色.真的是用心在做.

图 5-2-5　未来房子设计发布会反馈表

三、项目实施

该项目以“纯真畅想”为主题，依托语文学科将畅想设计以文本的形式呈现，以美术学科、综合实践和信息技术学科为辅助落地畅想。基于四年级学生的认知和探究合作能力，借助美术、综合实践等其他学科的辅助，围绕“未来房子是怎样的”这一驱动问题，引导学生通过一系列活动自主探究学习。在项目的实施过程中，教师作为学习法活动的组织者和促进者，在不断的推动中，让学生潜移默化地投入学习中。

(一) 制定计划：明确任务安排，有序推进研究

为了明确项目进程，使项目科学有效地开展，提高项目实施的执行力，我们制定了整个项目的具体开展内容与安排(见表5-2-2)。

表5-2-2 项目计划表

项目阶段	教师活动	学生活动	备注	课时安排
项目准备	1. 观看视频，了解过去的房子、现在的房子的变化。 2. 总结感受，形成驱动问题：未来房子是怎样的呢。 3. 组织学生分工。 4. 发布项目目标和最终评价标准。	1. 观看视频交流感受，分工。 2. 明确目标，成果形式和评价标准。	形成相关驱动问题即可，表达方式可有出入。	2课时
	投入科技类书籍，组织学生阅读。	阅读科技类书籍，并收集记录相关资料。	鼓励学生通过其他途径收集资料。	2课时
项目设计	对各小组项目计划进行指导。	结合场馆参观学习到的知识和查阅资料，各小组制定项目教研计划。	确保围绕教学目标制定项目计划。	1课时
	提出项目开展注意事项，盘对是否可以按计划开展项目。	1. 以小组为单位进行项目计划分享。 2. 根据修改建议完善计划。	将项目管理思想传达给学生。	1课时
项目实施	监控各组是否按照项目计划开展未来房子设计研究。	根据项目计划逐步开展项目，完成未来房子设计的畅想和设计。	确保学生围绕计划开展项目实施。	3课时
成果展示	1. 请学生小组为单位，介绍自己的设计畅想。 2. 组织学生完成自评和他评。	1. 介绍设计畅想。 2. 解说自己房子的功能设计 3. 完成设计绘画报 4. 完成自评和他评。		1课时

除此之外，我们根据任务梳理出项目学习的研究方向，预设了项目学习内容，并在此基础上绘制出项目学习地图(见图5-2-6)。

图 5-2-6　项目学习地图

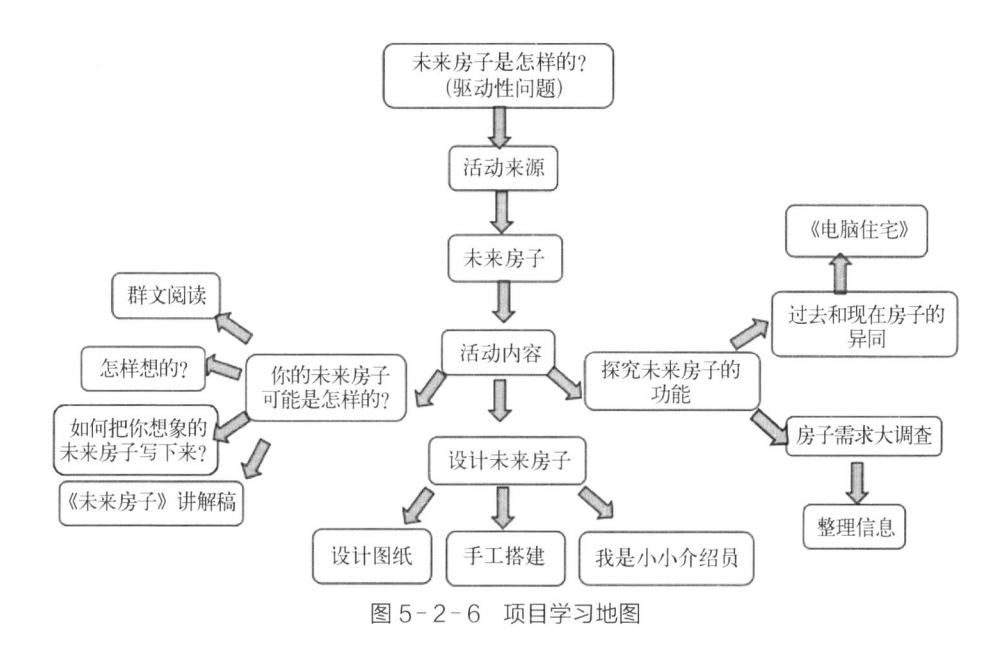

(二) 小组探究：利用工具资源，助推学生多维探究

基于项目学习地图，我们追随学生的兴趣，通过资料查找、对比调查、阅读分析、绘画、建构等多元化表征方式带领学生进行了小组探究，学生针对"未来房子"探究过程就此展开。

第一阶段：探究未来房子的功能

1. 过去和现在房子的异同

为了更全面准确地探究未来房子应具备哪些功能，我们通过教师的引导带着学生观察最早人类生活房子的视频和图片，启发学生思考探究过去房子和现在房子有什么异同之处。我们发现，学生通过视频和图片只能初步感知过去房子外形比较破旧、简陋，现在的房子外形比较高大和坚固，而对于过去和现在房子的功能上的异同却没有进步一步的思考。

因此，我们以此为契机，引导学生带着这个问题在网上查找资料。完成学习任务单一(见图 5-2-7)，再对学习任务单进行梳理。

在查找资料并完成学习任务单过程中，学生发现，过去房子最早的功能是为了

对比过去房子和现在房子异同

学习任务单　小组：第三组

	过去房子	现在房子
外观上	平房，不高 瓦房	高楼
内部装饰	简单	美观、实用
内部区域划分	厨房、卧室、大堂	大多三室二厅有卫生间
外部风景	朝南、无挡	小区绿化有要求
我发现的共同点	有墙、有顶、有门窗能遮风挡雨	
我发现的不同点	以前房子大平房面积大坐北朝南．现在房子大多高，更牢固	

（学习任务单一）

图 5-2-7　学习任务单一

驱寒取暖，安保防护。将其与现在房子的发展变化做对比，学生们在交流中发现，过去、现在房子的共同点都是满足最初的驱寒取暖，防护功能，而不同之处是现在房子建造设计更注重人们的需求，根据需求进行改变，在外形上追求美观、在内部设计追求实用舒适等。

2. 房子需求大调查

为了能够探究未来房子的功能，我们从学生的生活出发，让探究落地，我们基于现在房子的功能，做了现在房子需求的大调查。

我们发现学生在探究房子需求的过程中，没有办法找到探究的着力点，因此我们给学生的探究提供手脚架，通过设计学习任务单（见图 5-2-8），帮助学生完成

学习任务单二

小组 1组

房子内部区域	门	客厅	起居室	浴室	厨房
人们的需求	保护、隐私	大、空	温馨舒服	大、不滑	大水池、面积大、除油烟、防火报警
为什么？	需要安全保护	招待客人	需要安静睡眠	轻松舒服	太多油烟不干净、方便洗菜
对应的功能	安保	招待客人	安静、隔音	干湿分离	去油烟机、洗菜池
我的发现	需要什么人们就会设计房子的设施。				

（学习任务单二）

图 5-2-8　学习任务单二

人们对房子需求的调查。

　　学生通过采访身边的朋友家人,实地观察周边的房子布局构造,完成学习任务单二。在学生完成学习任务单二后,组织学生利用课余时间进行交流讨论,将各自的任务单进行对比讨论。学生们知道现在房子的内部区域主要由门、客厅、起居室、浴室、厨房等部分组成。在采访中了解到人们对门的主要需求是出于安全考虑,为了保护家庭财产及个人隐私,因此门的主要功能是安保。客厅主要满足人们接待客人及平时休闲的需求,因此希望客厅活动空间更大,主要功能是休闲娱乐会客。人们对于起居室主要需求是安静、温暖,主要功能是休息。关于浴室需求,大多数人希望浴室干净、安全用水及时等。

　　有了初步的探究,还需要进一步做验证,因此我们通过综合实践学科老师带领学生做小数据的调查研究。随后老师引导学生联系生活设计调查问卷通过小组讨论(见图5-2-9),自制问卷调查表,还利用周末针对不同职业和年龄的的人群进行问卷调查。

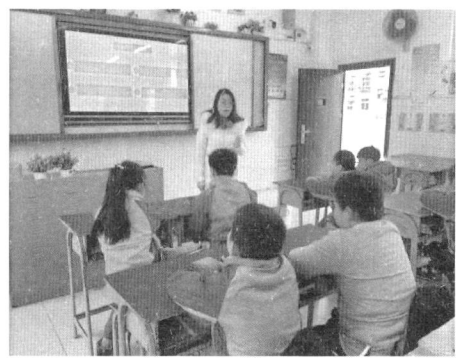

图5-2-9　问卷调查设计指导

　　在探究的过程中,学生关于房子需求的大调查,主要从走进生活采访、填写调查问卷等方式进行(见图5-2-10)。

　　我们又组织学生梳理这些信息,学生能通过对比总结发现,只有满足人们对不同位置的需求,才会对应设计出该位置应具备的功能。那么随着科技发展,未来人们对房子又会有哪些需求,未来房子将有哪些功能?随即将学生探究推入到下一步。

图5-2-10 学生走进楼盘，调查访问

3. 学习分析《电脑住宅》科普文

为了在学生探究未来房子的功能中提供帮助，我们以分析人教版四年级科普文《电脑住宅》为分析框架。老师为学生提供阅读分析表格（见图5-2-11）。

位置	设施	功能
门口	摄像头	扫客人面部、防盗
门外	风向标	提供舒节能环境
会客厅	有地下仓库	随便调运物品
厨房	会教人做菜电脑	备料烹饪
浴室	"预约"洗澡	提前做准备

图5-2-11 阅读分析表

完成阅读分析表能很好帮助学生理清课文主要内容，了解"电脑住宅"各个位置的实施及其功能。在帮助学生阅读分析《电脑住宅》的同时，可以引导学生发现科普文的写法上的特点，学会有顺序、有条理地运用"举例子""列数字""作比较"等说明方法有详略地清楚介绍事物。

我们发现学生在阅读《电脑住宅》后发出感叹，随着科技发展，人们的房子变成电脑住宅，根据人们的需求房子的设计更加的智能化。这是高科技给人们的生活带来了巨大的变化。因此我们抓住此契机,引导学生交流讨论未来房子的功能可能有哪些。学生们以人们的需求为线索,进行头脑风暴探究出未来房子可能具备移动功能、自动清洁功能、智能语音对话功能等。随后学生将自己未来房子的功能探究用思维导图的方式画了出来(见图5-2-12)。

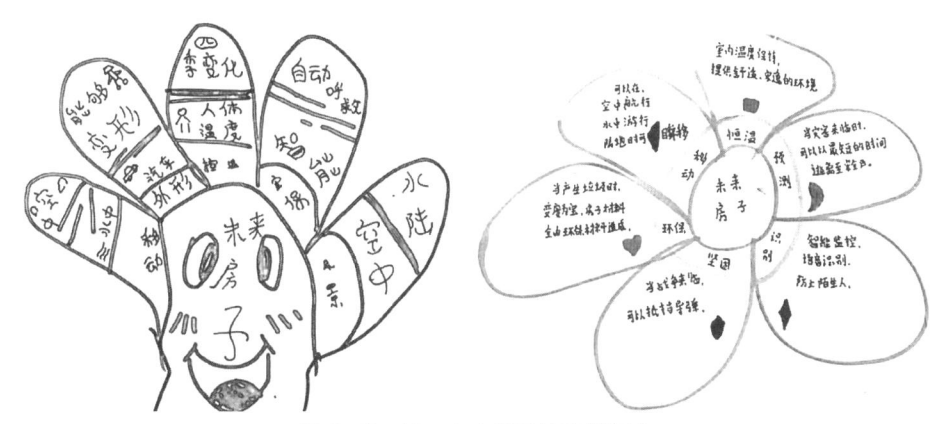

图5-2-12 未来房子的功能探究

第二阶段：你的未来房子可能是怎样的?

1. 群文阅读

通过第一阶段的探究,学生们开始交流各自的未来房子可能是怎样的,具有的哪些功能(见图5-2-13)。

第一次交流片段：

老师：同学们,请各自说说自己心中未来房子是怎样的? 互相交流

——外形小巧,便于携带。

——外形上一定要很炫酷。

图5-2-13 学生交流

——最好是能根据需要自由移动。

——超级智能化,想要什么都能快速提供。

——我的未来房子是一个超级智能机器房,可以语音沟通交流,解闷。

……

学生们的交流过程中,大部分学生对自己的未来房子的功能及外形做了大概的畅想并做了第一次的未来房子的设计图(见图5-2-14)。

图5-2-14 第一次未来房子设计图

从设计图当中,我们发现孩子们的畅想设计天马行空,在与同伴交流时介绍思路比较混乱,没有抓住主要特点,突出功能进行详细交流。因此我们在班级中投入科技类读本《科学改变人类生活的119个瞬间》《未来世界的智能家居》,引导学生通过阅读来了解相关的科技类知识和相关的工作原理,并感受到科学是如此引人入胜,我们所居住的世界是如此充满惊奇。在阅读后,大部分学生都感叹道,科学技术的发展确实不断地改善了人们的生活质量,我们的生活变得更加美好。

2. 这样的设计,你是怎样想的?

学生初步畅想未来房子是怎样的,随后我们鼓励学生将自己的第二次畅想设计用思维导图的方式画下来,学习用科普文的表达方式有顺序有条理地进行介绍自己的设计想法。

3. 如何把你想象的未来房子写下来?

为了帮助学生进一步将自己想象的未来房子写下来,我们再次带领学生重温《电脑住宅》精读分析文章整体结构,让他们结合自己的思维导图进行交流汇报,说说将怎样写,从哪几方面写,可以怎么做。

第二次交流片段:

师:如何把你想象的未来房子写下来?

生1：写的时候要利用思维导图。

生2：还可以写作《电脑住宅》的空间顺序进行讲解。

师：如何让别人更好地理解你的未来房子内部的实施功能呢？

生3：可以用上举例子的说明方法，把实施的功能讲解清楚。

生4：写的时候还可以先整体介绍自己的未来房子的主要功能，再分别从几个位置进行介绍。

生5：用上空间转换的写作方法，会写更有条理。

经过交流讨论后，学生理清了自己的行文思路，知道如何围绕事物的主要特点进行有顺序的介绍（见图5-2-15）。通过个体学习和小组合作，习得按一定顺序介绍事物的方法，并运用此方法清楚地介绍未来房子。

图5-2-15　学生反馈　　　　　图5-2-16　师生交流

第三阶段：设计未来房子

1. 设计图纸

为了帮助学生把脑海中的未来房子绘制出来，美术老师通过出示一些造型独特有创意的房子图片，引导学生观察并讨论（见图5-2-16）。

第三次交流片段：

师：同学们看这是一些建筑设计师设计的具有科技感的房子造型。你们对比观察看看发现了什么？

生：这个房子的造型很像汽车、像海螺……

师：那你们通过观察发现了什么共同特点？

生：很多外形的设计灵感都来自对生活，对大自然的观察。

师：是的，我们设计房子不仅要考虑外形还要有创造性。

通过一系列的交流和讨论，学生们慢慢厘清如何绘制更好的房子设计图纸。随后我们的美术老师鼓励学生像小小设计师一样再次设计未来房子图纸（见图5-2-17）。

图5-2-17 第二次未来房子设计图

从学生的设计图纸作品中，我们可以看出，学生的设计图纸比第一次的设计更有未来的科技感。

2. 手工搭建

探求理想方案，完善设计构思 在建筑与环境设计过程中，设计想法和理念仅仅通过图纸是不容易被理解和接受的，所以设计往往是由草图和模型共同表达。

因此我们鼓励学生用多种方式呈现自己的未来房子，鼓励他们像小小建筑师一样去搭建自己未来的房子。

从学生的手工搭建作品（见图5-2-18）中，我们发现学生用不同的材料搭建"未来房子"，他们的创造力、想象力和思维都得到了锻炼。

3. 我是小小介绍员

语文的学习是促进学生全面学习，发展思维、提高语言表达能力是学习语文的重要目标。但是在探究活动过程中，我们发现学生的口头表达和书面表达上逻辑

图 5-2-18 未来房子的模型

还不够清晰,为了锻炼学生的语言表达能力,提升学生语文素养,我们鼓励学生像小小介绍员一样,召开自己"未来的房子"设计发布会(见图 5-2-19)。

在此环节中,学生们的热情异常高涨,他们通过查阅资料,观看视频等方式获得信息。在发布会当中一个个思维活跃、语言活泼,神采飞扬。

图 5-2-19 "未来房子"设计发布会

四、成果展示

经过了多路径的探究后,儿童的内在经验也在经历了不断的重组、拓展与改造。探究过程中,儿童和同伴一起经历了与各种人、事、物的碰撞,获得了成长。我们通过激励儿童运用新知识、新技能和新经验去完成产品制作,以作品外显的方式标准和交流他们在项目活动中获得的学习经验。

成果一:开展未来的房子发布会

在整个项目化学习的探究过程中,我们在学习文本的基础上,再构语言,超越文本,用不同的表达形式汇报学习成果,通过导图分析、头脑风暴等多种互动式教学活动,充分调动学生自主探究的积极性。学习语文基础知识与基本技能的过程也是学生学会学习和形成可持续发展价值观的过程。

我们鼓励学生运用多种材料进行创造搭建,并记录自己的设计灵感来源。采用召开产品发布会的形式介绍"未来房子"作品(见图5-2-20)。

图5-2-20 "未来房子"发布会现场

我们将对参加法发布会的人员发放发布会评估表,评选最佳小小介绍员。同时,通过现场投票方式评选出最佳的设计和最佳讲解员,随后颁发奖状,帮助孩子获得成就感(见图5-2-21)。

图5-2-21 "未来房子"颁奖现场

在整个未来房子设计发布会当中,一开始学生表现稍显拘束、紧张,在老师的肯定与其他同学的鼓励下,他们逐渐放开自己,大胆自信地阐述自己的创想设计,从中我们看到了孩子散发出的自信和无限潜能。

成果二:未来房子设计介绍稿

通过一系列的探究活动,学生已经慢慢拨开云雾见青天,将自己的创想结合探究过程中掌握到的科普文的写作方法,写成一篇又一篇的《未来房子》创想设计介绍稿(见图5-2-22)。

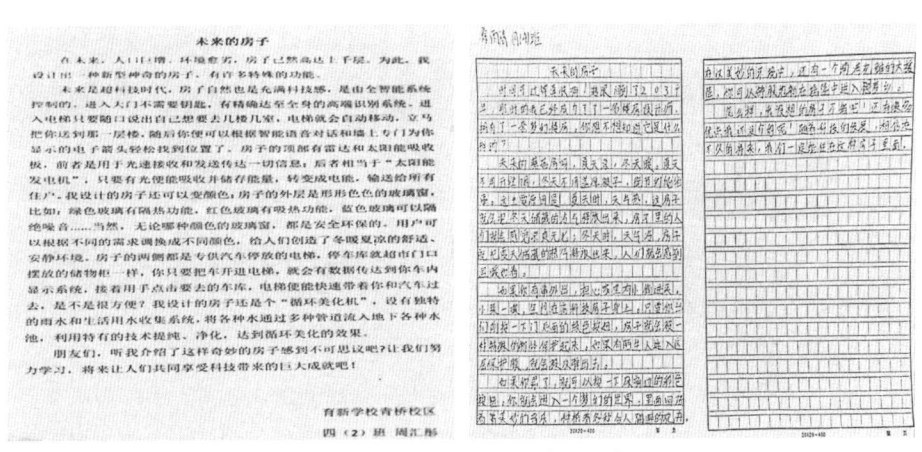

图5-2-22 《未来房子》解说稿

我们将学生的《未来房子》介绍稿贴在校园优秀作品展板上,学生互相交流,填写评价表并投入评选意见箱中,我们评选出最佳优秀作品进行奖励。

成果三:未来房子科技画、手工搭建作品

鼓励学生将所想画下来,通过搭建平台展示学生的设计图和手工搭建作品。(见图5-2-23)通过展示交流,呈现儿童自主学习结果,这也是师生共享、同伴学习交流的平台。

有学生拿起画笔,画了能飞向宇宙的"未来房子",并在介绍中讲道,科技的发展是日新月异的,未来人们对房子的需求不可能仅仅只限于"安全、牢固"等基本需求。未来的人类,在探寻月球的秘密方面也一定会有发展。他希望人类能走出地球,能乘着他发明设计的未来房子去太空看看。他相信在科技之力的发展下,这个

图 5-2-23　学生设计图、搭建创造

想法也一定会实现,因为古人的飞天梦在现代就早已实现。

五、项目反思

1. 关注多学科的融合,尊重学生的探知欲

在设计项目时,综合了语文、美术、综合实践、信息技术等学科,充分发挥不同学生的不同特长。在学习能力上,学生尝试通过不同的方式搜集素材,展开观察,提取信息,进行表达。在学习品质上,学生能够对整个的项目学习保有一定的兴趣,充满好奇心,愿意接受挑战,同时还通过适度的合作学习加强人际交往。

2. 教师、学生的思维发生转变

项目式学习更生活化,更有趣味,更能激发学生学习,可以让学生习得批判性思维,提高合作交流能力和创造力。当学生直接参与到项目的规划和执行时,会更加主动地投入到学习中去,这也让课堂产生了更多的智慧。

3. 存在的不足

评价标准和监管督促的有效性有待提高。

在整个项目学习中，针对监控各组是否按照项目计划开展未来房子设计研究，没有细致的考量标准。今后，除了常规收集学生作品、照片与视频资料，更需要进一步关注学生的项目计划是否科学可行，还要关注学生情绪体验、操作能力、提问等方面情况，开展过程性评价。

（南昌市东湖区育新学校教育集团青桥校区　徐玉兰　张　蕾　杨　扬　谭静玲）

第三节　实践智慧3："小眼镜"越来越多

一、项目简介

项目名称	"小眼镜"越来越多	适用年级	四年级
项目类型	跨学科项目学习	项目时长	8课时
涉及学科	语文、数学、健康教育		
项目概述	在校园里，越来越多的孩子带上了小眼镜。"小眼镜"们在学习生活中遭遇了种种不方便，孩子们问：为什么我会近视呢？患了近视能恢复吗？怎么才能避免患上近视呢？……项目组的老师以学生的问题为出发点，指导学生们围绕问题，自主选择相关研究内容和方向，从而推动学生利用工具、整合资源进行项目学习。学生经历项目学习全过程，感受学科内容与外部世界的联系，锻炼了协作沟通能力、迁移创新能力，学科观念和思维方法逐渐形成。		
驱动问题	为什么班里的"小眼镜"越来越多？		
项目目标	学科知识与技能	1. 语文：会倾听同学发言，适时补充，能清楚明白地表达自己的观点和感受；会利用多种渠道有目的地收集资料，解决相关问题；尝试写简单的研究报告。 2. 数学：认识统计在生活中的重要作用，学习绘制统计图。 3. 健康教育：了解眼睛看东西的奥秘，知道近视眼及其形成机制；纠正不良的用眼习惯和错误的眼保健操动作。		

续　表

项目目标	21世纪技能	团队协作能力、沟通协调能力、复杂问题解决能力、独立思辨能力
	价值观念	自觉遵守并宣传科学用眼知识，倡导健康生活方式
项目成果	产品形式	调查报告、手抄报、"小小宣传员"
	展示方式	提交调查报告、宣传展板、进课堂宣传、微信公众号
学习评价	过程评价	借助评价表，通过自我评价、小组成员互评、教师评价等方式进行互助合作能力的评价。
	结果评价	展示的产品能否反映学生已经掌握科学用眼、保护视力的知识和方法；学生有无主动探究、自我反思的能力。
项目资源		物质资源：电脑，网络资源，图书馆，学科教材 人力资源：语文教师、数学教师、健康教育教师、信息技术教师、眼科医生

目前，我国儿童青少年近视呈走高和低龄化趋势，国家卫健委公布的2018年全国儿童青少年近视调查结果显示，我国儿童青少年总体近视率约为53.6%，形势严峻，儿童青少年近视防控工作迫在眉睫。学生们也发现，周围不少同学都带上了眼镜，他们对造成近视的原因充满好奇，好奇心是学生学习的动力和内驱力，也是学生不竭创作力的源泉。学生们独立思考，主动探索，和伙伴交流活动中的心得，共同探索未知，一起寻找答案。

二、项目启动

(一) 驱动问题提出的背景

《2018年国家教育义务教育质量监测(东湖区)分析报告》反映了学生体育与健康以及学习质量相关的基本状况，其中我区四年级学生视力不良检出率为43.2%，高于全省12.4个百分点和全国4.7个百分点。在校园里，越来越多的孩子带上了小眼镜，他们上课看不清黑板进而影响了成绩，体育活动时眼镜总是碍手碍脚，"小眼镜"们在学习生活中遭遇了种种不方便。孩子们问：为什么我会近视呢？患了近视能恢复吗？怎么才能避免患上近视呢？……项目组的老师以学生的问题为出发点，归纳总结学生的零散问题，由此驱动问题"为什么班里的'小眼镜'

越来越多”就产生了。

四年级学生的生理和心理特点变化明显，他们开始从被动的学习主体向主动的学习主体转变。他们开始有了一些自己的想法，并且具有一定的数据统计和分析能力、一定的生理健康知识，但是在语言表达能力、处理各种信息能力、团队协作能力以及解决复杂问题的能力等方面，还需要对其加以引导。我们发现在部编版四年级小学语文上册第三单元口语交际的主题正是“爱护眼睛，保护视力”，四年级数学中也出现了图形统计表的学习章节，由此，我们决定围绕语文口语交际、数学统计与分析、健康教育保护视力的相关内容在四年级开展“为什么班里的‘小眼镜’越来越多”的项目学习。一方面学生们通过查找资料，发放调查问卷，分析调查数据等方式，寻找影响视力的原因以及保护视力的方法，学生在活动中可以增强灵活运用语文、数学及健康知识收集、分析、处理信息的能力；另一方面，在项目小组中，每位成员都负责一些工作，大家共同完成项目，小组活动可以锻炼学生的语言表达能力和团队协作能力。我们期望通过本次项目学习，学生们能明白保护视力的重要性，掌握保护眼睛的好方法，养成健康用眼的好习惯。

(二) 根据学习目标进行分组分工

为解决“为什么班里的‘小眼镜’越来越多”这一驱动问题，四(1)班的 24 名同学自发分成 6 组，老师根据组员的特点，遵循优势互补原则，进行人员调整，每组 4 人，每人都有明确分工(见图 5-3-1)。每组设立一名组长，负责组织活动，安排时

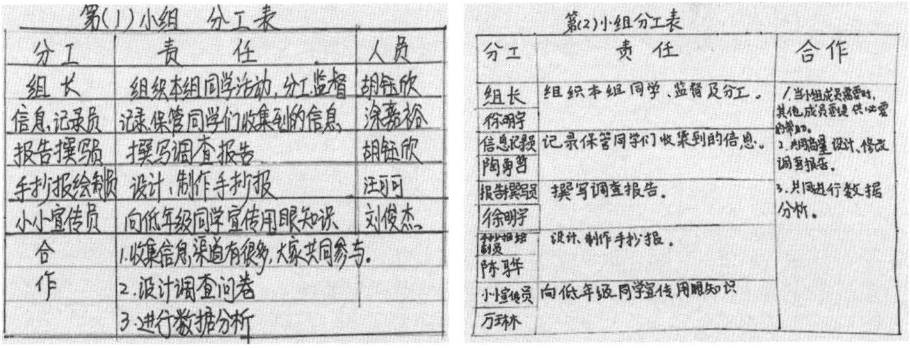

第(1)小组　分工表

分工	责任	人员
组长	组织本组同学活动，分工监督	胡钰欣
信息记录员	记录、保管同学们收集到的信息	涂嘉裕
报告撰写员	撰写调查报告	胡钰欣
手抄报绘制员	设计、制作手抄报	汪可可
小小宣传员	向低年级同学宣传用眼知识	刘俊杰
合作	1.收集信息渠道有很多，大家共同参与。 2.设计调查问卷 3.进行数据分析	

第(2)小组分工表

分工	责任	合作
组长 徐明宇	组织本组同学、监督及分工。	1.当小组成员需要时，其他成员要提供必要的帮助。 2.共同商量设计、修改调查报告。 3.共同进行数据分析。
信息记录员 陶勇哲	记录保管同学们收集到的信息。	
报告撰写员 徐明宇	撰写调查报告。	
手抄报绘制员 陈骅	设计、制作手抄报。	
小小宣传员 万玥林	向低年级同学宣传用眼知识	

图 5-3-1　小组分工表

间、分工和监督,其他组员负责设计问卷、数据采集、记录汇报、活动展示等工作,每组对应统计一个年级的数据,然后进行数据共享,完成对全校六个年级的同学进行近视情况的调查统计。

(三) 项目过程管理

项目学习过程中,教师要对学生的项目研究过程进行监测和督促,给予必要的帮助。整个项目学习的过程,学生要经历收集资料、设计调查问卷、分析调查数据、展示成果等环节。针对以上环节,教师引导学生讨论制定评价标准,设计相关量表(见表5-3-1),为项目学习的开展提供明确的标准。此外,在项目学习进行的过程中,教师会定期、不定期地与小组成员见面,了解进程或发现问题。

表5-3-1 小组互动合作能力评价表

评价内容	评价标准				评价结果		
	一星	二星	三星	四星	自我评价	组内评价	教师评价
责任感	没有准备好和团队一起工作;不做项目;没有按时完成任务	有时准备好和团队一起工作;做项目任务需要提醒;按时完成了部分任务	准备好了和团队一起工作;无需提醒,按时完成任务	准备好了和团队一起工作;无需提醒,按时完成任务;做了额外的任务			
参与程度	没有帮助团队解决问题;不与队友分享想法;没有为他人给出有用的反馈	与团队有合作,但是没有积极帮助团队;尝试与他人分享想法,有时能给他人有用的反馈	帮助团队解决问题;能和队友分享想法,能给他人有用的反馈;为他人提供帮助	主动帮助团队解决问题;分享想法,能给他人有用的反馈;队友有需要时,能主动提供帮助			
尊重他人	不关注队友讨论的东西,会打断或忽略别人的想法	能听取队友的意见;多数情况下对队友礼貌和善	仔细听取队友的意见;对队友礼貌和善	仔细听取队友的意见;对队友礼貌和善;鼓励彼此尊重			

三、项目实施

四年级学生还是习惯传统的课堂学习方式,对于项目学习比较陌生,而项目学习就是一种基于真实问题的探究性学习,强调学生学习的主动参与,学习过程中体现"自主、合作、探究",学生从课堂走向生活实践,教师则转变为学生学习的合作者和支持者。

(一) 小组完善设计方案

为了寻找班里的"小眼镜"越来越多的原因,同学们热烈讨论,设计方案。经过讨论,学生认为:首先,要明确近视眼的概念,这样才能确定自己是否患有近视;其次,要探明近视的原因。探明原因可以分两种途径,一种是寻找资料,另一种是实地调查。经过讨论,大家觉得实地调查时采用调查问卷的形式比较好,省时省力,可以较快地获得更多数据。因此方案的第一步为查找资料,界定近视的概念,收集资料中介绍的近视原因。第二步,设计调查问卷,实地调查,了解学校同学近视情况。第三步,写研究报告,把调查研究的真实情况表述出来,向人们提供经验教训和改进办法。第四步,通过不同产品,展示在项目学习中的收获。经过梳理项目方案设计,我们制定了"'小眼睛'越来越多"的项目学习地图(见图5-3-2)。

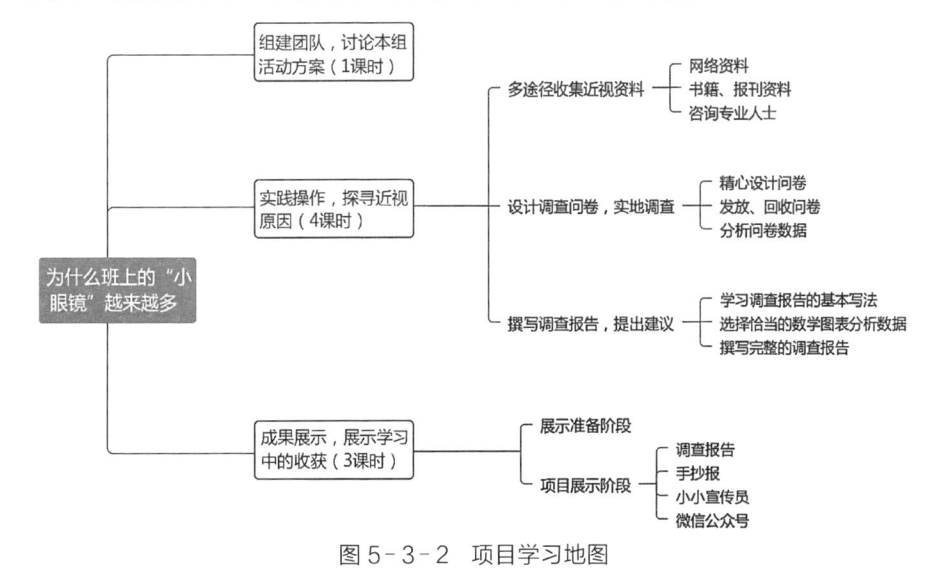

图5-3-2　项目学习地图

(二) 实践操作,师生共解难题

项目学习的过程不可能是一帆风顺的,在项目实践时,同学们总是会遇到种种问题,但通过小组内的讨论,组与组之间的相互学习,老师的引导和启发,问题都能得到有效解决。

1. 有效高效收集资料

第一次收集近视情况的资料时,同学们都认为这是一项非常容易完成的任务,但在实践过程中,每个小组完成情况还是有较大差别的。有的小组耗时费力,资料雷同;有的小组省时高效,资料丰富。为什么会有这样的差距呢?学生们在交流中互相学习,发现收集资料的途径有很多,可以利用网络资源,可以去图书馆查找相关书籍,还可以询问专业人士等等,因此对组内同学进行分工是很必要的,这样可以达到事半功倍的效果(见图5-3-3)。同学们还发现,网络上的对同一问题的表述,有时差别较大,例如:有的网页显示我国儿童青少年近视率为23%,有的则显示为50%—60%。

图5-3-3 小组内交流收集到的资料

生:"老师,我们怎么辨别网络上信息的真伪呢?哪些网站上的信息比较可信呢?"

师:"同学们,你们关心过网页的后缀吗?后缀为.gov的说明这是官方网站,信息通常都比较可靠;还有作为新闻报道出现的材料基本能保证真实性、准确性;还有知网这样的专业平台可以供大家查询。另外,网上的信息也在不断更新,大家可以关注消息的发布时间,时间离得越近,消息时效性越强。"

信息老师的适时点拨,为同学们分辨信息可信度、有效性提供了支持,解决了同学们的疑惑,进一步推动了项目学习的进程。在项目学习过程中,同学们认识到采用不同方案解决同一问题,可能会带来不同的效果,他们开始学习评估不同方案的质量,逐渐养成批判性思维。

2. 精心设计调查问卷

调查问卷各小组用一课时的时间就设计好了,但在实施的过程中,大家很快就遇到了不少的困难。例如小组问卷中的问题都各不相同，A 小组侧重于调查近视的程度，B 小组侧重调查于影响近视的原因，侧重点不相同，得出的结论也比较片面。学生们产生了疑问，例如问卷调查设置几个问题为宜，什么样的问卷调查才具有科学性。另外，数据的统计也是个繁杂冗长的过程，从枯燥的数字中分析出原因有一定难度。学生在学习过程中遇到难题，教师应适时伸出援手。我们把项目组的学生集中起来，一起分析出现问题的原因，寻找解决方法。设计调查问卷对于四年级的小学生来说是个难点。针对设计调查问卷出现的问题，首先，老师要指导学生设计问卷的基本的原则，前期要做好一些准备工作，例如针对我们想收集哪些方面的信息，重点解决哪些问题，要尽可能对问题进行深入的了解，特别是要多阅读些相关书籍、资料和相关行业的研究，这样能给我们提供新的思路。其次，老师组织大家了解调查问卷设计的几种主要形式，如二元选择式、多选择式、自由记述式等。根据讨论大家决定选择采用选择法并将各小组比较好的问题集中起来，形成了一份相对统一的问卷，以便进行班级调查。最终，我们形成了一份由 10 个问题组成的统一格式的“关于近视问题的调查问卷”（见图 5－3－4），用于前期调查数据。

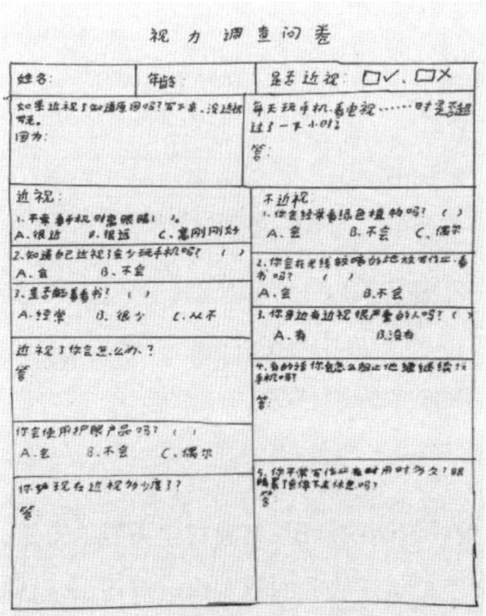

视力调查问卷

姓名：　年龄：　是否近视：□✓、□✗

如果近视了知道原因吗？写下来，没近视就…
因为：

每天玩手机、看电视……时是否超过了一个小时？
答：

近视：
1. 平常看手机时离眼睛（ ）。
A. 很近　B. 很远　C. 离刚刚好
2. 知道自己近视了会少玩手机吗？（ ）
A. 会　B. 不会
3. 是否躺着看书？（ ）
A. 经常　B. 很少　C. 从不

近视了你会怎么办？
答：

你会使用护眼产品吗？（ ）
A. 会　B. 不会　C. 偶尔

你现在近视多少度了？
答：

不近视：
1. 你会经常看绿色植物吗？（ ）
A. 会　B. 不会　C. 偶尔
2. 你会在光线较暗的地方写作业、看书吗？（ ）
A. 会　B. 不会
3. 你身边有近视很严重的人吗？（ ）
A. 有　B. 没有
4. 有的话你会怎么阻止他继续玩手机吗？
答：
5. 你平常写作业看书用时多久？眼睛累了会停下来休息吗？
答：

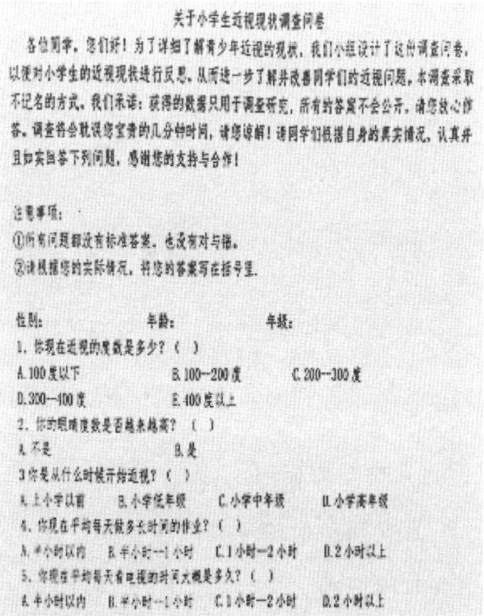

关于小学生近视现状调查问卷

各位同学，您们好！为了详细了解青少年近视的现状，我们小组设计了这份调查问卷，以便对小学生的近视现状进行反思，从而进一步了解并改善同学们的近视问题，本调查采取不记名的方式，我们承诺：获得的数据只用于调查研究，所有的答案不会公开，请您放心作答。调查将会耽误您宝贵的几分钟时间，请您谅解！请同学们根据自身的真实情况，认真并且如实回答下列问题，感谢您的支持与合作！

注意事项：
①所有问题都没有标准答案，也没有对与错。
②请根据您的实际情况，将您的答案写在括号里。

性别：　年龄：　年级：
1. 你现在近视的度数是多少？（ ）
A. 100 度以下　B. 100--200 度　C. 200--300 度
D. 300--400 度　E. 400 度以上
2. 你的眼睛度数是否越来越高？（ ）
A. 不是　B. 是
3 你是从什么时候开始近视？（ ）
A. 上小学以前　B. 小学低年级　C. 小学中年级　D. 小学高年级
4. 你现在平均每天做多长时间的作业？（ ）
A. 半小时以内　B. 半小时--1 小时　C. 1 小时—2 小时　D. 2 小时以上
5. 你现在平均每天看电视的时间大概是多久？（ ）
A. 半小时以内　B. 半小时--1 小时　C. 1 小时—2 小时　D. 2 小时以上

图 5－3－4　制定的调查问卷

3. 解决数据统计难题

为了解决数据统计繁杂的问题，同学们的方法也不尽相同，有的小组同学把一次调查分成两次进行，第一次统计近视眼的人数，第二次只把问卷发放给患有近视的同学，这样就降低了样本的数量，减轻了数据统计的压力。后来，在交流中大家发现有一个小组的问卷调查采用了“问卷星”这一专门的问卷调查平台，这个平台功能十分强大，不仅可以帮助我们设计相对专业的调查问卷，还能进行数据采集、分析，这样就把同学们从繁杂的数据统计中解脱出来了。通过小组分享，信息技术老师上阵，教大家掌握了“问卷星”网上问卷调查的操作技能，很快把各个班级的关于近视的调查问卷统计分析出来，大大提高了数据统计的效率(见图 5-3-5)。

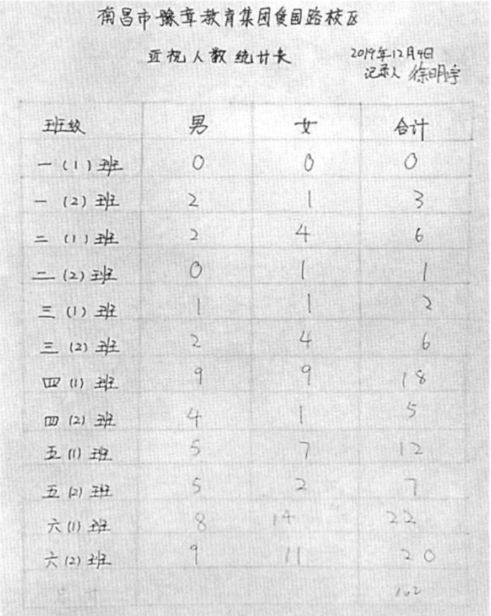

南昌市豫章教育集团爱国路校区

近视人数统计表　2019年12月4日　记录人 徐明宇

班级	男	女	合计
一(1)班	0	0	0
一(2)班	2	1	3
二(1)班	2	4	6
二(2)班	0	1	1
三(1)班	1	1	2
三(2)班	2	4	6
四(1)班	9	9	18
四(2)班	4	1	5
五(1)班	5	7	12
五(2)班	5	2	7
六(1)班	8	14	22
六(2)班	9	11	20
[illegible]			162

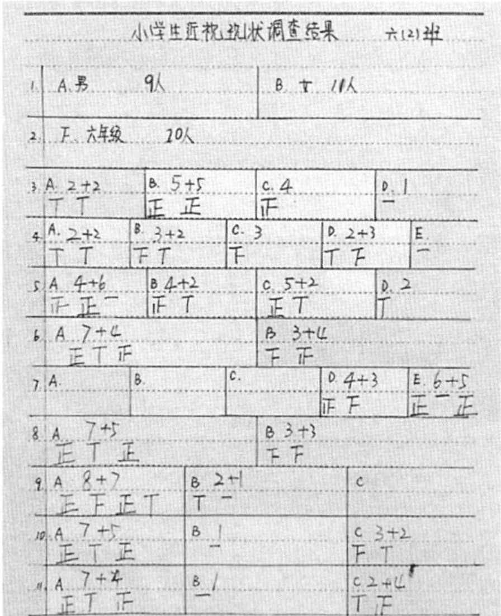

小学生近视现状调查结果　六(2)班

1. A. 男 9人　B. 女 11人
2. F. 六年级 20人
3. A. 2+2　B. 5+5　C. 4　D. 1
4. A. 2+2　B. 3+2　C. 3　D. 2+3　E.
5. A 4+6　B 4+2　C. 5+2　D. 2
6. A 7+4　B 3+4
7. A.　B.　C.　D. 4+3　E. 6+5
8. A 7+5　B 3+3
9. A 8+7　B 2+1　C
10. A 7+5　B 1　C 3+2
11. A 7+4　B 1　C 2+4

图 5-3-5　学生对收集到的数据进行整理

4. 撰写报告提出建议

本次项目学习主要的任务是让学生有爱护眼睛的意识，掌握科学用眼的方法，正确对待近视。项目组的同学，希望通过文字把调查研究的真实情况表述出来，向更多的同学提供经验教训和改进办法。这时语文老师及时伸出援手，告诉学生们调查报告这种文体恰好能满足大家的需求,并指导孩子掌握调查报告的结构、书写格式(见图5-3-6)。

《学写调查报告》课堂实录片段

生:老师,我想写一篇文章,让更多的人了解眼睛的奥秘,掌握保护视力的知识和方法,我该怎么写呢?

师:通过文字把自己在项目学习中的真实情况表述出来,向更多的同学提供经验教训及改进办法真是个不错的主意,希望我带来的这篇范文,可以帮助到大家。

图5-3-6 调查报告的学习

出示范文《关于"李"姓的历史和现状的研究报告》

师:同学们,看完这篇范文,我们知道一份完整的研究报告由标题、问题的提出、研究方法、资料的整理和研究结论等几方面的内容组成。研究报告的标题要体现研究的主要内容,问题提出中的内容就是研究的几个方面。我们来看看资料整理部分,看看大家有什么发现吗?

生:这篇报告中截取了关键信息,把很长的一段文字变得很简洁,还有它是按照历史顺序来进行资料整理的。

师:这位同学归纳得很棒,以上两种方法是两种常用的资料整理方法。研究报告中的信息可不能随意地堆砌,要按一定的方法进行整理,才能清楚明白地表述我们要表达的意思。

师:请同学们把研究结论和问题的提出这两部分对照着读一读,又有什么发现?

生:我发现研究结论中得出的结论正好就回答了问题的提出部分的问题。

师:写这篇调查报告时,我们要注意得出的研究结论有没有解决最初提出的那些问题,当然我们还可以根据研究结论,提出合理的意见和建议。

在写分析调查数据时,不同的小组采用了不同的方法,有的组只用文字描述,有的组有图形与文字的结合,在交流过程中,同学们都发现,运用统计表、统计图可以让结论更直观、形象、生动、具体地展现在大家眼前。学生又问什么时候用统计图，什么时候用统计表，统计图中还有扇形统计图、条形统计图、折线统计图，他们该怎么选择呢？这时候就是数学老师上场解惑的时候了，他们帮助学生理解统计图表的区别，方便学生根据需要进行选择(见图5-3-7)。

师：在分析数据时我们往往要用到统计图，不同的统计图特点不同。条形统计图一般可以直观地表示数量的多少；折线统计图不仅可以表示数量的多少，还可以表示数量增减的变化；扇形统计图表示各部分数量与占总数的百分数。同学们制作的小学生近视数据状况调查问卷题目较多，建议选择其中的1—2个问题进行制图分析。

图5-3-7　师生共研统计图

项目学习并不是放任学生自由发挥，而是当他们学习新的或困难的任务时，为他们提供有帮助的各种材料。数学老师提供的统计图表知识，用可视化的方式对信息进行描述，非常适合支持学生整理、分析数据等思维活动。这些支架帮助学生在自己不能独立完成任务时获得成功，提高他们先前的水平，帮助他们认识到潜在的发展空间，对他们以后独立学习起到潜移默化的影响。

四、成果展示与评价

经过深入探究，学生的内在经验也在不断地重组、拓展与改造。我们激励学生运用新知识、新技能和新经验去完成产品制作，以产品的外显方式表征和交流他们在项目中获得的学习经验。

成果一：调查报告

参加项目学习的同学通过查找资料、统计数据、分析数据等方法界定了近视的概念，了解了造成小学生近视的主要原因有以下几点：作业负担较重，学生使用电子产品时间较长，这导致眼睛负担过重；不良的学习、生活习惯(读写姿势不正确，不注意用眼光线等)导致眼睛长期处于紧张状态,增加了近视负荷。针对以上原因,学生提出合理的意见和建议。以上内容同学们用调查报告(见图5-3-8)的形式呈现出来,让更多人对近视有正确的认识,掌握正确用眼的方法。

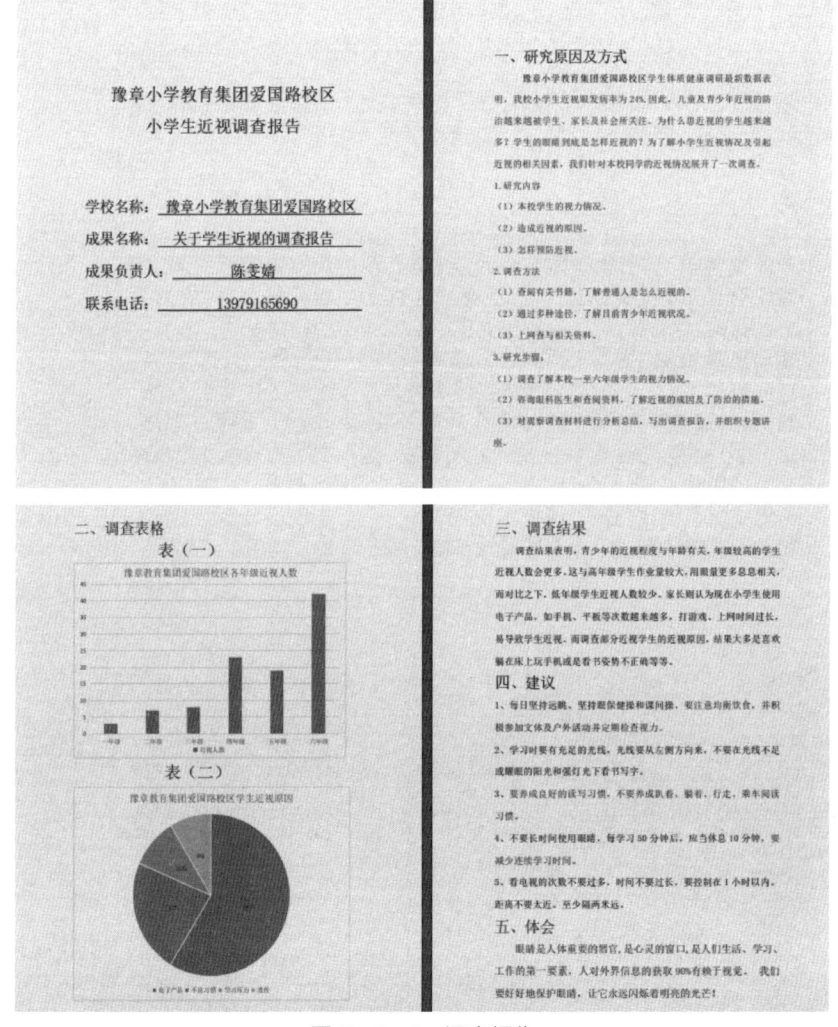

图5-3-8 调查报告

根据调查报告的文本特点,我们制定了调查报告评价表(见表5-3-2),同学们在撰写的过程中,关注量表中的期望和标准,指导自己的写作。完成作品后,将调查报告上交给教师，由指导老师进行评价(见图 5-3-9)。

表 5-3-2　调查报告评价表

评价内容	评价标准			评价结果	
	一　星	二　星	三　星	自我评价	教师评价
结构	调查报告的基本组成部分有缺失，格式混乱。	调查报告结构基本完整，格式比较规范。	调查报告结构完整，格式规范。		
内容	未能围绕调查主题，选取有普遍性、说服力的材料。 用词不够准确，描写夸张。 对数据没能进行准确的分析，结果表达有一定的困难。 未能提出建议或提出的建议没有可操作性。	能围绕调查主题选取材料，但有些部分材料不够充实。 用词比较准确，少部分地方描述不清楚。 能对数据进行分析，并把结果都表达出来。 能提出自己建议，但有些建议不够合理。	能围绕调查主题，选取有普遍性、说服力的材料。 用词准确，具有科学性。 能对数据进行分析，并把结果通过图表、文字等形式清晰地表达出来。 能提出合理的建议，解决实际的问题。		

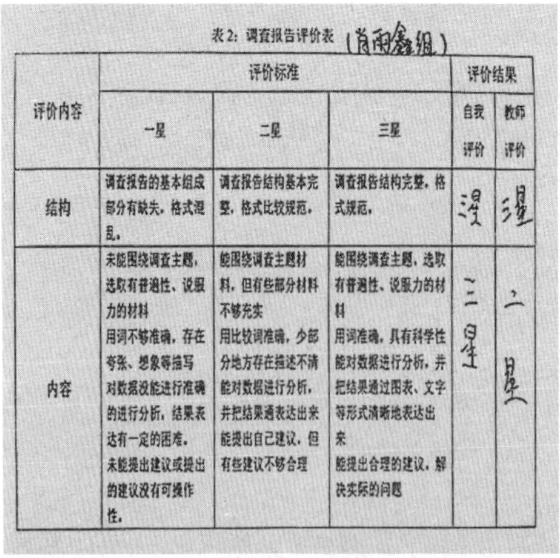

表2：调查报告评价表（肖雨鑫组）

评价内容	评价标准			评价结果	
	一星	二星	三星	自我评价	教师评价
结构	调查报告的基本组成部分有缺失，格式混乱。	调查报告结构基本完整，格式比较规范。	调查报告结构完整，格式规范。	三星	三星
内容	未能围绕调查主题，选取有普遍性、说服力的材料 用词不够准确，存在夸张、想象等描写 对数据没能进行准确的进行分析，结果表达有一定的困难。 未能提出建议或提出的建议没有可操作性。	能围绕调查主题材料，但有些部分材料不够充实 用比较词准确，少部分地方存在描述不清 能对数据进行分析，并把结果通表达出来 能提出自己建议，但有些建议不够合理	能围绕调查主题，选取有普遍性、说服力的材料 用词准确，具有科学性 能对数据进行分析，并把结果通过图表、文字等形式清晰地表达出来 能提出合理的建议，解决实际的问题	二星	二星

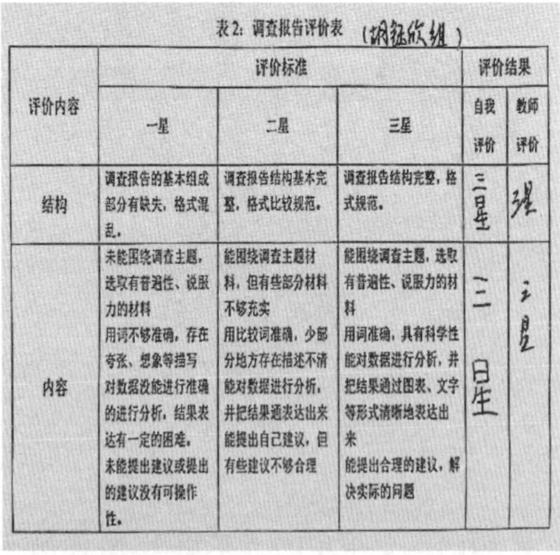

表2：调查报告评价表（胡钰欣组）

评价内容	评价标准			评价结果	
	一星	二星	三星	自我评价	教师评价
结构	调查报告的基本组成部分有缺失，格式混乱。	调查报告结构基本完整，格式比较规范。	调查报告结构完整，格式规范。	三星	三星
内容	未能围绕调查主题，选取有普遍性、说服力的材料 用词不够准确，存在夸张、想象等描写 对数据没能进行准确的进行分析，结果表达有一定的困难。 未能提出建议或提出的建议没有可操作性。	能围绕调查主题材料，但有些部分材料不够充实 用比较词准确，少部分地方存在描述不清 能对数据进行分析，并把结果通表达出来 能提出自己建议，但有些建议不够合理	能围绕调查主题，选取有普遍性、说服力的材料 用词准确，具有科学性 能对数据进行分析，并把结果通过图表、文字等形式清晰地表达出来 能提出合理的建议，解决实际的问题	二星	三星

图 5-3-9　小组的调查报告评价表

成果二：手抄报

"手抄报"是项目组的同学参与设计、制作的小报刊,有相当的自由性和创造性,是孩子们喜闻乐见的一种宣传形式。项目组的同学把自己掌握的科学用眼的知识,运用到实践中去,自己当一次主编,从学生的眼光、角度看"保护视力,预防近视"这一问题,这不仅可以锻炼学生动手能力,更有利于把科学用眼知识向外宣传。(见图5-3-10)

图5-3-10 护眼手抄报

项目组的同学把本组完成的手抄报作品张贴在学校的宣传栏中,营造爱眼护眼的良好氛围。对于手抄报作品,除了进行自我评价和教师评价外,一至六年级每班还选出五名学生代表,对展出的作品进行观众评价(见图5-3-11)。

图 5-3-11 小组手抄报评分表

成果三：小小宣传员

低年级学生自我约束能力不强，很容易忘了怎么握笔，怎么做眼保健操，容易形成不良用眼习惯。项目组的同学对低年级学生进行"精准帮扶"，利用健康教育课，向他们宣传科学用眼的知识，指导低年级同学做好眼保健操，纠正错误动作。学生之间有天然的亲近感，指导效果比老师说教要好得多。在这样的小课堂里，项目组的同学们不仅宣传了科学用眼的知识，锻炼了自己的口头表达能力，更将知识进行了内化，加深了理解，并学会在日常生活中践行。

小小宣传员进行项目展示前，他们要根据量规进行准备和练习，对自己进行较为客观的自我评价（见图 5-3-12）。展示时，随机抽取 5 名低年级的同学，按照评

图 5-3-12 小小宣传员

分表中的要求,对进入班级的小小宣传员进行评价。指导教师全程参与,根据量规给出评价(见图5-3-13)。

表4:"小小宣传员"评分表(胡钰欣组)

评价内容	评价标准 一星	评价标准 二星	评价标准 三星	评价结果 自我评价	评价结果 观众评价	评价结果 教师评价
眼神和肢体	不看观众 姿势不自信 穿着不适合该场合	有些眼神接触,有时不看观众 用了一些手势但是不太自然 姿势有一定的自信,很少紧张 穿着适合该场合	一直保持眼神接触 顺畅地使用手势 姿势自信 穿着适合该场合	二星	二星	三星
言语	声音太小,说得太快或太慢 经常使用口头禅 说话的方式不适合该场合	有时说话音量合适,有时说话太快或太慢 有时会使用口头禅 大部分时间说话方式适合该场合	说话音量合适,不快不慢,语气变换能引起大家注意 没有口头禅 说话方式适合该场合	三星	二星	三星
组织	思路混乱,选择了过多或过少信息,或错误信息 时间运用不合理,时间过长或过短	大部分时间思路清晰,有的部分选择了过多或过少信息,或错误信息 某个部分时间运用不合理,时间过长或过短	思路清晰,选择适量和恰当的信息进行表达 时间运用合理,不会过长或过短	三星	三星	三星

图5-3-13 学生"小小宣传员"评分表

成果四：线上护眼

一场突如起来的疫情,让网课成为这个寒假和延期开学期间孩子们学习的必修课,家长们都在为孩子们的视力担忧。项目组的同学,把用眼护眼小知识收集起来,用丰富多彩的形式,出了一期图文并茂的公众号文章,让同学们即使宅在家里,也能扎扎实实地进行护眼行动(见图5-3-14)。

以量规作为指导工具,通过自我评价、观众评价、教师评价等多元评价方式,项目组的同学更好地了解到自己学到了什么,学得怎么样,以及如何改进自己的产品,使之更加完善。这些评价作为学生学习结果的反馈,进一步增强了学生的学习动力。

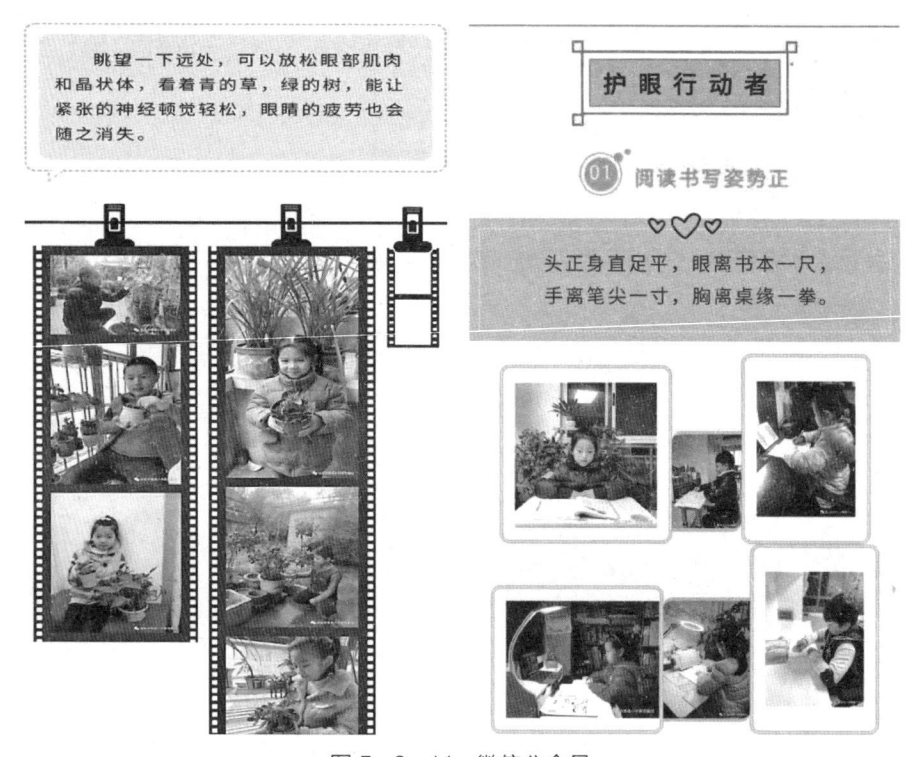

图 5-3-14 微信公众号

五、项目反思

项目学习让学生在经历复杂、真实问题的探究过程中主动学习并掌握相关知识技能，同时发展其适应未来社会所必备的品格和关键能力。在本次项目学习中，同学们既经受了挫折与挑战，也体验了成功和喜悦，这些都是留给我们的宝贵财富。

(一) 项目经验

1. 尊重学习中学生的主体地位。项目学习改变了传统的教学模式，学生不再是被动地接受知识，而是在整个学习过程中都能主动参与。学生们在小组讨论中完善设计方案，在调查报告的交流过程中发现数学统计表的魅力，再发挥优势，合作展示项目成果。项目组的同学们在一次次试错的过程中，得到了一次又一次的锻炼。他们作为项目的直接参与者，积极主动地投入其中，这正是他们主体地位的体现。

2. 学习源自真实生活。本次项目学习的问题源于一次体检后，同学发现身边得到"小白单"、被告知视力不良的同学越来越多，有孩子就会问，他为什么会近视，近视会恢复吗，怎样才能避免患上近视。老师及时抓住孩子们的兴趣点，将零散的问题分类与整理，将之延伸为驱动问题。驱动问题来源于学生的真实的生活情境，解决学生真实情境中的问题，很好地激发了学生的学习兴趣和探究欲望。

3. 多学科融合提高学生解决问题的能力。本次项目学习，以驱动问题为引领，融合了语文、数学、健康教育等学科的知识。例如在撰写调查报告时，同学们运用数学中的统计知识对数据进行统计、分析，运用语文知识选择恰当的文体、流畅的语言表达调查结果。在"小小宣传员"活动中，项目组的同学将健康教育课中学到的知识以演讲等形式呈现。在制作手抄报、解决收集资料遇到的问题时，还运用到了美术和信息技术的相关知识。通过参加项目学习，同学们真实地感受到各学科从来都不是孤立存在的，学科间真的有着千丝万缕的联系。项目学习在实践中培养了学生问题意识，让学生学会运用工具，积累活动经验，提高解决问题的能力。

4. 教师在过程中进行必要的指导。项目学习不是不需要教师，而是教师的地位发生了变化，教师不再是说教者，而是学生学习活动的协助者和促进者。在收集资料时，学生可能面临途径单一，不知如何对信息去伪存真等问题；在问卷设计和数据统计时，学生们也遇到了种种困难。这时老师从旁的指导和启发，帮助学生们寻找到了解决问题的办法，让项目能够顺利地进行下去。

(二) 项目中的遗憾

本次项目学习结束了，反思整个项目学习的进程，也有一些遗憾之处。

1. 需加强项目实践过程中的有效监控。在推进项目时，我们制定了比较详细的时间安排表，但是在实践过程中出现了一些预料之外的情况，这导致学生没有严格执行计划，后面的成果展示阶段有些仓促。8个课时，我们分在4个星期完成，时间跨度有些长，加上没能在实践过程中实施有效的监控，导致部分同学没有完成任务。这是在以后的项目学习中要引起重视的地方。

2. 评价表标准和评估工具的科学性还有待提高。项目式学习，无论是对学生还是对老师来说，都是全新的体验。在实践过程中，我们对项目学习评价表和评估工具认识还不足，评价标准大部分仍由教师制定，活动资料多为照片和以小组为单位的成果，缺少个体材料，这不利于对项目组每位学生做出准确的评价。

（南昌市东湖区豫章小学教育集团爱国路校区　张伶俐　李　莉）

后　记

每一个孩子都有自己的童年。对孩子而言,童年总是充满了快乐、好奇和挑战。东湖孩子的童年是幸福的、幸运的。他们有的浸润在美雅教育中,有的栖息在枫杨教育中,有的驰骋在扬长教育中。他们就像一朵朵含苞待放的花蕾,快乐地成长在融美教育的东湖大家庭里,给大家带来无限憧憬、无限欢乐、无限惊喜。

花蕾虽美,但尚显稚嫩,需要我们用心呵护、用情浇灌,这样才能朵朵向阳开,快乐地成长。这些年来,为了让东湖孩子像花蕾一样"各美其美,美美与共",像花蕾一样"蓄势待发,百花齐放",东湖教育引路人以打造"学在东湖"品牌为契机,高位推进品质课程建设,积极开展项目学习实践,引领学生用睿智的眼光去发现、探究身边的世界。

著名学者琳达·达林·哈蒙德说:"全世界的国家都在改革学校制度……支持21世纪中更为复杂的知识和技能,提出问题、查找和组织信息和资源的能力,与他人进行战略型合作,解决和管理问题、创造新产品的能力。"这足以说明,东湖启动的项目学习实践和探究,是培育学生素养的一个明智选择、一条有效路径。学校在课程哲学思想的引领下,统领项目学习主题,以活动实施为主线,从驱动问题提出、项目设计、项目实施、项目成果展示与评价等方面整体构建、实施项目学习,积极完成所有指向驱动问题的子任务,并在项目实施的动态过程中渗透评价、管理,促进项目学习效益的提升。

这本书是我们在推进项目学习路途中留下的一点儿痕迹,也展现了东湖师生一段艰辛而愉悦的实践、探索的旅程。这里留下了孩子童年的脚印,也见证了孩子的成长。我们相信,心中装有孩子,为孩子执着地去做一件事,倾情书写、用心实践的项目学习定会有所趣、有所思、有所获。也许我们的设计还不够精彩,但我们希望东湖的实践能给读者带来思考与光亮,伴随读者前行!

这本书即将完稿的时候,已经是夏末秋初了。时光总是很快流逝,付出的过程也总是充满艰辛。而当你有一天漫步东湖、仰望星空,感慨这段绞尽脑汁地改稿校稿的日子时,定会有"方糖咖啡"的感觉,那种畅快的轻松感、甜蜜感也定会油然而生。在此,感谢上海市教科院崔春华教授的一路陪伴、一路指导,感谢所有项目学习案例实施团队教师的辛勤劳作、智慧共享。目前,项目学习的歌声已经传遍了东湖校园。我们欣喜地听到在扬子洲上学习的歌——留住鲜花的美,在枫杨树下学习的歌——数字系统的探寻,在滕王阁旁学习的歌——我眼里的滕王阁……

东湖少年的多彩学习是一首童年的歌,一首充满欢乐、见证成长的歌!

二〇二〇年八月

课堂教学的30个微技术	978-7-5760-1043-5	52.00	2020年12月
教学诠释学	978-7-5760-0394-9	42.00	2020年9月
原点教学：提升区域育人质量的策略研究			
	978-7-5760-0212-6	56.00	2020年8月

学校课程发展丛书

数学学科课程群	978-7-5675-9445-6	58.00	2019年8月
科学学科课程群	978-7-5675-9593-4	34.00	2019年9月
核心素养与课程设计	978-7-5675-9462-3	46.00	2019年9月
语文学科课程群	978-7-5675-9441-8	56.00	2019年9月
品牌培育与学校课程	978-7-5675-9372-5	39.00	2019年9月
英语学科课程群	978-7-5675-9575-0	39.00	2019年10月
体艺学科课程群	978-7-5675-9594-1	34.00	2019年10月
跨学科课程的20个创意设计	978-7-5675-9576-7	34.00	2019年10月
学校课程与文化变革	978-7-5675-9343-5	52.00	2019年10月

品质课程实验研究丛书

学校课程框架的建构：HOME课程的旨趣与架构			
	978-7-5675-9167-7	36.00	2019年9月
聚焦育人目标的课程设计：红棉花季课程的愿景与追求			
	978-7-5675-9233-9	39.00	2019年10月
核心素养导向的课程设计：花园式课程的文化与聚焦			
	978-7-5675-9037-3	48.00	2019年10月
学校课程文化的实践脉络：百步梯课程的逻辑与架构			
	978-7-5675-9140-0	48.00	2019年11月
学校课程发展策略：SMILE课程的逻辑与深度			
	978-7-5675-9302-2	46.00	2019年12月

书名	ISBN	定价	出版时间
聚焦内涵发展的课程探究：芳香式课程的理念与实施	978-7-5675-9509-5	48.00	2020年1月
以儿童为中心的课程：欢乐谷课程的旨趣与维度	978-7-5675-9489-0	45.00	2020年1月
学校课程体系的建构："小螺号课程"的架构与创生	978-7-5760-0445-8	45.00	2020年9月
聚焦儿童发展的课程范式：暖记忆课程的理念与实施	978-7-5760-0508-6	38.00	2021年3月

特色学校聚焦丛书

书名	ISBN	定价	出版时间
不一样的生命，一样的精彩	978-7-5675-8675-8	34.00	2019年3月
童味正醇：特色学校的文化图谱	978-7-5675-8944-5	39.00	2019年8月
特色普通高中课程建设探索	978-7-5675-9574-3	34.00	2019年10月
儿童是天生的探索者：360°科学启蒙教育	978-7-5675-9273-5	36.00	2020年2月
做精神灿烂的教师：教师自我成长的5个密码	978-7-5760-0367-3	34.00	2020年7月
让教育温暖而芬芳	978-7-5760-0537-0	36.00	2020年9月
快乐教育与内涵生长	978-7-5760-0517-2	46.00	2020年12月
故事教育与儿童发展	978-7-5760-0671-1	39.00	2021年1月
美好教育：学校内涵发展的循证研究	978-7-5760-0866-1	34.00	2021年3月
把美好种进儿童心田	978-7-5760-0535-6	36.00	2021年3月

跨学科课程丛书

书名	ISBN	定价	出版时间
大情境课程：主题设计与创意评价	978-7-5760-0210-2	44.00	2020年5月

社会参与素养的培育模型与干预机制

978 - 7 - 5760 - 0211 - 9　　36.00　　2020 年 5 月

大概念课程：幼儿园特色主题活动设计

978 - 7 - 5760 - 0656 - 8　　52.00　　2020 年 8 月

项目学习：进入学科的课程智慧　　978 - 7 - 5760 - 0578 - 3　　38.00　　2021 年 4 月

核心素养导向的课堂教学丛书

漾着诗性智慧的课堂教学　　978 - 7 - 5675 - 9308 - 4　　39.00　　2019 年 7 月
转识成智的课堂教学：核心素养导向的历史教学

978 - 7 - 5760 - 0164 - 8　　40.00　　2020 年 5 月

学导式教学：学会学习的教学范式

978 - 7 - 5760 - 0278 - 2　　42.00　　2020 年 7 月

高阶思维教学的关键技术　　978 - 7 - 5760 - 0526 - 4　　42.00　　2021 年 1 月

特色课程建设丛书

教师，生长的课程　　978 - 7 - 5760 - 0609 - 4　　34.00　　2020 年 12 月
学校课程发展的实践范式　　978 - 7 - 5760 - 0717 - 6　　46.00　　2020 年 12 月
丰富学习经历：如歌式课程的愿景与深度

978 - 7 - 5760 - 0785 - 5　　42.00　　2020 年 12 月

学校课程群设计方法　　978 - 7 - 5760 - 0579 - 0　　44.00　　2021 年 3 月
学校美育课程的立体建构：菁华园课程的逻辑与框架

978 - 7 - 5760 - 0610 - 0　　36.00　　2021 年 3 月

关键学习素养与学科课程设计　　978 - 7 - 5760 - 1208 - 8　　34.00　　2021 年 4 月
学校课程设计：愿景建构与深度实施

978 - 7 - 5760 - 1429 - 7　　52.00　　2021 年 4 月

生长性课程：看见儿童生长的力量　978 - 7 - 5760 - 1430 - 3　　52.00　　2021 年 4 月